U0756076

全国幼儿园园本课程系列

QUANGUO YOUERYUAN YUANBEN KECHENG XILIE

幼儿园田园课程：游戏与学习

主　编　黄小燕

编　委　唐丹妮　方　艳　董晓贤　李　婷
　　　　鲍凯园　李赛花　林丽娜　贺佳英
　　　　翁燕仑　胡静萍　陈　静

复旦大学出版社

序

刘占兰

梅山幼儿园地处宁波市梅山岛,梅山岛是个历史悠久、风景优美、物产丰富的海岛乡,既能种植作物,又能养殖水产,有"绿岛银涂""海上花园"之称。十年前,由于单位实验区合作项目工作的关系,我第一次来到梅山幼儿园。印象很深的是这所幼儿园生机盎然,有各种树木花草、瓜果梨桃,好看的、能吃的品种繁多,招人喜爱;幼儿园的室内室外、角角落落,各种大大小小的容器里都长着植物,有我认识的,还有很多我不认识的,透着生命力和生长的气息。更让人印象深刻的是,不仅幼儿园老师们会种东西,孩子们也特别会种东西,而且他们的言行举止、待人接物,充满着真诚厚道的人性温暖,洋溢着勤劳聪慧的人文气息。也正是这些特质和底色,基于自然主义教育理论生成了幼儿园的"本真教育"和"田园课程"。"萌于自然,达本真之发展""让教育回归自然,让幼儿回归童年",成为了幼儿园的办园理念和教育追求。

田园课程作为梅山幼儿园的园本课程,经历了从雏形到成形再到进一步发展的基本过程。早在2010年之前,幼儿园就利用自然资源和人文资源,开展了丰富多样的种植活动和节日活动,幼儿和教师共同参与,一同经历,岛上的村民也参与其中,活动生动丰富,具有本土特色。在实验区项目合作的六七年间,幼儿园秉持"本真教育"的发展主题,梳理和构建了名为"幼儿园田园课程的理论与实践"的园本课程,其中包括主题活动课程和节日活动课程两种主要课程活动内容和形式。近几年,在黄小燕园长的带领下,幼儿园田园课程又得到了新的发展,融入了新的元素,朝着更丰富、更生动、更适合幼儿的方向不断前行。今天呈现在我们面前的这本《幼儿园田园课程:游戏与学习》,是丰富和发展了的田园课程,是改进和更新了的田园课程,代表着"田园课程"研究的新阶段、新成果。

第一,游戏成为课程的重要内容和形式。在原有田园课程包括主题活动和节日活动两种主要课程活动内容和形式的基础上,新的田园课程加强了"田园游戏",在主题活动和田园区角活动中,利用园内园外的自然和人文素材,开展丰富多样、生动有趣的游戏活动,从而落实幼

儿园教育和园本课程以游戏为基本活动的理念和实践形态。如幼儿园在自己的田园"南瓜乐园"中创设了过家家、小舞台、创意坊、农作坊等游戏区，孩子们体验了利用田园中各种植物和自然物开展的游戏活动。

第二，园内外各种资源得到深入挖掘和有效利用。在原有园本课程充分挖掘和利用本园资源的基础上，新的田园课程以"内引外援、入山见海、因地制宜"为路径，创造性地充分挖掘和利用了梅山附近的海洋、森林、农业、人文四大类十多种资源，分析了幼儿能够获得的经验以及可以开展的探究和实践活动，拓展了园本课程的空间和内容，丰富了活动的形式和幼儿探究体验的方式。在资源利用方面，幼儿园特别注重园内园外资源的整合与互补，以及预设计划活动与动态生成活动的结合，从幼儿出发找到各种资源与课程整合的连接点，结合省编教材，嵌入和补充课程实施的路径。

第三，在课程中加入了更多人文元素。近年来，梅山幼儿园在园本课程建设中重视优秀的"乡土文化""乡村文化"的融入和乡土情怀的激发与培养。通过"春耕开锄、夏耘采摘、秋收味道、冬藏迎新"四季田园节庆活动，让孩子们深切感受和体验民俗风情、村规民约、传统技艺等当地乡村传统文化和乡土文化的表现形式。如孩子们通过参与举办开锄节、体验制作艾青团等活动，感受本地民风民俗和传统节日；孩子们通过"赶海"的经历，和各种贝壳、鱼蟹进行了亲密接触，还品味了有趣的方言土话；对家乡棘螈的关注、探寻和保护行动，让孩子们加深了对棘螈作为吉祥物寓意的理解；孩子们体验了植物拓印的工艺，认识了拓印的工具，创作了拓印的作品；等等。这些利用家乡的自然和人文资源的活动，定会让孩子们对家乡的味道、景物和人情留下深刻的印象，将来无论走到哪里，无论长到几岁，总会想起在家乡的童年生活，产生温暖、美好、怀念的情感。这就是最朴素、最本源的乡土情怀。

我们对理想课程的追求没有止境，我们对园本课程的研究一直在路上。田园课程中还有较多不够理想和不尽如人意的地方，值得商榷和进一步探讨。好在田园课程是不断生长和发展中的园本课程，是持续研究和不断完善中的园本课程。让我们以宽容之心赞赏园长、老师和孩子们的探究热情与研究态度，借鉴其经验，弥补其不完善，过滤其不适宜，不断反思，共同改进，迈着坚实的脚步一路前行。

目录

第一章　田园课程的基本理念

习近平同志在党的十九大报告中提出了乡村振兴战略,随着我国的农村农业持续发展,"三农"问题得到了有效解决,农村生活氛围更加和睦,农民的生活也变得更幸福。当农村的生活水平不断提高,农村教育质量也需要持续提升,位于乡村场域下的幼儿园应有效利用当地资源,努力开发符合乡村需要的园本课程。

英国社会学家霍华德早在 1898 年在其著作《明日的田园城市》中就提起过田园生活的相关理论。20 世纪初期,有更多的社会学者开始研究城市规划——田园生活的相关内容。至 20 世纪初期,随着田园生活相关内容的不断提出,很多国家的城市规划产生了巨大的变化,"田园生活"的理论也渐渐明晰。"田园生活"融合了乡村和城市的特色,使其不失城市的便捷又具有乡村的静谧和舒适。

本章聚焦于田园课程的基本理念,首先梳理了田园课程的主要内涵、价值取向和特点,从而更加明确何谓田园课程。其次,探讨了田园课程的基本原则和组织形式,全方位阐明田园课程。

第一节　田园课程的概念、价值与特点

本节从田园课程的概念、价值与特点出发,分别梳理了田园与幼儿园课程的内涵,进一步厘清了幼儿园中田园课程的概念,基于对幼儿园常见的课程模式的分析,明确了田园课程的价值取向,总结了田园课程的基本特点。

一、田园课程的概念内涵

《汉典》中"田园"指的是农田和花园,抒发了人们对美好生活的向往。"田园"既有农田,即代表着粮食和丰收,又有花园,代表着人对美好生活的憧憬。

"幼儿园课程"是实现幼儿园教育目的的手段,是帮助幼儿获得有益的学习经验,促进其身心全面和谐发展的各种活动的总和。幼儿园课程的表现形式是多样的,包括教学活动、生活活动和游戏活动。

基于上述概念内涵,本书中的田园课程是指面向 3～6 岁儿童,在幼儿园及其乡村场域下所开展的田园活动课程,以顺应儿童天性、亲近大自然、热爱乡土文化为开发理念,以

淳朴的田园生活、丰富的自然资源和富有当地文化特色的人文环境为载体，采用田园主题活动、田园游戏活动和田园节日活动等方式促进幼儿身心健康和谐发展的活动课程。田园课程通过富有特色的活动方式，支持幼儿亲身体验大自然的美好，促进幼儿在大自然中获得本真发展。

二、田园课程的价值取向

课程在幼儿教育中处于核心地位，田园教育的价值需要通过田园课程来实现。田园中有着十分丰富的课程资源，需要运用多元的视角去观照。田园为生命个体的发展提供了富有特色的环境资源和课程素材，包括朴素的自然环境、独特的自然资源、独有的人文传统（如族群文化、社区、村风、民风）等，需要用多元的文化视角、敏锐的课程创新意识去捕捉。

派纳在《理解课程》（2003）中指出，课程有不同的理解视角：可以把课程理解为历史文本、政治文本、种族文本、性别文本、现象学文本、自传（传记）文本、美学文本、制度文本、国际文本等等。同样，对于田园也需要多种视角来理解，可以通过课程创新意识去理解田园课程，将"田园"理解为一种课程的存在，反思以往的课程理念，重建课程主体、课程实施过程、课程文化等内容，这样才能整体地理解田园的教育价值，建构田园课程的结构体系。

一般而言，课程设计的模式是课程设计实际运行情况的缩影，或者是理想运行情况的呈现，通过介绍、沟通、示范课程设计的蓝图，使未来的课程设计行动获得指引（黄政杰，2015）。有关幼儿园课程的模式，较为常见的有：目标课程模式、过程课程模式以及情境课程模式（蔡瑾静，2017）。对于幼儿园田园课程的开发，需要综合考虑幼儿的学习能力、游戏活动、主题活动、实践过程等内容，并将其作为课程开发与实施的参考和依据。田园课程的开发与实施是在乡土文化的架构中，由幼儿园教师提供幼儿亲近大自然、了解大社会的机会，课程注重预设和生成相结合，强调幼儿的主动学习与教师的专业思考，在实践、反思、再实践的螺旋上升过程中形成具有地方特色的田园课程。依据本书中对田园课程的理解，这里将田园课程的价值归纳为五个方面。

（一）注重自然教育

卢梭的自然教育理论核心指向"自然主义"，他主张教育应适应个体身心发展规律，培养不受外界束缚、天性自由、身心和谐发展的"自然人"。自然教育应把握儿童生理、心理和智力发展的自然规律，顺应儿童的天性，反对压抑和摧残儿童天性的教育，从而实现儿童的健康成长。基于自然教育理念的田园课程，引导儿童在愉悦的自然环境中不受压迫和束缚，自然地获得有益经验。

杜威提出"教育即生活"，即在教育中引入生活的元素，关注儿童在教育中锻炼生活技能，逐步适应社会化的成长进程。受到杜威的生活与教育融通理念的启发，陶行知以生活中充满教育意蕴的理念反观学习，提出"生活即教育"，强调生活的过程就是教育的过程。应在生活中挖掘教育的契机，以适时的教育指导并启发儿童心智。在此指引下农村学校纷纷开展了"行知田园课程"，挖掘田园生活背后的教育魅力，为儿童的综合实践活动课程创造了新出路，帮助儿童找回"失落的童年"。在自然教育影响下的田园课程逐步发展为关注教育与生活相联系的课程。

（二）注重快乐教育

快乐教育的理念主要指运用直观、趣味化的教育原则,创设贴近儿童兴趣和需求的教育情境,引导儿童探索新知、发展智能。斯宾塞认为应以有趣的知识激发儿童的兴趣,从而使其在受教育过程中迸发快乐和愉悦的情感。结合斯宾塞的理念,田园课程中融入了快乐教育,通过趣味且轻松愉悦的教育环境激发幼儿的学习兴趣,形成良好的学习动机。同时,优质的学习环境能够帮助幼儿保持最佳学习状态,优化其学习结果,从而为其终身学习奠定良好基础。

（三）注重实践探索

高品质的实践需要建立在高质量的实践理性、实践智慧和实践知识的基础之上。学前教育阶段的学习过程应摒弃知识灌输,强调儿童"学、做、思"合一的过程,在"做"中寻得疑惑,开启求知倾向,在自主研究和探索中思考解惑。由此,在以实践探索为取向的田园课程中,教师应以多样化的主题和游戏活动为抓手,引导幼儿发展和提高问题提出能力、实践能力及探索能力,进而能够以实践来探索真知,以实践引发思考,以探究提高解决问题的能力。

（四）以乡土文化为底蕴

关于"乡土",中国社会学家费孝通指出,"乡"指的是群、故乡和具体的时空坐落,"土"指的是土地、社、农业和守土意识。乡村传统文化涵盖了人们独特的审美视角和精神创造力,体现着该地区独具特色的人文风貌,是村民乡土情结、自豪感的依托和载体。乡村优秀的传统文化内涵丰富,包含物态文化、行为文化、制度文化、精神文化等内容。挖掘和传承优秀的乡村传统文化,推进乡土文化的繁荣发展,可以凝聚人心,助力乡村振兴。乡土文化的传承也需要乡村学前教育的助力,以田园课程建设为契机,筛选、整理乡村传统文化,传递和保存优质乡土文化,丰富以乡土文化为主题的课题内容,发展以乡土文化为底蕴的田园课程。由此增进幼儿对乡土文化的认知,增强其对乡土文化的认同感。同时,优质的乡土文化也是幼儿园发展的契机,对幼儿园文化构建、课程建设等富有现实意义。

（五）以劳动教育为依托

劳动教育的发展由来已久,有关劳动和教育关系的论述随着时代不断更迭。马克思和恩格斯的教劳结合原理对我国劳动教育影响深远,其实质是指在教育和生产劳动之间建立紧密联系,使之相互影响、渗透,并相互促进。基于上述原理,马克思主义教劳结合理论强调学校教育内容应与现代大工业的生产相结合,注重劳动技能的培养,由此在教学中融入劳动的相关知识和技能,增进儿童的劳动意识和劳动实践能力。习近平新时代中国特色社会主义思想进一步丰富和完善了"教劳结合"的基本内涵,在实践活动中培育人,将教育和生产实践结合来培育儿童的劳动实践能力、社会生存技能、社会责任感,由此为新时代"教劳结合"创新实施指出了明确的方向。

以劳动教育为导向的田园课程,是农村幼儿园开展"教劳结合"的契机。在劳动教育为特色的田园课程中,主要有三个方向可以进行课程的实施。首先是在田园课程中提高劳动能力,可通过以田园劳作活动为依托的实践,形成良好的劳动习惯;其次是引导幼儿通过在自然田园中的劳动实践来更新对"劳动"的认识;最后,在田园课程的劳动实践中,

通过多元融合的劳动教育,推动幼儿德育、智育、体育和美育的落实和发展,有助于幼儿在田园课程中完善自我,实现全面发展。因此,以劳动教育为特色的田园课程内涵丰富,内容宽广,可操作性较强,值得追踪研究。

三、田园课程的特点

田园课程内含"田园"和"课程"两个元素,"田园"对课程进行的场域、目标、资源等各方面提供了指引,"课程"则对活动的形式、流程等作出了要求,将两大元素有机结合,田园课程才能高质量展开。以下从"田园"与"课程"两个方面在整个田园课程体系中凸显的特点展开阐述。

(一)田园课程的"田园"特点

田园教育是一种在"自然交往"过程中实现的生命建构体验,以"自然"为主要特征,与不同的活动对象展开交互作用,具体包括四个方面。

1. 与社会的自然交往

真正的教育只有在人与人的自然交往中,才能够铸就交往的智慧。一个社会越是相互依赖,人与人之间的直接互动越多,越能锻炼和丰富人的生存智慧。

2. 与自然的自然互动

通过个体与自然环境之间的自然互动,触发个体的好奇心与探究欲,进而建构对自然界最初的理解与认识。

3. 与文化的自然对话

人是存在于文化背景下的动物。文化的理解与认同需要靠自己的亲身体验才能实现。这种与文化的对话与融合,是建构个体的文化认同感的重要路径。

4. 与自我的深层交流

自我的觉醒需要面对"自我"静静对话与思考,经由对自我生命存在的反思,提升自我,从而让他人愿意亲近。

在现象学的视角下,可从文化、自然、社会和自我四个方面去观照田园中的课程资源:从文化的视角去观照存在于田园中的区域文化资源,从自然的视角去揭示田园中的自然科学课程,从社会学的视角去观照农村的社会结构,从自我的角度去观照生命内在的个体经验。因此,通过对田园课程经验的现象学思考,本书认为,田园课程是一种儿童本位的综合性课程,田园课程应包括两大内容模块:田园人文与田园科学主题。田园课程实施的基本方式为田园中的游戏活动、主题活动与节庆活动。

(二)田园课程的"课程"特点

田园课程是一种人与自然、社会、文化和自我的自然"交往"的载体。它具有如下特质:

1. 田园课程具有朴素的生活性

以"自然"为主题的教育理论源远流长,从卢梭的"自然教育理论",杜威的"生活教育理论",到卢卡斯的"环境教育模式理论",再到陶行知的"生活教育理论",陈鹤琴的"活教育理论",对"自然""田园"的关注程度不因时代与文化的差异而有所下降。田园课程同样基于这样一个传统,重视儿童个体的生活经验,尊重儿童的发展需求,将儿童的生活经验融入课程,因而它具有朴素的生活性。

2. 田园课程具有原生态的自然性

田园课程旨在"宗法自然",这种"自然性"首先体现在课程资源的自然性上。田园中的一草一木、一花一石、一亩方田等,都可以加以利用成为田园课程中的一部分。田园课程的"自然性"还在于其课程目标顺应了儿童的天性发展,尊重儿童好奇、纯真、质朴的个性。这种"自然性"是人与自然的心灵对话,是教育对灵魂的撼动。

3. 田园课程具有灵活性和机动性

田园课程并不局限在班级这一传统的教育场所,它将课程从教室内解放出来,回归到"大自然"这一广阔的场域中。教师可根据课程实施时的情况灵活调整教学安排,幼儿可以无限地发挥自己的想象力和创造性。因此,田园课程相较于传统的室内课程具有更大的灵活性和机动性。

4. 田园课程是一种"沉睡"的课程

儿童有关田园的知识、经验,田园中的儿童游戏、生活劳作,有关自然的情感、价值观等,这些资源被如今城市中心取向的文化所遮蔽。在幼儿园教师课程意识较为淡薄的今天,田园课程仍然处于"沉睡"的状态,有待我们去"唤醒"和开发。

第二节 田园课程的基本原则与组织形式

本节从基本原则和组织形式两个角度入手,探讨田园课程应该如何实施,以更立体、有效地建构田园课程体系。

一、田园课程的基本原则

基于自然教育思想建构的田园课程,遵循"立足生活,贴近自然,全域拓展"的原则,支持幼儿在自然文化环境中亲身体验田园活动。田园课程的内涵特征表现在它的自然性、生活性和继承优秀本土文化这三个方面。首先,自然性的特征体现在田园课程顺应儿童天性,尊重儿童的年龄生长规律,所设计的课程目标、内容以及实施方式是符合幼儿需求的,引导幼儿亲近、感受、欣赏与保护大自然,促使幼儿充满自信,焕发出生机勃勃的精神气质。其次,生活性的特征体现在田园课程资源来自幼儿的日常生活,是幼儿熟悉的内容,也需要幼儿进行一定的了解。最后,继承优秀本土文化特征体现在田园课程注重引导幼儿了解自己家乡的优秀文化,感受并学习其中的精神内涵,培养幼儿成为一个有文化归属感的人。因此,田园课程的开发离不开自然性原则、生活性原则和本土化原则。

（一）自然性原则

自然性原则是指在尊重自然、保护自然的前提下,追求幼儿的和谐发展。一方面在课程目标的设定上,田园课程的内涵强调教育要崇尚自然,追求本真。崇尚自然是指教育要顺从幼儿的天性,遵从幼儿的年龄特点和身心发展特点;追求本真是指发掘幼儿的天赋和能力,保护幼儿纯真质朴、爱思考、爱探索的个性,鼓励幼儿的自尊心和自信心。另一方面在课程内容的安排上,注重利用自然素材开展各类活动。可以挖掘园所周围可利用的自然资源,选取合适的自然素材嵌入课程,让幼儿从身边常见的自然景物中探索科学知识、进行艺术创作、体验情感交流。大自然是大教材,花草虫鸟万千,它们以最直观的形态为幼儿提供了探索的素材。

（二）生活性原则

生活化原则是指在设置田园课程时要与幼儿的日常生活经验联系起来,使幼儿的教育具有生活的色彩和意义。在课程目标的设定上,田园课程的目标是从幼儿生活中取来的,所设定的目标是幼儿成长急需的,是幼儿跳一跳够得到的。维果茨基认为:儿童的任何一个行为都是有两个水平的,较低水平的行为是儿童独立行为,即儿童能够通过独自完成的或自己知道的事物,较高水平的行为是儿童在帮助下能够达到的行为,这两个水平之间的区域称为"最近发展区"。田园课程目标的设定充分考虑儿童的最近发展区,教学活动的目标与幼儿生活所需要的技能相联系,将课程中取得的实效用到幼儿的生活中去,幼儿所习得的知识技能能够应用于幼儿的生活。在课程内容的选择上,从幼儿发展需要的角度出发,从幼儿所处的自然环境和人文环境中取材。田园课程内容是幼儿在实际生活中常见的事物,是幼儿常见却没有深入探索的、能引起幼儿探索兴趣的事物。

在课程的实施方式上,首先,生活性原则是指应当将田园课程目标渗透在幼儿的一日生活中。幼儿的生活当中处处包含着田园课程的内容,例如:在有雾的早晨就能创造幼儿了解雾形成原因的契机;午休时幼儿睡觉的枕头也有教育价值,枕头里面的填充物是荞麦壳,幼儿可以了解到荞麦在生活中的用处。其次,把幼儿常见的生活场景以合理的形式搬到教育活动中来,一是有利于引起幼儿的兴趣,二是有利于把教育活动的目标落实到幼儿实际生活当中,如田园活动"大家一起做炉馍馍",充分满足了幼儿动手操作的兴趣和需要。

（三）本土化原则

融入园所当地的本土文化是田园课程的内涵要求,"田园"不仅仅指的是富有自然风光的环境,还包括当地人文环境中蕴含的优秀文化,因为幼儿不单单受周围自然环境的影响,周围的人文环境氛围和文化宣传布置都在潜移默化地影响着幼儿,因此本土化也是田园课程建构与实施的基本原则。

二、田园课程的组织形式

根据自然教育的价值观及相应的课程目标要求,围绕幼儿的兴趣与需要,注重幼儿经验的完整性与整合性,幼儿园自然主义课程应形成具有特色的内容组织形式。在选择、组织课程内容时,应考虑一个学期内主题与领域活动之间的平衡,主题活动中游戏活动、生活活动与教育活动之间的平衡,同时还要兼顾课程内容的生成与预设的关系,形成适宜的课程内容。围绕梅山幼儿园海岛农村的地理位置和自身的办园理念,田园课程内容选择以幼儿自然学习的兴趣和需要为本,并适用于梅山本地季节和时代的需要,涵盖五大领域:健康、社会、语言、科学和艺术。幼儿园田园课程采用主题活动、游戏活动、节庆活动为线索进行设计。在主题活动和游戏活动中,课程架构分为自然田园主题和人文田园主题,每个主题包含若干项目活动,这些主题及其相应的项目活动都来自幼儿日常接触的真实情境。

（一）田园主题活动

田园主题活动以主题为核心组织学习内容,通过自然环境、四季更迭,幼儿能够在自然中亲身感受真实的变化。根据幼儿园已有的自然资源,主题分为植物类、动物类、非生命类三类,与省编教材中的主题活动相融合,以集体教学的形式开展,让教学有了真实体验,促进幼儿全面发展。

（二）田园游戏活动

田园游戏活动是幼儿在自然中生成和形成的游戏内容。幼儿通过与自然环境互动、激发自身潜能以及建立新概念的方式进行学习,丰富开放型的环境会持续地为富有创造性的游戏活动提供更多选择。游戏的开展给予幼儿观察、游戏、调查、探索、交往和表达等各种行动的机会,幼儿成了游戏的主体,能够在实践基地中进行多种形式的自然游戏活动和人文游戏活动。每一个游戏活动中都包含游戏缘起、游戏实施、游戏总结,以及在实施过程中教师的支持策略、评价与反思。

（三）田园节庆活动

田园节庆活动作为一种社会实践活动,以春夏秋冬的时间为轴,展开系列活动。节日活动融合地方文化、风土人情,根据二十四节气,依托农事劳作规律为主线,以"自然"和"社会"两个资源融合互补,形成春耕、夏锄、秋收、冬藏四季节日活动。作为田园文化与乡村传统相融合的实践类活动,它不仅仅局限在幼儿园里,而是拓展到幼儿园以外。活动内容不但着眼于种植园内的资源,还走向社区,走向生活,充分调动社区周边资源和家长资源,为幼儿提供丰富多彩的节日体验,从而能更好地了解传统文化,热爱田园生活。

第二章 田园课程的设计与实施

课程实施是课程设计变成现实的保障。本章从设计模式和实施建议入手，架构完整的田园课程的总体模式，并提出课程实施的具体建议。

第一节 田园课程的设计模式

田园课程的设计模式基于泰勒的目标模式，主要包括课程目标、课程内容、课程实施、课程评价四个方面。

一、课程目标

《3—6岁儿童学习与发展指南》（以下简称《指南》）明确指出：幼儿园要为幼儿创设丰富的教育环境，最大限度地支持和满足幼儿通过直接感知、实际操作和亲身体验获取经验的需要，使幼儿园的活动贴近幼儿生活、贴近自然、贴近周围环境。为此，梅山幼儿园结合当地的自然文化资源，让孩子们到田园里去，使其精神和心灵得到回归，最终达到身心同步健康发展。

加德纳在1983年提出了著名的多元智能理论，其中第八种智能"自然探索"，核心是人类对植物、动物和自然环境中的认知能力，说明了自然探索对儿童的重要性。以多元智能理论作为理论基础，根据《幼儿园教育指导纲要（试行）》和《指南》的精神，遵循幼儿身心发展规律，合理利用梅山自然、文化资源特点，以生活、自然、全域①为原则建立了园本课程目标体系，使幼儿在健康、社会、语言、科学和艺术各领域获得良好发展。

根据上述内容与相关政策文件，总结得出以下田园课程总目标：①幼儿喜欢参与真实劳动，发展各项体能，学习生活自理；②幼儿乐意与人自然交流，喜欢创编故事，喜欢表达想法；③幼儿喜欢体验田园活动，乐于与同伴交往，关心热爱幼儿园；④幼儿乐于观察周围环境，发现自然现象，发展探究能力；⑤幼儿能够崇尚自然之美，乐于创造想象，大胆进行艺术表现。

在课程总目标的基础上，我们依据《指南》和幼儿年龄和发展特点，制定田园课程年龄

———————————

① 注："全域"即从幼儿五大领域发展需要出发。

段分层目标(见表2-1-1)。

表2-1-1 幼儿园田园课程年龄段目标

小班	中班	大班
认识一些基本的劳动工具及使用方法,知道播种、浇水的基本方法,发展大肌肉动作协调性、灵活性	参与真实劳动,熟练运用浇水、除草、捉虫等技能,参与田园劳作,能独立完成简单田园的劳作任务	能熟练运用简单劳动工具和基本劳动技能,参与田园活动的动植物种植、收获等,发展动作的协调性、灵活性
喜欢田园儿歌、故事等,乐意表达自己的感受	学习欣赏田园活动中的文化作品,乐意表达自己对大自然的热爱,初步学习创编和表演文学作品	喜欢欣赏田园活动中的文学作品,理解并感受文学作品中的美,学习创编和表演
喜欢参加各种田园活动,体验与大家一起共处的快乐,初步萌发热爱自然之情	学习与同伴交流、合作,分享在田园活动中的感觉与收获,认真完成对田园动植物的照料任务,有初步的责任意识	学习与同伴交流、合作,分享在田园活动中的感觉与收获,认真完成对田园动植物的照料任务,在活动中表现出自信和责任感,萌发对自然的敬畏之心
学习用多种感官了解田园中的动植物,知道其基本特征,能够用语言、肢体等表现自己的观察经验	有目的地观察、探索感兴趣的田园动植物,了解其基本特征和生长过程,尝试用适当的方式记录、表达自己的探究过程和结果	能用多种感官探索感兴趣的田园动植物,了解其基本特征和生长过程,愿意与同伴探索,能用适当的方式表达、交流探索的过程和结果
能被初步引导关注和亲近自然环境中的各种事物,尝试用动作、表情和简单的美术来进行艺术创作	能发现和感受大自然的美,尝试用多种材料,有目的地进行田园艺术创作	能多方面感受和发现自然环境中的美,能大胆地运用绘画、舞蹈、乐器、语言等方式表达自己的感受和体验,享受集体艺术活动的快乐

近十年来,田园课程实现了促进儿童"亲身体验,探究自然,顺应天性,本真发展"的目标,充分利用梅山自然和社会文化资源,发展了幼儿健康、社会、语言、科学、艺术的广度与深度,突出展现了农村幼儿园因地制宜的教育下的发展与变化。

二、课程内容

由于幼儿在活动中需要充足的乐趣,活动也需要能够不断引起幼儿的兴趣,由此在田园课程实施框架下,生发了主题活动与游戏活动。主题活动是指围绕某个话题创设的一系列相关且有意义的教学活动,话题需与儿童的日常经验密切相关,幼儿在进行主题活动的过程中能够充分提升参与度和兴趣。游戏活动是幼儿最主要的学习方式,在不失乐趣的同时能够在认知、身心、社会等各方面得到发展,使田园课程变得快乐且有意义。主题活动与游戏活动的优势十分契合田园课程的课程模式。

根据布朗芬·布伦纳的生态系统理论,自然环境是人类发展的主要影响源,而人生存的环境又属于嵌套结构,环环相扣。从微观系统、中间系统、外层系统再到最后的宏观系统,从最直接能影响到幼儿的幼儿园环境(幼儿园内的自然环境),到社会大环境最后再到国家背景下的中国文化环境,幼儿园依据此理论寻得自然、人文、节庆三条线索,从不同的领域出发探究其对幼儿发展产生的影响。

因此本书的田园课程内容主要将田园活动分类为自然田园活动、人文田园活动与田园节庆活动。同时将自然田园活动与人文田园活动分为自然田园主题活动和人文田园主题活动,以及自然田园游戏活动和人文田园游戏活动。

（一）自然田园活动

1. 自然田园主题活动

幼儿园田园课程中的自然田园主题分别为"棉花朵朵开""跑动的水""逗'豆'时光""台风来了"和"哇虫子",每个主题都来源于幼儿日常生活中所见所闻。例如:"棉花朵朵开"主题来源于当地有诸多棉花种植基地、加工基地等,棉花也是幼儿非常感兴趣的植物。各主题教学活动中,都不同程度地包含了探索游戏活动、引导发现活动、问题解决活动、讨论活动、示范活动和直接教学活动。

（1）棉花朵朵开

这一主题围绕"棉花"的故事展开,幼儿园当地有诸多棉花种植、棉花加工的场地,棉花也是幼儿们生活中经常会接触到的植物,所以基于幼儿兴趣和年龄特点,本次主题包含对棉花的认知、感知实践操作、了解棉花用途这三个方面。例如:在"对棉花的认知"中的一个引导发现活动是"棉花的秘密",其"活动目标"是初步了解棉花的外形特征及内部结构,知道棉花是秋天的农作物;尝试运用观察、实际操作、记录等方式,让多种感官参与探究棉花的秘密;能大胆地讲述自己的发现,体验合作探究的乐趣。教师首先通过对幼儿的逐步引导,使幼儿对棉花有一定的认知,并且这种引导发现式教育可以点燃幼儿的思维火花,让幼儿乐于探索,也让教师能够较好地掌握有效引导幼儿探索活动的策略。在"感知、实践、操作"这一顺序下,教师再引导幼儿观察棉花的生长形态,进行有关棉花的实践活动,体验劳动带来的喜悦。其中,"摘棉花"属于示范活动,通过教师示范,幼儿学习采摘棉花的正确方法。正确的示范应是幼儿与教师面对面的直接"交流",在"交流"中教师能够观察到幼儿对采摘棉花的兴趣与热情,并能够根据幼儿的及时反应来调节活动内容,保证幼儿的注意力,激发幼儿的兴趣,让幼儿主动尝试摘棉花,体验劳动和丰收的喜悦。最后,在"收获棉花,了解用途"中,进一步延伸主题内容。"保护棉花"是一项讨论活动,教师创设好情境后,幼儿在交流与讨论中收集多种棉花的保护方法,激发幼儿保护环境的欲望。活动后的讨论有助于培养幼儿学习的积极性和主动性,更有助于增进幼儿之间的交流,培养幼儿团队协作精神,提高幼儿的语言表达能力,拓宽幼儿的知识面。

（2）跑动的水

这一主题源于南瓜乐园中幼儿发现的泥土干裂的现象,通过主题活动深化孩子对水转化的认识,尝试将水调动,让水资源动起来,运输到需要水的地方。这个主题帮助孩子们深层次地了解水的相关经验,发现水的用途和有趣的变化,使孩子们对已有经验进行梳理和重组,并获得新的信息和经验。让孩子们通过探究和发现水的特性,并乐于动手动脑

探究水的变化,了解它的各种特性,获得有关经验。同时,希望孩子们从中能产生对水资源的珍惜之情,乐意关心周围的水环境,从而能够做到亲水、爱水、节水、护水。因此,该主题相应设计了"寻找身边的水资源""了解水的重要性""思考如何利用池塘里的水"和"设计并完善灌溉方式"四个板块的活动,引导幼儿感受水对生活的重要性,萌发保护水资源的想法。例如:在"水的转移"中幼儿运用各种工具搬运水,感知水具有流动性、水会占据空间但没有固定形态等特点,进而萌发喜欢参加科学活动的情感,体验和同伴团结协作、共同完成任务的乐趣。

（3）逗"豆"时光

秋季是豆类作物丰收的季节,这一主题从幼儿熟悉的"豆豆"出发,以幼儿为主体,充分发挥幼儿的积极性与主动性,通过开展多种形式的活动,使幼儿全方位地认识豆豆。基于幼儿兴趣和中班幼儿年龄特点与发展规律,这个主题包含"豆豆知多少""豆豆生长记""豆豆真好吃""豆豆真好玩"四个内容。通过一系列活动收集幼儿对豆豆的了解,使幼儿多感官认识蚕豆、豌豆的外形特征、内部构造及用途,了解它们的营养价值及多种食用方法,养成爱吃蔬菜的好习惯。幼儿能够在活动中对豆豆感兴趣,主动参与到活动中来,愿意和同伴分享自己的探索与发现。幼儿在对豆豆有全面的了解之后去进行种植、管理和采摘豆豆的环节,体验了劳动的艰辛和收获的喜悦。在这些活动中有一个活动尤为特殊,那就是"和爸爸妈妈一起探究绿豆在不同环境中的生长速度"。通过绿豆在水、土、沙三种不同的环境中的生长速度,不仅培养了幼儿积极动手的能力,还能增进亲子关系,体验共同操作、一起发现的乐趣。

（4）台风来了

这一主题是由于幼儿园所处地区的地理特点产生的活动主题,把幼儿的兴趣与生活经验相连接,通过主题活动深化幼儿对台风的认识,进而提升对家乡环境的关怀和对大自然的敬畏。

主题"台风来了"包括"认识台风""台风的危害""探秘台风""防台抗台"四个内容。例如:在"台风来了"维度下有一个谈话活动"什么是台风",教师通过谈话的形式,激发幼儿的兴趣,引导幼儿谈谈对台风的认知,了解台风带来的危害。这样的谈话活动能够帮助幼儿学习倾听别人谈话,围绕一定的话题谈话,逐渐习得与他人交流的方式、规则,培养幼儿与人交往的能力。"台风来了"这一主题的形成有利于引发幼儿对台风活动的兴趣,让幼儿主动参与到活动中来,愿意和同伴分享自己对台风的感受,梳理防台抗台的经验,感受台风对生活的影响,并通过集体教学活动学习如何在台风天保护自己,感知台风与人们生活的关系和破坏性,萌发保护环境的想法,产生对大自然的敬畏之心。

（5）哇虫子

这一主题围绕自然界中的虫子展开活动。在幼儿园的南瓜乐园中,孩子们总能发现不同的惊喜:百花齐放的时候,小蜜蜂四处飞舞,腿上挂满了花粉;冬日的暖阳下,孩子们看到了身披铠甲的红椿;清晨的菜叶上,孩子们又发现了慢悠悠的小蜗牛;大雨过后,随处可见比手掌还长的蚯蚓……这个主题共分为"昆虫的秘密""害虫与益虫""我和虫虫"三个内容。幼儿在认识感兴趣的虫子,知道昆虫的主要特征和了解它们的生活习性后,学会了区分生活中常见的害虫和益虫,感受生物的多样性,最后落脚到主动参与探究虫子的活动中,感受人与虫子的关系,是一种对幼儿进行的生命教育。

2. 自然田园游戏活动

梅山幼儿园的自然田园游戏活动分别为"我们陪你一起长大——三色番茄成长记""勤劳种植园""动物一家亲"。

（1）我们陪你一起长大——"三色"番茄成长记

这一游戏活动缘起于幼儿对当地三色番茄的好奇心,为了更好地解答大家的疑问,教师与孩子们一起开启了探索番茄秘密的旅程。游戏实施总共分为四步:培育番茄苗、开锄节移栽、给番茄搭架子、收获番茄。教师把游戏实施过程中的这四步看作是幼儿遇到的问题,在每一次遇到问题时教师都会给予支持、评价和反思。例如:在培育番茄苗时幼儿对于番茄的认识从已有的生活经验转变为新的知识点,获得了新的知识。在对番茄种子有了科学的认知后,幼儿提升劳作技能,自己尝试播种,充分体现了理论与生活的有机结合,活动有利于引导幼儿爱护生命的观念。但在育苗的时候,由于幼儿的知识面有限,同时沟通能力还较弱,所以会发生一些激进的现象,这时教师的适时介入起到了一种转化矛盾的作用,以一句"这个问题好解决,问问花农伯伯呀!"既终止了幼儿的争吵,又指明了解决问题的方向,同时潜移默化地在告诉孩子,当有问题时可以寻求第三方的力量去解决。

在这个游戏活动中幼儿都是以主体的形象主导着整个活动的进程,每一个小活动都是幼儿感兴趣的、所需要的内容。在这四个活动中,没有教师的发号施令,幼儿能够全身心地参与到活动中来。同时作为活动的主体,幼儿需要自主选择活动的材料,为彼此的活动提供支撑,这提高了幼儿活动的层次和意义。

（2）勤劳种植园

这一游戏活动缘起于园内南瓜乐园里的南瓜苗在春天蓬勃生长,利用这一资源我们开展了植物劳作游戏,通过带领不同班级的孩子们开展拔草、除虫、植物管理等内容各异、侧重点不同但又有机联系的游戏,满足不同年龄段儿童的户外活动需要,让孩子们在与大自然亲近的过程中,体验到与土地贴近的乐趣,感受劳动及劳动带来的快乐与幸福感。游戏实施首先通过问题征集令,提出驱动性问题,找出幼儿最感兴趣的活动。然后,开展除草、除虫和植物管理三项劳作活动。最后教师对于每次的劳作活动进行指导与评价,教师不再是教育教学的引导者,而变成了幼儿的陪伴者、观察者,在活动过程中,教师认真观察幼儿在游戏中的行为表现、与伙伴互动的情况、解决问题的能力等,并潜移默化地进行引导,这种方式更有利于教师专业能力的成长。例如:在除草活动中,幼儿对于什么是杂草引发讨论,教师在幼儿都发表完意见后,提出让大家先参观学习,认识了南瓜乐园里的植物后,再判断哪些是需要铲除的杂草。不过,如果在拔草时天气炎热,幼儿产生了疲惫感,教师应充分考虑孩子的年龄特点和性格特点,可以尝试让幼儿的不良情绪转化成一种劳动过后的成就感,对班集体和幼儿园产生归属感,形成集体意识。树立正确的劳动观念,从而愿意劳动,崇尚劳动,尊重劳动者。

在这个游戏活动中参与混龄劳作活动的幼儿年龄层不同,智力、体力和思维认知能力发育也不同,在同一个活动中,通过不同的分工,他们既能在各自领域锻炼能力,又能通过彼此合作和帮助融入集体,培养了包容意识和合作意识。

（3）动物一家亲

这一游戏活动缘起于南瓜乐园中的小动物们给幼儿带来了不同的惊喜和体验。教师通过开展混班制游戏，观察孩子们的表现，随着孩子的发展需要及知识储备的提升，不断改变支持手段，推进游戏进程，最终提升孩子在游戏中的各项能力。游戏过程首先是发现兴趣，捕捉问题。例如：新来的动物朋友住哪里？如何科学地饲养动物？然后制订方案，落实行动：如何更好地管理动物？怎样增加动物的幸福感？接着情感内化，尊重自然：对于"不速之客"我们要怎么做？在每一个实施的过程中教师都给予支持，例如：在面对如何更好地照顾动物、怎样增加动物的幸福感时，教师鼓励幼儿在游戏中的自主行为，并予以支持。在改造鸡笼时，给予幼儿充分的时间进行思维碰撞，思考问题的解决办法，并支持幼儿将方案付诸行动，全程四五个幼儿参与合作，没有教师帮忙，任务也能较好完成，最终幼儿体验到成功的快乐。教师需要注意介入时机，深化游戏质量。如在改造鸡笼活动中幼儿提出要用木板加盖，教师的介入则让幼儿借助自身的经验去发现问题所在，而不是通过实验、发现问题、调整问题这样循环的形式去开展无效行动。又例如：兔子不肯吃食的情况，如果教师不介入，孩子最终可能会转移目标，选择略过。教师的介入能够引发幼儿讨论，通过一次次的追问充分调动幼儿的经验，加强探究的欲望，最终形成计划性的表格，让幼儿在整个过程中体验对生命的重视，同时这也有助于培养孩子们良好行为习惯，巩固对小动物耐心照料的意识。

这个游戏活动在幼儿与动物的长期相处中关注幼儿的兴趣，满足幼儿好奇心，给予幼儿充分的时间与空间，鼓励幼儿自主发现问题，并能与同伴一起合作解决问题。整个过程不仅能提升孩子的探索技能，更能培养孩子善良、勇敢、积极向上等一系列良好的品质。我们将人与动物和谐相处的理念贯穿其中，让孩子们感受到动物和人类都是大自然的一分子，从而萌发对大自然的敬畏之心与热爱之情。

（二）人文田园活动

1. 人文田园主题活动

考虑到幼儿园所处地理位置和周边的特色资源，以及幼儿在生活中能够接触到相关内容，因此选择"赶海""棘螈""盐场"三元素作为人文田园课程的主题。幼儿园田园课程的人文田园主题分别为"啪嗒啪嗒赶海去""棘螈那些事儿""白花花欻哒哒"。

（1）啪嗒啪嗒赶海去

这一主题是从幼儿园得天独厚的地理位置出发，在社区资源的支持下，通过主题活动深化对海滩的认识，进而提升对家乡环境的关怀。赶海活动能够引起幼儿的兴趣，很适合融入田园课程里，让幼儿的兴趣与生活经验链接。例如："出发去赶海"是一项探索游戏活动，幼儿可以一起去感受家乡的海风、海水、海滩，亲近并感受大自然的美好，萌发对家乡海洋资源的喜爱之情。在赶海活动中，幼儿所产生的探索行为都是幼儿内在心理动机激发、自然生成的，没有任何外界强加的心理压力，幼儿选用合适的工具，在不伤害小动物的情况下挖到各种各样的海滩小动物，大家在一起分享沟通，促进了同伴之间的合作交流。"划小船"是一项直接教学活动，在幼儿园中虽是以儿童为活动和游戏的中心，但适当的直接教学或集体教学还是有必要的。教师用情境导入的方式使幼儿快速进入状态，利用幼儿已有对小船的经验了解，让幼儿自编划船的动作，使幼儿充分发挥想象力，提高表达的意愿,进而形成师生之间积极的互动。

(2) 棘螈那些事儿

这一主题以当地的自然物种棘螈为对象,展开一系列的探究,使幼儿感受自然环境与人类和动物的关系,从而激发孩子们保护大自然、爱护小动物的美好情感。"棘螈那些事儿"主题包含认知与情感两个领域,其中认知领域是期待深化幼儿的能力素养,包括培养探索、发现、表达的能力,培养从探索中与同伴合作、协商与调整的能力,对棘螈的外形特征和生活习性有初步的了解,用简单的文字或图示表述自我发现的能力,培养收集及整理讯息的能力。在情感领域中,我们期望提供幼儿学习表达及沟通的机会,提升其能力;使幼儿在主题行进的过程中逐步感知环境保护对动物及我们生活的重要性;培养其对于森林环境的保护意识和进行生命教育。例如,"可爱的女排吉祥物——圆圆"是一项艺术表现活动,教师以幼儿熟知的女排为切入点,引出圆圆是以棘螈为原型的知识点,让幼儿用各种材料,有创造性地进行美工活动,鼓励幼儿大胆想象,设计属于自己的"圆圆"。艺术创作以幼儿的现实生活为背景,依托幼儿的生活经验,选择幼儿身边所熟悉的人、事、物,鼓励幼儿把想到的和感受到的,以自由、轻松的形式进行表现,描述自己对周围世界的认识。

(3) 白花花欸哒哒

这一主题以了解并传播乡土的盐文化为"活动目标",梅山幼儿园的"梅山盐场"文化课程活动应势开展。基于幼儿兴趣和年龄特点,这个主题共进行"我们知道的盐场""盐是怎么来的""盐有哪些用处""盐的搬运"四个内容。在该主题活动下有一项问题解决活动——"盐找回来了",该活动通过营造故事情景、把水中的盐找出来,从而锻炼幼儿的问题解决能力。问题是激发幼儿探究学习的前提和基础,解决主题探究活动中的问题能帮助幼儿将已有的经验、技能、认知等概念系统化,并在相应的问题情境下不断建构和调整探究路径,主动发现和解决探究过程中的问题,实现预期目标。问题解决能力体现了幼儿的创造性思维和批判性思维水平。通过这些活动能够让幼儿了解盐与人类的关系,知道盐在人们生产生活中的重要性。同时这些活动既和幼儿的生活经验密切相关,又能引发幼儿的好奇心和探究意愿,促进幼儿的学习与发展。

2. 人文田园游戏活动

人文游戏活动包括"农家菜飘香""春天的花手帕""拔萝卜"。人文游戏活动需要从幼儿经历与兴趣点出发,从以娃娃家为根本的"农家菜飘香",再到一次意外摔倒所引发的"花手帕"游戏,最后到幼儿园内大萝卜成熟引发的"拔萝卜"活动,每一个游戏活动都以幼儿的经验为基础,从幼儿的生活中寻得游戏。

(1) "农家菜飘香"

这一游戏活动基于陶行知先生提出"生活即教育"的观点,阐释了乡村教育的意义,从田园"娃娃家"游戏开始逐渐丰富并创设新的游戏情境,给幼儿更多的想象空间。游戏实施从"打造一面不透风的墙",到"造个菜场",再到"菜场里面要卖什么"和"萝卜青菜多少钱",每一个游戏活动都锻炼了幼儿解决问题的能力,发挥着幼儿的想象力。例如:在"萝卜青菜多少钱"中,教师帮助幼儿梳理游戏经验,推动游戏的可持续性发展,面对菜价、货币不统一的情况,教师有效介入,提问引导,帮助幼儿找到突破口,让幼儿对货币如何制定

进行初步的讨论,激发幼儿的兴趣,也逐渐丰富了游戏的情境性,更好地迁移并运用了幼儿原有的生活经验。游戏结束后,幼儿通过分享与同伴间的"买卖"经验,让已经有买卖经验的一部分幼儿带动在娃娃家其他区域游戏的幼儿,形成经验的互通与交流。这样一来,在娃娃家游戏的全部幼儿都会得到一个经验的丰富与升华。此外,在交流过程中,常常会再现游戏场景,从而让教师更全面、深入地把握幼儿的游戏状况,了解幼儿的经验水平,为下次娃娃家的田园游戏做更好的梳理、引导和介入,助推幼儿在游戏中的学习与发展。

（2）"春天的花手帕"

此游戏活动缘于一位小朋友不小心摔了一跤,白色的裤子上沾染了青草的印记,由此,幼儿园围绕"大自然、大社会都是活教材"的理念,开展艺术创作活动。游戏实施分为解决四个问题:裤子上的一抹绿怎么来的? 如何选择拓印的植物? 如何选择最合适的拓印工具? 拓印植物如何构图摆放? 教师根据这四个问题开展活动。例如:对于孩子们好奇的问题"裤子上的一抹绿怎么来的",教师让好奇的幼儿进行实际操作,用手帕包着石头在草地上使劲扔,手帕变绿了。接着对于幼儿的追问"老师,小草是绿色的,它里面的水也是绿色的,那红色的花,里面的水是不是也是红色的",教师采取大家一起动手尝试的办法。活动中教师根据幼儿的兴趣点,通过一次偶然的裤子染色,激发幼儿去研究为什么裤子会染上颜色,把握时机,积极引导,从而推进课程探索,引发幼儿主动探索拓印的脚步。而且教师在活动进行过程中创造条件支持幼儿,在讨论的过程中,幼儿需要把自己的想法说出来,思考别人的想法是否合适,从中发展了幼儿的语言表达能力、逻辑思维能力等。在讨论后,幼儿还对自己的想法进行了操作、验证,从中发展了动手操作能力、独立思考能力等。

（3）"拔萝卜"

这一游戏活动缘于南瓜乐园中萝卜的大丰收,拔萝卜、庆丰收的实践体验也让孩子们记忆深刻。游戏实施分为:《拔萝卜》剧本唤醒记、《拔萝卜》剧本诞生记、《拔萝卜》表演记。在每一个活动中幼儿会遇到各种问题,教师会及时给予支持策略和解决方法,并进行反思评价。例如在《拔萝卜》剧本诞生记"中,面对"没有台词、多个幼儿想演同一个角色、大家不按顺序排队、没有道具"等一系列问题时,教师引导幼儿寻找问题根源,逐个解决突破,鼓励幼儿把问题和对应解决办法罗列张贴在表演板上,这不仅提升了幼儿的归属感,也帮助幼儿建构新经验,提高表现能力。"问题"是幼儿学习的契机,可以帮助幼儿形成多种经验的综合建构,促进幼儿的整体性发展。

在该游戏活动中,"田园大舞台"位于南瓜乐园,这给幼儿提供了更加宽松、愉悦的游戏空间,因此幼儿能够更充分地展现自我。梅山幼儿园本着"儿童本位"的教育理念,积极创设户外表演游戏环境,让幼儿不受空间限制,身处南瓜乐园美妙的自然环境,在自由快乐的表演游戏中,在教师适度、有效的引导下,尽情表演、爱上表演,从而获得自我效能感。

（三）田园节庆活动

田园节庆活动是以各个季节的农事活动为主线,以利用社会和人文资源的节日活动为载体形成的节日活动体系(见图 2-1-1),包括春天的"开锄节"、夏天的"采摘节"、秋天的"儿时味道"和冬天的"祈福迎新"4 大主题节日和 12 个节日活动。在这个系列活动中,我们充分调动社区周边资源和家长资源,为幼儿提供丰富多彩的节日体验,从而使幼儿更好地了解田园生活,热爱田园生活。我们怀着虔诚和敬畏之心,去耕耘、劳作,大自然慷慨

地回报我们希望与收获。春风一绿江南岸，南瓜乐园开锄忙；秋高气爽硕果丰，感恩大地齐畅享。田园节庆活动，让孩子们亲近土地，敬畏生命，懂得劳动的艰辛与收获的喜悦。

**春耕
开锄节**
·惊蛰一过，我们开始了春耕的第一个节日"开锄节"，通过开垦土地，播撒种子，开启一年的生机。

**夏锄
采摘节**
·夏季是南瓜乐园的丰收季，孩子们采摘、品尝、分享、义卖，将收获的喜悦浸润幼儿园。

**冬藏
祈福迎新**
·冬季土地休息，作物堆肥，我们开展迎新活动，诚挚祈福来年能够更有收获。

**秋收
儿时味道**
·秋天我们将田里的作物制成农副产品，在爸爸妈妈和老师的帮助下一起回忆儿时的味道。

图 2-1-1　梅山幼儿园四季节日活动体系

本书采用的是案例式的呈现体例，课程内容是有限的，但课程资源是无限的。梅山幼儿园依托了非常丰富的资源，如海洋资源类，海洋与渔业研究院、梅山海滩；森林资源类，道头斑竹园、大牛山、梅山港花海、梅东小岙公园；农业资源类，水稻田基地、里岙橘子园、国家级蔬菜基地、水果大棚、农副产品加工；美丽乡村资源类，梅山盐场博物馆、湿地公园、茶厂生态河埠头等。无论多少主题、游戏或者节庆活动，都无法穷尽幼儿的学习过程。幼儿的学习过程是一个综合性的过程，课程内容传授的知识和技能总是有限的，但是，在课程实施过程中，如果教师善于举一反三，引导幼儿从有效的内容中"悟"到过程和方法，激发幼儿的好奇心和提出问题的意愿，逐步提升幼儿分析问题与解决问题的能力，尽可能让每个幼儿都获得成就感，那么这种课程的价值就是无限的。

三、课程实施

课程实施是一个实现课程目标的过程，也是一个将课程内容、资源等诸多要素加以组织的过程。幼儿园田园课程以主题活动、游戏活动、生活活动、项目活动、亲子活动等各种形式作为课程实施的途径，这些实施途径可以适宜的比例和恰当的方式进行组合，共同构成幼儿的学习活动，让幼儿在不同类型的活动中获得不同的经验与体验。

当地丰富多彩的自然资源是我们实现田园课程目标的根本保障。田园课程统合农村教育资源，以园内实践基地为核心，挖掘梅山的自然环境和周边农业基地资源，动态生成田园课程活动基地，对基地资源进行精细整合，从幼儿出发，找到与课程整合的连接点，结合省编教材，嵌入和补充课程实施的路径。幼儿园利用自然环境和农业基地资源，开发了"南瓜乐园""农业基地""自然资源"三类课程资源，并依托于三类资源开发出不同的特色课程。

1. 南瓜乐园的学习之旅

幼儿园从 2011 年开始租用园区东边的三亩土地,孩子们将其命名为"南瓜乐园"。南瓜乐园分为蔬菜种植区、水果采摘区、动物饲养区,种植内容根据植物的生长特性分为"春夏"和"秋冬"两季,根据季节和教育目标制订每学期种植计划。幼儿园以南瓜乐园为活动场地,在南瓜乐园内开展田园课程中的三大类活动,孩子们在任何时候去南瓜乐园都能看到不同的田园风景,了解不同农作物的生长知识。课程通过主题活动、游戏活动和节庆活动等方式展开,中、大班每周进行两次田园游戏,小班每周进行一次田园游戏。其余利用餐后散步、自主活动等碎片化的时间,幼儿可以进入到南瓜乐园进行活动。在南瓜乐园场域内进行自然田园活动、人文田园活动和田园节庆活动需要注意以下三点:

① 给予充足的游戏时间。要从幼儿出发,找到与课程整合的连接点,在幼儿园一日生活中保障幼儿两个小时的户外活动时间,各班教师弹性制订幼儿一日生活时间表,给予幼儿充足的游戏时间,幼儿能够在自主游戏、餐后休息等时间来到南瓜乐园进行游戏。

② 创设适宜的游戏场地。可以在南瓜乐园中创设过家家、小舞台、农作坊等游戏区域,游戏区设立在田园中间,幼儿能够随时采摘农作物,在真实自然的环境中进行游戏。

③ 丰富幼儿的活动体验。可以结合省编教材,实现课程内容的嵌入和补充。幼儿能够在课程基地中通过四种课程形式的开展,了解和感受物种的多样性;进行对比观察、测量,了解动植物生长过程;掌握劳作工具的使用方法,积累经验,发展劳动技能;萌发亲近自然、爱护自然的情感。

2. 农业基地也是大课堂

梅山具有良好的生态环境基础,2014 年已评为"国家级生态乡",梅山特有的农业基地,也为幼儿了解农作物提供了便利。我们通过了解园外农业基地,详细记录地址及距离,分析主要的教育价值,考虑可开展的学习活动,思考能够引发和补充幼儿哪方面的经验等,形成园外农业基地课题资源图,作为园内资源的补充,扩大了幼儿的活动区域。

幼儿园充分利用梅山的地域特点,安排每学期两次的参观采摘活动(见图 2-1-2),进入幼儿园附近农业基地、蔬菜大棚,邀请基地专业的工作人员引导幼儿参观学习,填补教师专业知识的空缺。此外,利用梅山农副产品加工坊,开展社会实践活动,让幼儿有传统手工艺的制作经验,实打实地将农村优势转化为教育资源优势。

图 2-1-2　梅山农业基地学习之旅

3. 梅山自然资源

我们以幼儿园为中心,在方圆五公里充分挖掘地方资源的价值,整合了梅山的自然资源,如梅山花海、牛头山风景区、梅东大闸公园等。幼儿园制订梅山自然资源表,从动物、植物、天气季节和自然特性四个方面思考,每年安排春游、秋游活动,开展田园课程的校外研学活动。利用校外资源进行田园课程多样活动的实施。

通过校外研学活动,让幼儿感受家乡自然风景,从而为幼儿提供更好的学习经验,促使幼儿热爱家乡的自然资源,获得丰富的体验。实施活动中要注意以下两点:

① 为孩子提供户外远足活动,增加户外活动的野趣。在山野间游戏、写生、野餐,那是在幼儿园和家里都无法比拟的全新体验,孩子们走出幼儿园,到山野林间远足,领悟大自然的壮美,徒步行走的过程磨炼了孩子的意志,也锻炼了孩子的身体素质。

② 保护梅山的生态环境。在周边瑞岩寺的小溪中,生活着国家二级保护动物镇海棘螈,孩子们可以从小萌发保护环境、爱护珍稀动物的情感,大家可以绘制保护棘螈倡议书、宣传册,呼吁社会一起来保护这类珍稀物种。

通过筛选、改变和应用,幼儿园在建设三类活动基地之后,进一步将基地资源有效转化为教育资源,在田园课程活动实施中均衡性地加以运用,为课程的实施提供环境支持和资源保障。

四、课程评价

幼儿园田园课程评价主要采用观察评价和叙事评价,对幼儿和教师开展表现性和发展性评价,从而有效促进幼儿的学习与发展。同时,通过直接评价收集课程建设和发展的信息,了解课程对幼儿的有效性、课程方案的科学性,调整和实施课程方案,促进园本课程质量全面提升。

(一)观察评价注重幼儿发展

通过观察幼儿的实际操作和学习结果来开展表现性评价。通过观察记录表、影像记录等形式进行观察评价,结合课程的设计、准备、实施、总结等各环节实施过程,从而发现幼儿面临的问题和反思后的解决方法。教师观察记录表的示例可以参考表2-1-2。

表2-1-2　教师观察记录表

田园游戏观察记录表					
记录人	小唐老师	时间	06月07日	地点	南瓜乐园探究区
观察对象	涵涵				
行为描述	今天,涵涵在小池塘旁边发现了一种新的虫子,比我们常见的虫子更大,通体黑色,带着白色的斑点花纹,因为虫子掉进水里所以已经死亡了。他把虫子带到探究区进行观察,一边绘画出虫子的特征,一边用记录表的形式记录下自己的发现和问题。"虫子有两层翅膀,一层像蜜蜂一样薄薄的,一层比较厚。""它的腿上有很多的小刺。""它叫什么名字?"……之后他把问题放在了问题墙上,并且把虫子放在了实验区,准备在下一次制作标本				
现状分析和指导策略	得益于南瓜乐园天然的地域环境,探究区的小朋友时常会发现我们以前从没见过的小生物,为此我们投放了观察记录表、问题墙等内容,支持幼儿的观察和记录,能够提出问题、寻找答案,更完整、更系统地学习。同时我们也开辟了一块实验区,能够将这些死去的小生物制作成标本,让孩子们更直观有效地累积经验				

（二）叙事评价强调幼儿表现

通过在活动过程中对幼儿进行轶事记录，以教养笔记、档案袋等方式展开叙事性评价，从而促进教师了解和支持幼儿的学习过程与学习结果，帮助教师积累评价实践经验。例如，在"不一样的红椿虫"故事中，幼儿在南瓜乐园里发现了红椿虫，教师将孩子们对蟋虫的发现记录下来，通过提问、澄清等方式支持孩子们对于红蟋虫的探秘（见表2-1-3）。

表2-1-3　不一样的红蟋虫

幼儿表现	"老师你看，我找到了'红军'！"孩子们兴奋地举着在南瓜乐园里找到的一种特殊的小虫子，身体是红色的，背上还有小点点，常常会在树丛、草丛中看到它们。教师问："为什么叫红军？""因为它们身上是红色的，而且每次都有好多好多聚在一起。""红军"是孩子们给小昆虫取的名字
教师评价	孩子们对这种特殊的小虫子产生了强烈的兴趣，通过书籍、网络等途径，我们发现这种虫子叫棉红蟋，遍布在南瓜乐园的角角落落。每次发现红蟋虫，孩子们都会用观察、记录的方式发现它的特点。经过一段时间的积累，我们将孩子们的观察记录表整合在一起，形成了红蟋虫档案，并放在南瓜乐园里的科探角

（三）直接评价回应目标结果

通过每学期期末将全体幼儿的发展评估与课程评价融入期末测评中，在不同年龄段设置和本课程目标相关的测试项目，全面了解幼儿学习结果，进而为幼儿提供适宜支持，具体内容见表2-1-4。

表2-1-4　幼儿田园能力发展评价表

梅山幼儿园小班幼儿田园能力发展评价表			
班级：		幼儿：　　　　　　　　教师：	
课程形式	一级指标	二级指标	评分
田园探究	探究欲望	1. 对幼儿园的自然资源和自然现象感兴趣，经常摆弄、提问——3分 2. 在教师的引导下能够关注身边的现象——2分 3. 对身边的自然资源、自然现象不感兴趣，不愿意关注——1分	
	动植物匹配	1. 能清楚地说出幼儿园内常见的动植物名称——3分 2. 说名称时犹豫不定，需要教师提醒以确定——2分 3. 完全不认识动植物，胡乱猜测——1分	
	动植物描述	1. 能说出所观察的动植物的明显特征，如外形、颜色、大小、手感——3分 2. 能说出部分所观察动植物的特征——2分 3. 拒绝描述动植物——1分	
	季节感受	1. 能感知和体验天气对自己生活、活动的影响，说出季节的明显特征——3分 2. 能够大致说出当季季节的特征——2分 3. 无法描述当季季节的特征——1分	

续表

课程形式	一级指标	二级指标	评分
田园劳作	劳动技能	1. 能熟练运用直接种植、撒播等方法参与种植和饲养——3分 2. 能尝试运用直接种植、撒播或水养——2分 3. 不愿意种植和饲养——1分	
	动植物管理	1. 能运用浇水、喂食等方法坚持参与动植物管理——3分 2. 能在教师提醒下浇水、喂食——2分 3. 不愿意参与动植物管理和观察记录——1分	
	植物收获	1. 能运用直接采摘等简单方式参与植物收获——3分 2. 能在教师帮助下,运用直接采摘等简单方式参与植物收获——2分 3. 使用不适当的方法随意采摘,或不愿意参与植物收获——1分	
田园艺创	兴趣专注	1. 能够对材料大胆进行想象,坚持完成作品,沉浸在活动中——3分 2. 能在教师的帮助下坚持完成艺创作品,喜欢自己的作品——2分 3. 对艺创活动不感兴趣,拒绝活动——1分	
	技能技巧	1. 能够较熟练地运用插、印、剪等简单技巧表现作品——3分 2. 愿意使用不同的方法表现作品,基本掌握插、印、剪等操作技能——2分 3. 不会选择制作材料,制作随意、粗糙,没有明确的表现意图——1分	
	行为习惯	1. 能按照步骤认真完成作品,结束后主动整理好材料和工具——3分 2. 能在教师和同伴的提醒下整理工具、收放材料——2分 3. 操作随意,在提醒下仍旧不愿意整理材料——1分	
田园故事	故事讲述	1. 能较清楚地复述田园故事——3分 2. 能说出田园故事的大致内容——2分 3. 无法讲述田园故事——1分	
	故事创编	1. 能结合田园生活大胆想象故事情节,尝试用语言进行表述——3分 2. 基本能根据田园故事续编较短的情节——2分 3. 无法对故事进行仿编、创编——1分	
	故事表演	1. 喜欢参与田园故事的表演,并能运用故事中的语言进行田园故事的表演——3分 2. 能在教师的引导下基本完成田园故事的表演——2分 3. 拒绝表演田园故事——1分	

续表

课程形式	一级指标	二级指标	评分
田园项目活动	活动兴趣	1. 对周围事物感到好奇,能主动参与到项目活动中——3分 2. 能在教师的引导下参与项目活动——2分 3. 不喜欢或者不愿意参与项目活动——1分	
	个性品质	1. 在项目活动中能运用多种感官进行感知,乐意表达自己的想法,喜欢尝试——3分 2. 需要在教师的引导帮助下表达表现——2分 3. 不愿意参与项目活动,不乐意表现表达——1分	
田园游戏	感受体验	1. 喜欢进行田园游戏,能根据自己的需要选择自然材料辅助游戏——3分 2. 能在老师和同伴的影响下参与到游戏中,并感到开心——2分 3. 不愿意或者不喜欢进行游戏——1分	

同时,在田园课程开发与实施过程中,我们建立多主体参与的课程评价机制,保障园长、教师、幼儿、家长等多元主体在课程评价中的地位与作用,通过座谈会、问卷调查、访谈等方式收集课程评价信息,全面评价田园课程方案、实施过程与效果,保障课程发展的科学性和有效性。

第二节 田园课程的实施建议

游戏与课程是双向互动的,游戏既可以是课程的内容,也可以是课程实施的途径;课程进行过程中可以生成游戏,游戏也可以成为课程。在游戏中生成课程,需要教师在游戏活动的观察中发现教育价值,选择游戏延展的路径与方向。具体可以从以下两方面开展。

一、在田园课程建设中突出游戏化,实现幼儿快乐学习

游戏是幼儿园教育的基本活动形式,课程是实现幼儿园教育目标的基本手段。实施基于儿童视角的幼儿园游戏课程,首先在制定课程目标时,需要充分考虑幼儿的兴趣与需要,结合已有的课程资源,如田园课程中可以运用的田地场域。课程游戏化的目标是实现游戏的本体性价值,这就需要教师关注游戏本身,而不是强加的外在的目的,因而课程游戏化的目标应是泛化的而非具体的。即游戏活动实施之前,教师根据幼儿的兴趣与需要,力求站在儿童的角度制定游戏活动的目标;选择游戏内容时,应该尊重幼儿的想法与权利,发掘田园游戏场地、游戏材料的自由性、自然性以及低结构性,给予幼儿充分的操作空间。这样,幼儿在自主选择游戏课程内容的过程中,对游戏课程的目标更加清晰,对游戏课程的实施过程更加明确。

其次，教师应抓住着力点从而延展游戏化原则，其方式有两种：一是观察并发现幼儿游戏中发生的问题，分析幼儿的操作水平，延展游戏情境，在游戏中支持幼儿学习品质发展的路径；二是拓宽课程开发的思路，研究幼儿对游戏的兴趣、课程资源以及相关活动，并使之不断地系统化，从而激发幼儿学习。游戏生成课程可以利用幼儿在游戏中表现出的兴趣和需要，教师再加以反思和引导，把幼儿的需要不断融进游戏过程中；教师也可以通过幼儿在此过程中产生的疑问，加以捕捉和分析，将疑问融入活动中，从而衍生出新的课程内容。

"南瓜乐园"中的田园作物，就是一个很好的资源。首先游戏中有田园之"物"，方便实现操作。在田园游戏活动中，教师可以开展适宜的个别化游戏活动，如教师展示自己的编织作品"竹笋"，丰富且加深幼儿对田园作物的认识。其次是游戏中有田园之"景"，方便实现欣赏。例如：教师可以借助一些园本种植的作物，引导幼儿在对蔬菜水果的颜色辨析过程中，逐步提高色彩辨识力；看到西瓜，就会想到它有绿色的外皮和红色的瓤。最后是游戏中有田园之"趣"，方便实现表达。在田园游戏活动中，教师需要引导幼儿开展一定的交谈活动，说话的主题往往是和幼儿的生活相关联的。例如，"假如我能听懂南瓜讲话""我会和小蜗牛商量""到南瓜的'大肚腩'中睡觉"。在丰富的说话情境下，支持幼儿语言能力的发展，提高幼儿的想象能力。

二、在实施中尊重幼儿学习特点，遵循儿童学习过程规律

（一）田园课程资源的转换

自然资源和人文资源是田园课程教育素材的来源。教育者需要将教育素材进一步加工处理，比如降低或增加难度、整合或拆分教育素材、强化素材的教育目的等。还要在时间上对课程内容做详细的安排，由于田园课程的内容是根据季节变化的，并不是任意时间想到什么教育资源就能拿来用的，所以要按春夏秋冬、学年始末时间对田园课程资源进行规划。

组织课程内容的场域形式有室内活动、户外实践以及户外实践与室内活动相结合三种方式。首先是室内活动，室内活动是幼儿园常见的活动方式。其次是户外实践活动，因为田园课程教育场地的特殊性，需要在真实的自然情境中培育幼儿，所以户外实践活动也是田园课程主要组织形式的一种。最后是户外实践与室内活动相结合，仅仅依靠户外实践难以实现全部的课程目标，并且出于安全方面的考虑，幼儿园室内仍是教学活动的主要场地。考虑到低龄幼儿的认知依赖于直观感受，所以小班幼儿主要是用室内课堂辅助户外课堂，先在户外亲身感知活动内容，再回到教室里进一步强化活动目标；中、大班幼儿好奇心强、认知水平相对较高，所以中、大班幼儿主要是用户外课堂辅助室内课堂，在室内课堂激发幼儿的探索欲望再到田地里去探索，幼儿带着问题寻找答案，这样使得户外课堂比较有条理。

课程内容和幼儿发展水平是影响实施方式选择的重要因素。课程实施方式是将课程内容传递给幼儿的方式，是在幼儿与知识技能间架起的桥梁。一方面，实施方式的选择要考虑具体课程内容的特点；另一方面，还要考虑各年龄阶段幼儿的发展水平、兴趣和需要。促使幼儿在教学活动中保持专注力，激发幼儿的探索欲望，让知识在幼儿主观能动性下完

成建构,在愉悦、好奇的情绪下习得新的技能。多种实施方式可以调动幼儿参与活动的积极性,每名幼儿的个性和兴趣都不同,单一课程实施方式较难照顾到所有幼儿的需要,但也不能单纯认为课堂实施方式越多越好,一堂课内使用的传递方式越多,课堂的环节也会越多,会让幼儿感到疲惫。因此需要选择适当数量的、合理的实施方式,以满足幼儿的需求,调动幼儿参与活动的积极性。

（二）遵循幼儿的学习过程规律

根据幼儿身心发展的特点,可以将幼儿的学习过程分解为五个基本环节,并构成一个渐次递进的整体,这五个环节分别是感知、探索、习得、练习、概括。

1. 感知

幼儿的学习总是从感知开始。幼儿在日常生活的过程中,借助视觉、听觉、味觉、嗅觉、触觉等感知觉,不仅会感受到很多新事物,而且会感知到各种人际关系。教师通过为幼儿创设摸得到的田园环境并提供互动机会,可以让幼儿体验"田园事物",由此提升幼儿的感知能力。

2. 探索

幼儿在对事物有所感知之后,就会去探索吸引他们注意力的事物。探索是一个自我发现的过程,幼儿自发地摆弄物品及与同伴、成人非正式互,是在探索。田园课程的活动场地有充足的空间给幼儿探索,这也是田园课程的优势之一。

3. 习得

幼儿在对某一现象进行一定程度的探究之后,就会显现出已经准备好进入习得阶段的行为特征,这个阶段幼儿最直接的外显表征是出现了如使用碗筷、数数、画图、比较两样相似的物品等行为。而在田园课程中,幼儿能够习得农耕操作、认识田园作物等。

4. 练习

幼儿在习得新的知识和技能之后,出于好奇心、新鲜感或成就感,他们会自发地将所学付诸实践,并很享受这个过程,这就是练习的环节。幼儿会在各种情境中乐此不疲地展现和重复新学会的行为或应用新掌握的知识,将在田园中的所见所闻反复练习,逐步内化。

5. 概括

当幼儿有了较为坚实的基础,能将所学的知识或技能应用到相似的情境中时,幼儿的学习就进入了概括和迁移阶段。在这个阶段,幼儿开始将习得的知识、技能和方法内化,融入自己已有的认知体系,提升自己的认知能力。在经过多次循环之后,幼儿的学习逐渐从动作思维过渡到采用符号表征的概念思维。随着幼儿从依靠感官的外在感知能力逐渐提升为知识与技能的内化,幼儿的认知能力也渐进地过渡到内在感知。例如:无论是在语言还是在音乐的学习过程中,幼儿都要先借助大量对言语和音乐"听"的感觉,逐渐形成内在的"语感"或"乐感";动作的学习则要依靠大量的动手操作和身体运动,逐渐形成内在的"体感",进而从更高的感知水平开始下一个新的学习周期。

（三）设计多种适宜的学习活动方式

幼儿的学习过程离不开幼儿与教师的互动,幼儿园既需要强调幼儿在学习过程中的主体性地位，也应注重教师适时和适当的指导。在田园课程的师幼互动中，根据教师干预程度从低到高的顺序，可以将幼儿的学习活动分为六种形式：探索游戏活动、引导发现活动、问题解决活动、讨论活动、示范活动和直接教学活动。

1. 探索游戏活动

探索游戏活动也称为自主游戏活动，在这类学习活动中，幼儿自己动手探究，他们自主决定做什么、如何做及何时做。探索游戏活动的结果没有一成不变的答案，幼儿自主发现事物，游戏活动的进展也完全取决于活动是否符合他们的兴趣。在探索游戏中，教师在很大程度上采用感官参与和环境提示的教学策略，激发幼儿的兴趣，使他们自由、安全地参与。田园课程非常适合探索活动，在这个场域下，有许多幼儿不了解、没见过的新鲜事物，自主探索的过程能够充分激发幼儿的兴趣，提升其专注力。

2. 引导发现活动

在幼儿探索的基础上，教师会适时地通过提问、鼓励、示意、解释和提出适当的挑战性任务等多种方式，帮助幼儿与人和动植物互动，建立经验之间的连接，并逐渐形成概念，这种活动被称为引导发现活动。在引导发现活动中，教师和风细雨般地引导幼儿循着他们自己的思路思考，同时鼓励幼儿根据自己的经验得出结论。某些时候幼儿得出的结论或许从科学的角度来讲并不正确，当出现这种情况时，教师要耐心引导，鼓励幼儿换个新的角度思考。无论幼儿最后得出什么结论，教师都需要试着接受幼儿的观点，为其提供适当的指引，不要让幼儿鹦鹉学舌式地机械模仿"正确"的答案。相反，教师可以利用自己在活动中发现和总结的幼儿思维过程来设计指导性的练习体验，这样幼儿能逐渐自主建构出更精确的概念。

3. 问题解决活动

当幼儿的学习围绕解决某个自身感兴趣的问题进行时，幼儿所进行的活动就变成了问题解决活动。问题解决活动可以理解为引导发现活动的变式。例如：主题活动"跑动的水"中，幼儿在田园中发现问题，提出问题，然后解决问题，成功将水引入干枯的田园里。教师设计这些活动，以此促进幼儿思考、分析、理解和推理。在这些活动中，教师更关心幼儿如何得到答案，而不是为了让幼儿得到一个"正确"的答案。当幼儿参与到问题解决的活动过程中，他们也在计划、预测、做出决定、观察自己行动的结果并形成结论。

4. 讨论活动

当教师与幼儿在活动过程中围绕幼儿感兴趣的话题进行交流时，就构成了讨论活动。例如：在田园中幼儿会提出"为什么萝卜不能和别的菜一样从土地里自己冒出来？""为什么有些树会落叶，而有些则不会？""为什么小鸭子会游泳，小鸡就不会呢？"讨论意味着教师与幼儿彼此之间的互动，即教师与幼儿交谈、幼儿与教师交谈、幼儿之间互相交谈。通过邀请、反思、提问和陈述等方法，教师引导幼儿相互交流，并鼓励幼儿表达想法。在整个讨论过程中，教师通常会把更多的机会和时间留给幼儿提出问题和表达想法。如小组讨论制定活动规则时，或者为一只仓鼠命名时，又或者为一个大家熟悉的故事编写新的结尾时，教师或幼儿可以将讨论的结果记录下来。

5. 示范活动

面对幼儿相对陌生或缺乏经验的活动时，教师可以借助示范或演示的方式开展示范

活动。示范是指一个人向他人展示某件事是如何运作的或一项任务是如何执行的。教师可以用演示来讲解教学活动，让幼儿初步了解接下来要做的事；或者以演示的方式直接开启一节课的教学。如教师示范"如何制作棉花糖"的过程，或是示范"怎样用锄头锄地"。有时，教师的示范活动也可能是师幼互动的一个组成部分。例如：教师示范如何给仓鼠喂食，如何开启电脑。示范活动要遵循三个基本步骤：第一是获得幼儿的关注，第二是做出示范，第三是引导幼儿回应。幼儿的回应可能是语言也可能是行为，如在喂仓鼠时从袋子里拿出适量的食物，或能讲述开启电脑的第一步。教师面向幼儿进行示范时，要尽量做到语言和动作简短明了，并确保幼儿的感官参与。

6. 直接教学活动

在学习过程中，有一些内容是幼儿不易发现的，或由于安全性等原因尚不适宜由幼儿探索，在这些情况下需要采用直接教学活动。幼儿在学习某些词汇、事实策略或规则时，也常常需要借助教师的直接教学活动。在直接教学活动中，教师实施一系列预设的步骤，引导幼儿做出特定的反应。因此，直接教学是高结构化、以教师为中心的活动形式。其优点在于教育效果立竿见影。考虑到幼儿的学习方式需要借助大量的直接经验，所以应该谨慎地使用直接教学活动。

由此可见，课程所依托的已经不再是在幼儿园里简单地种植一些花花草草或者饲养几种小宠物之类简单的养育活动。课程所依托的，既要有田园的内容，更要有探究的精神和方法；既要有幼儿的主体，更要有教师的支持；既要有自主的游戏活动，更要有深度的探究学习。深度学习是一种基于问题解决的学习，也是一种基于实践探究的学习。在此过程中，幼儿的观察能力、思考能力、表达能力、合作能力和知识迁移能力都会得到较大的提升。正是这些能力，构成了儿童未来发展的核心素养。幼儿园田园课程内容是基于生活和幼儿已有的经验，从幼儿的兴趣与问题出发，同时注重整合性、趣味性和挑战性。

第三章　自然田园活动

　　田园课程的内涵是强调教育要崇尚自然,追求本真。在课程的实施中,以大自然为教材,注重发现自然生命的变化,鼓励幼儿与自然物发生交互,从动物、植物、非生命物到风霜雨雪等自然现象,幼儿能够在这个过程中感受自然的力量。自然田园活动包括主题活动和游戏活动,幼儿园可以根据季节更迭、动植物生长的变化及幼儿的兴趣来选择活动主题。

第一节　自然田园主题活动实例

　　自然田园主题活动是幼儿在自然情境中通过主题的形式进行的游戏和学习活动,是其获得全面发展的渠道。自然包括动物、植物、沙水泥土等非生命物以及风霜雨雪等自然现象,在本书中选用了植物主题"棉花朵朵开""逗'豆'时光",动物主题"哇!虫子",非生命物主题"跑动的水",自然现象主题"台风来了"五个自然田园主题活动,以展现自然田园主题活动的多样性。主题以主题说明阐述缘起,在汇总幼儿经验后生成对主题的思考路径,构建主题网络图为实施过程提供支架。在实施中共有六种活动形式:探索游戏活动、引导发现活动、问题解决活动、讨论活动、示范活动、直接教学活动。

一、主题:棉花朵朵开(大班)

(一)主题说明

　　秋天是万物生长成熟的季节,幼儿园有得天独厚的自然条件,在南瓜乐园里种植的许多粮食都在秋天获得了丰收,包括棉花、萝卜、大头菜、番薯等。孩子们每次散步时都会去自己班级的种植区里看看,开得白白的棉花一下子让孩子们产生了浓厚的兴趣。棉花下面像桃子一样的果子是什么呢?棉花是怎么来的?棉花的花为什么有的是黄色的,有的是粉色的呢?不同颜色的花开的棉花是不是也不一样呢?……孩子们带着疑问开始了对棉花的讨论。随着孩子们兴趣点的产生,班级由此开展了关于棉花的主题活动。

(二)幼儿的经验汇总

　　基于幼儿对棉花的兴趣,教师进行了初步的谈话、观察,在交流中教师收集到不少幼

儿对棉花的探索情况,以下是幼儿经验的汇总:

　　萌萌:我在幼儿园里看到过棉花,棉花是白白的。

　　乐乐:棉花摸起来可软了,像个小绒球一样。

　　浩宇:棉花都开花了,可漂亮了。

　　宏文:我们家的新被子就是用棉花做的,里面有很多棉花。

　　珊珊:我妈妈说纸币也是棉花加工做成的。

　　静静:我爷爷说如果棉花摸上去硬硬的,就是还没有成熟,不能摘。

　　俊俊:我在我家旁边看到过棉花,棉花旁边像桃子一样的果子究竟是什么呢?

　　子轩:棉花是花吗?

　　思瑜:为什么这些花有的是黄色的,有的是粉色的?

　　萱萱:棉花竟然还可以做成被子。在哪里可以做被子呢?被子是怎么做的呢?

　　皓文:妈妈说很多东西都是棉花做的。那我们的衣服、鞋子里也有棉花吗?

　　婷萱:这么多白白的棉花怎么样才表示可以摘了呢?

　　基于幼儿的对话,教师发现幼儿对棉花的特性、生长过程以及用处比较感兴趣,为此教师梳理了幼儿对话中的关键词,形成了棉花主题活动的幼儿经验图(见图3-1-1)。

(三)主题活动思考路径

　　在主题审议中,教师链接《指南》和"学前儿童学习与发展核心经验",基于幼儿的年龄目标、已有经验等,梳理与聚焦幼儿的需求,将本次活动从收集旧经验、探索及体验新经验、整理新经验及感受三方面展开(见表3-1-1)。

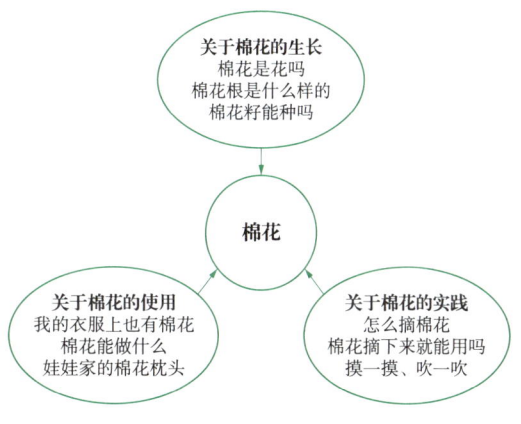

图3-1-1　幼儿棉花经验汇总图

表3-1-1　活动思考路径

收集旧经验	探索及体验新经验	整理新经验及感受
①认识棉花 ②知道生活中有很多物品是用棉花制作的	①出发去摘棉花 ②探索棉花的秘密	①棉花妙用功能大 ②我们要保护棉花

(四)主题网络图

　　幼儿在旧经验中对棉花已经有了基础的认识,但对于棉花的生长过程还不了解,所以教师设计了"对棉花的认知",根据幼儿园资源开展感知、实践、操作活动,作为主题的重点内容,最后幼儿在收获的过程中了解棉花的用途,感受从植物变成日用品的过程(见图3-1-2)。

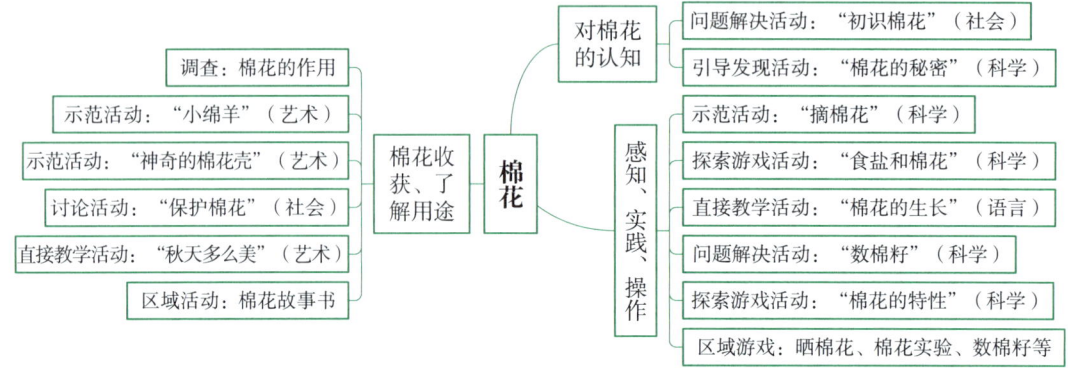

图 3-1-2 大班"棉花朵朵开"主题网络图

（五）主题目标

（1）初步认识棉花，知道棉花是由棉铃及棉桃生长变化而来的，了解棉花的用途。

（2）能用多种工具及不同的表现手法对棉花、棉花壳等进行装饰和操作。

（3）能与同伴合作探究、分享交流，体验合作探究的乐趣。

（4）学习一些简单的劳动技能（如摘棉花、剥棉花、做棉签等），发展手部精细动作和大动作。

（5）通过摘棉花、挖棉花根等活动，感受棉花丰收的景象，体验劳动成果带来的喜悦。

 活动一　　　　　　　初 识 棉 花

活动形式　问题解决活动　　　　　　　　**涉及领域**　社会

活动目标

（1）初步观察棉花，通过看一看、摸一摸、闻一闻，体验探究的乐趣。

（2）能通过查阅资料、绘本阅读等收集关于棉花的小知识。

活动准备

棉花种植地、人手一份记录表。

活动实施

1. 谈话导入

师：秋天已经到了，南瓜乐园的棉花也都相继成熟了，你们有发现什么吗？

幼 1：我发现棉花都开花了。

幼 2：棉花的花好漂亮呀，有红色的，也有黄色的。

幼 3：棉花的花颜色不一样。

幼 4：棉花是白色的。

师：那为什么棉花的花颜色不一样呢？

幼1:可能是棉花的品种不一样。

幼2:可能是因为棉花的养料不一样吧。

小结 是的,你们可真聪明,不同品种的棉花,它们的花色也是不同的。而且因为棉花的花瓣里有花青素,花青素的颜色会随着温度、酸碱度的变化而变化。太阳光的照射不同,温度不同,棉花花朵的颜色也会有所不同。

图3-1-3 观察棉花

3. 幼儿分享调查结果,教师记录

师:你们的问题有答案了吗? 你是怎么知道的? 谁来分享一下?

幼1:我问了花农伯伯,他告诉我当棉花长到七八片叶子的时候,就会开始长花(见图3-1-4)。

幼2:棉花的花刚开始是乳白色的,后来变成浅黄色,再过一会儿,就变成了粉红色,最后又慢慢变成紫红色。

幼3:这个长的像桃子的是棉花的果实,叫作棉桃。

2. 分组调查

(1)问题征集。

师:小朋友们,你们还有什么想知道的问题吗?

幼1:棉花的花多久会变一次色呢?

幼2:棉花的花开花后为什么会变换好几次颜色呢?

幼3:棉花旁边像桃子一样的是什么呢?

幼4:棉花什么时候会开花呢?

(2)分组调查。

师:看来我们小朋友想知道的问题有很多,现在请带上你的记录表去调查一下吧。

幼儿分组调查,教师适时介入(见图3-1-3)。

图3-1-4 调查棉花

小结 其实,关于棉花的秘密还有很多,让我们一起慢慢去发现吧。

 活动二　　　　　　　　**棉 花 的 秘 密**

活动形式 引导发现活动　　　　涉及领域 科学

活动目标

(1)初步了解棉花的外形特征及内部结构,知道棉花是秋天的农作物。

(2)尝试运用观察、实际操作、记录等方式,让多种感官参与探究棉花的秘密。

(3)能大胆地讲述自己的发现,体验合作探究的乐趣。

活动准备

每组一筐棉花、棉花的生长过程图片、记录纸(每人一份)。

活动实施

1. 激趣,导入活动

(1) 出示棉花。

师:(出示实物)孩子们,你们看,这是什么?

幼:棉花。

师:你们在哪里见过棉花呢?

幼1:南瓜乐园的田里(见图 3-1-5)。

幼2:我家旁边就有。

师:请你们仔细观察一下棉花它长的是什么样的。

幼1:棉花是白色的,摸起来也软软的。

幼2:棉花的外面还有壳,摸上去是硬硬的。

(2) 棉花是"花"吗?

师:那棉花是"花"吗?

幼1:不是,棉花的花是黄色的。

幼2:我觉得棉花就是花,我看到过它开花。

幼3:能开花的肯定是花。

图 3-1-5 幼儿园的棉桃

2. 了解棉花的生长过程

(1) 教师出示棉花生长过程的图片。

幼苗—→成苗—→开花—→结果—→吐絮

师:所以棉花是花吗?

幼1:不是,是棉花在吐絮。

幼2:棉花代表它已经成熟了。

(2) 观察棉桃。

师:棉花开花后会结果,结的果就是我们看到的棉桃。

图 3-1-6 剥棉桃

师:你们看看它是什么样子的? 像什么? 那棉桃成熟后会怎么样呢? 它的里面藏着什么呢?

幼1:棉桃就像一个桃子一样。

幼2:棉桃成熟后会变成棉花。

(3) 剥棉桃(见图 3-1-6)。

幼儿边剥棉桃边观察,教师巡回指导,引导幼儿交流自己的发现。

师:你发现了什么?

幼1:棉桃里面是白白的。

幼2:棉桃里面软软的。

小结 原来棉桃里面有白白的"丝"，它叫棉纤维，成熟以后就是我们看到的棉花。

活动三　　　　　　　　　　**摘　棉　花**

活动形式　示范活动　　　　　　　　　**涉及领域**　科学

活动目标

（1）在认识棉花的基础上，学习正确采摘棉花的方法。

（2）能主动发起摘棉花活动，并利用适宜的工具和方法进行采摘。

（3）体验劳动和收获的喜悦。

活动准备

幼儿已认识棉花。采摘、盛放用的箩筐。

活动实施

1. 出示棉花，引起幼儿摘棉花的兴趣

师：你们看，这是什么呀？（教师出示棉花）

幼1：这是棉花。

幼2：哇！我们的棉花已经成熟了。

师：是呀，南瓜乐园里的棉花都长大了，想不想一起去摘棉花啊？

2. 摘棉花活动

（1）教师组织幼儿前往南瓜乐园的棉花种植地，观看田园内丰收的景象，让幼儿说说感受。

幼1：哇！这些棉花好多都已经吐絮了。

幼2：这个棉花才开花，还不能摘呢。

（2）教师示范采摘方法。

教师示范摘棉花，轻轻一折将成熟的棉铃一起摘下。

（3）教师向幼儿提出规则及安全要求。

教师引导幼儿仔细观察棉花是否成熟。提醒幼儿摘棉花时注意安全，并把摘好的棉花放在小箩筐中。

（4）幼儿摘的过程中，教师巡回指导（见图3-1-7、图3-1-8）。如发现部分幼儿分辨不清楚，可请摘得对的幼儿来讲讲，哪些棉花成熟了可以摘。

图3-1-7　摘棉花1

图3-1-8　摘棉花2

活动四　　食盐和棉花

活动形式　探索游戏活动　　　　　**涉及领域**　科学

活动目标

(1) 观察某些物质的溶解过程,通过操作来比较能溶于水和不能溶于水的物质的特性。

(2) 乐于观察和探索,体验比较、发现的乐趣。

活动准备

(1) 食盐、小勺、水盆、水杯、海绵、棉花、各种能溶于水和不溶于水的物品。

(2) 记号笔、记录表若干。

活动实施

1. 引入部分:教师讲述故事《小驴过河》,引入活动主题

教师提问:驮食盐的驴为什么越驮越轻,驮棉花的驴为什么越驮越重?

幼1:食盐都不见了。

幼2:食盐都跑到水里去了。

幼3:棉花里面吸进去好多水。

小结　原来食盐能溶于水,而棉花会吸水、不能溶于水。

2. 实验与探索,进入活动基本环节

(1) 出示两杯水。

教师在其中的一个杯子里放进一勺盐,在另一个杯子里放进一团棉花,搅拌一会儿,让幼儿观察。

师:盐到哪儿去了?

幼1:盐溶解了。

幼2:盐化掉了。

(2) 出示不同材料以及记录表(见表3-1-2)。

教师让幼儿先猜测,再将几种不同的东西放入水盆中,观察它们的变化并记录下来。

提问:什么东西可以溶于水,什么东西不可以溶于水?

幼1:海绵不能溶于水。

幼2:糖可以溶于水。

幼3:纱布不可以溶于水。

(3) 引导幼儿比较某些物质吸水前和吸水后的重量。

表3-1-2　我的记录表

实验对象	我的猜测	我的结果

记录者:

吸水前,请幼儿将棉花或海绵用手掂一掂,然后放置水中,过一会儿,拿起来再放在手中掂掂,比较前后物质的重量是否一样,为什么不一样重。

幼1:海绵把水都吸过来了,所以很重。

幼2:棉花也变重了。

小结　通过实验,我们发现像棉花、海绵这些不溶于水的物品,放进水中,它们都会吸水,重量也都会比之前重。希望你们在现实生活中能多多观察,多多动手。

活动五　　　　数　棉　籽

活动形式　问题解决活动　　　　　　　　　**涉及领域**　科学

活动目标

(1) 在取棉籽的过程中,学习群数的方法,发现不同棉花的棉籽数不一样。

(2) 培养幼儿的观察力、判断力及动手操作能力。

活动准备

棉花若干、记录笔、小盒子。

活动实施

1. 感知、认识棉籽

师:你们看一看,桌上的小盒子里有什么? 你们摸一摸,感觉怎样?

幼1:是棉花!

幼2:有的棉花里面摸起来硬硬的。

师:棉花里面藏的什么?（棉籽）

2. 讨论记录棉籽数量的方法

(1) 教师出示盒子。

师:这是盒子,我取的棉籽应该放进哪个盒子里呢?

(2) 教师出示记录表,讨论取棉籽的方法。

师:我们可以怎么取棉籽?

幼1:我们可以直接用手取。

幼2:可以试一试用梳子梳。

师:小朋友们想出来的办法都很好,你们待会可以用你们自己的方法去取棉籽,再数一数,把结果记录下来。

3. 操作活动:取棉籽、数棉籽（见图3-1-9、图3-1-10）

(1) 教师提出操作要求。

师:你们也来试一试,数一数一个棉花里有多少棉籽? 每个棉花里面的棉籽数量一样吗?

(2) 幼儿操作,教师指导。

图 3-1-9　取棉籽　　　　　　　　　图 3-1-10　数棉籽

4. 分享结果

师:你们今天一个棉花里面取出来多少棉籽呢?

幼 1:我数出来有 20 个棉籽。

幼 2:我在这个棉花里取出了 10 个棉籽。

 活动六　　　　　　　　　棉 花 的 生 长

活动形式　　直接教学活动　　　　　涉及领域　　语言

活动目标

(1) 理解儿歌内容,了解棉花是按"棉籽—发芽—开花—结棉桃—开棉花"的过程生长的。

(2) 感受儿歌朗朗上口的节奏,喜欢和老师、同伴一起朗读儿歌。

活动准备

(1) 经验准备:简单了解了棉花的生长过程。

(2) 物质准备:棉花生长过程的课件,儿歌图示。

活动实施

1. 谈话引题,唤醒幼儿已有的经验

师:你还记得棉花是怎样长大的吗?

小结 原来,棉花是按"棉籽—发芽—开花—结棉桃—开棉花"这样的过程生长的,真不简单。

2. 观看课件,理解儿歌内容

(1) 逐一观看课件,引导幼儿用自己的话说说棉花的生长过程。

幼 1:先把一颗小棉籽种进土地里。

幼 2:小棉籽慢慢长大,发出绿芽。

幼 3:然后会开出漂亮的花朵。

（2）根据幼儿的讲述，教师边朗诵儿歌中的内容边出示相应的图示。

小结 瞧，我们小朋友已经把棉花的生长过程不知不觉地编成了一首好听的儿歌呢！

小棉籽，埋地下。雨浇灌，出绿芽。

长成树，树开花。花落结棉桃，果实满树杈。

秋风吹，果开花，开出一地白棉花。

（3）教师有节奏地完整朗读儿歌。

师：听了这首儿歌，你觉得怎么样？

幼1：很好听。

幼2：我觉得听起来感觉很美。

小结 这是一首好听、有节奏、朗朗上口的儿歌，它有一个好听的名字叫作《白棉花》。

3. 看图示学习朗读儿歌（见图3-1-11）

（1）师：你还记得这些图示代表什么意思吗？（引导幼儿用儿歌中的话来说一说）

（2）师：对于这首儿歌，你还有什么地方不明白呢？

（3）逐步撤走图示辅助，鼓励幼儿"闯关"，有节奏地朗诵儿歌。

4. 活动延伸

师：如果这首朗朗上口的儿歌能加上好看的动作就更完美了。有时间我们小朋友可以找上你的好朋友一起试试看。

图3-1-11 《白棉花》儿歌

活动七 棉花的特性

活动形式 探索游戏活动　　　　**涉及领域** 科学

活动目标

（1）观察、比较棉花的特性与其用途之间的关系。

（2）喜欢棉花，乐于探索棉花的特点。

活动准备

（1）各种棉制品，装有各种材料的小枕头，未晾干的大盆，棉花，积木，纸，塑料袋等。

（2）有参观过棉花种植地的经验。

活动实施

1. 引发兴趣

（1）教师讲述故事。

师:小云是个丢三落四的小男孩,每一次需要东西,都是由别人帮忙找到。在一个冬天的早上,他出去跑步。刚跑了一会儿,看见前面有一只小花狗叼着东西,于是他就跟着小狗跑。突然起风了,小云感到很冷,仔细一看,身上的衣服不知什么时候丢了。

(2)师:冬天小云会穿什么样的衣服呢?

2. 讨论活动

(1)幼儿帮助小云寻找合适的衣服。

(2)启发提问:你找了什么样的衣服?为什么找这种衣服?这是由什么材料做成的?用棉花还可做成哪些棉制服装呢?

幼1:可以做棉袄、棉裤。

幼2:还可以做棉手套、棉皮鞋。

3. 感知操作

(1)感知棉花轻、柔软的特点。

教师出示装有各种材料的小枕头,幼儿尝试寻找出哪些枕头里面有棉花。

师:你是怎么找到的?

(2)感知棉花吸水性强的特点。

教师出示没晾干的盆子,请幼儿用工具擦干盆内的水(工具:棉花,积木,纸,塑料袋,杯子等)。

幼儿尝试使用,感知:哪一种工具最合适?为什么使用这种工具最合适?

幼:棉花最合适,它把水都给吸走了。

师:那利用这种特点,还可以做什么东西呢?(见图3-1-12)

幼1:可以做成棉签。

幼2:我妈妈说还可以做成纱布。

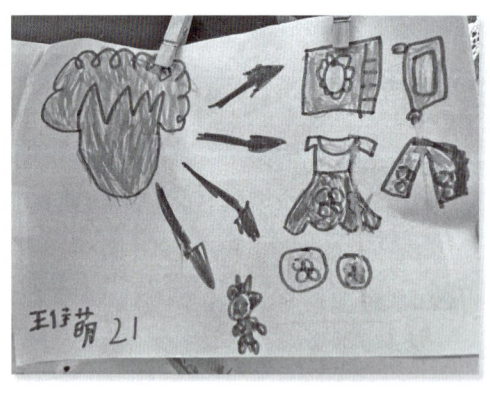 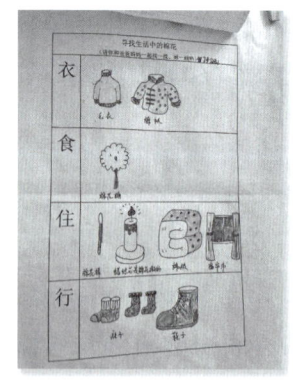

图3-1-12 棉花的用途　　　　　图3-1-13 寻找生活中的棉花

小结 棉花的用途有很多,因为它保暖、轻、柔软,可以做成各种棉制品。吸水性强,可以在生活中运用。

4. 活动延伸:调查,继续寻找生活中其他的棉制品(见图3-1-13)

活动八　　　　小　绵　羊

活动形式　示范活动　　　　　**涉及领域**　艺术

活动目标

（1）能运用剪、贴、添画等技能，根据棉花形状特点，拼贴小绵羊图案。

（2）体验用自然物制作的乐趣。

活动准备

棉花若干，剪刀、胶水、双面胶、各色彩纸。

活动实施

1. 引出主题

师：小朋友，请你们把昨天南瓜乐园采摘的棉花拿出来给大家看看，说说棉花它像什么。

幼1：棉花就像白云一样。

幼2：像我们睡觉用的枕头。

幼3：好像棉花糖一样。

师：那这棉花能做什么呢？

幼1：可以做衣服、被子。

幼2：可以用来装饰我们的作品。

2. 欣赏棉花粘贴画，激发幼儿的学习兴趣

师：棉花除了人们生活上需要以外，它还可以制作成很多好玩的作品呢。这些画就是老师用昨天采摘的棉花做的小绵羊，你们看看我都用了哪些材料呢？

幼1：用了我们摘的棉花。

幼2：彩色纸、油画棒。

3. 幼儿学习棉花的粘贴方法

（1）鼓励幼儿大胆想象，选择自己喜欢的颜色在彩纸上剪一剪，剪出不同造型的羊头。

（2）把剪好的羊头摆好，并在身子上摆好棉花，用胶水粘在纸上，胶水不要抹太多。

（3）粘好的图案，可以用油画棒涂出漂亮颜色点缀一下画面，使画面更美观。

4. 幼儿动手操作，教师指导（见图3-1-14、图3-1-15）

教师重点指导操作有困难的幼儿。

图3-1-14　制作小绵羊　　　图3-1-15　制作小绵羊

5. 幼儿展示作品,评价作品

幼儿介绍自己的作品,大胆展示自己的作品。

 **活动九** 　　　　　　　**神奇的棉花壳**

| 活动形式 | 示范活动 | 涉及领域 | 艺术 |

活动目标

(1) 根据棉花壳的形状特征展开想象,尝试创造各种形状的棉花壳。

(2) 能大胆添画有关形象,丰富画面内容。

(3) 喜欢手工活动,体验用自然物作画的乐趣。

活动准备

(1) 棉花壳若干。

(2) 辅助材料:白胶、棉签、油画棒、较厚实的纸(做底板)等。

活动实施

1. 引出课题

教师出示棉花壳并提问:棉花壳的外形像什么? 它有什么用?

幼1:棉花壳好像一朵花一样。

幼2:棉花壳硬硬的,像小动物的壳。

师:棉花壳还有一个有趣的作用,可以做成漂亮的图画。

2. 教师演示

(1) 教师示范棉花壳造型,做出有趣的图画,激发幼儿兴趣。

(2) 讲解制作要求:

① 用棉签蘸白胶进行粘贴,用完后把棉签放到指定处。

② 大胆想出各种造型,比如半圆形、伞形、圆形、三角形以及粘贴单瓣的棉花壳做花苞等。

③ 用油画棒进行添画。

图 3-1-16　神奇的棉花壳

3. 幼儿制作(见图 3-1-16)

(1) 鼓励幼儿大胆制作,并利用油画棒不断丰富画面。

(2) 了解能力较弱幼儿的想法,观察他们的制作,帮助其构图,表现事物特征。

4. 参观欣赏

展示幼儿作品,互相参观评价,说说哪些棉花壳最漂亮,哪些作品画面最丰富。

5. 活动延伸

在美工区投放棉花壳,供幼儿区域活动时使用。

活动十　　　　　　　　　　保护棉花

活动形式　讨论活动　　　　　　**涉及领域**　社会

活动目标

（1）体会灾害性天气对棉花生长产生的影响。

（2）在交流、讨论中收集多种棉花的保护方法，有强烈的保护环境的欲望。

活动准备

相关视频、大张记录纸。

活动实施

1. 游戏导入活动

师：秋天来了，南瓜乐园的农作物都长出来了，洁白的棉花一簇簇立在风中，像一个个雪白的精灵在风中跳舞。让我们也学着棉花舞动起来吧！

2. 创设情境

（1）教师创设情境。

师：有的棉花姐姐都笑弯了腰，可是有的棉花却哭了，这是为什么呢？

幼1：棉花它长不大了。

幼2：棉花受伤了。

（2）灾害性天气对棉花的影响。

教师播放《一场台风以后》的视频。

提问：为什么棉花哭了呀？它怎么了？

幼1：台风吹得太猛了。

幼2：棉花都倒了。

幼3：有的棉花都死了。

小结　像台风、暴雨这些自然灾害都会对棉花的生长产生影响。

3. 保护棉花的办法

（1）师：那你们有什么办法可以帮助它呢？

幼1：可以把棉花都绑在一起。

幼2：可以给棉花搭个帐篷。

（2）幼儿回答，教师记录方法。

4. 活动延伸（见图3-1-17）

师：大家可以在区域活动的时候画一画保护棉花的方法。

图3-1-17　幼儿共同讨论保护棉花的方法

活动十一　　　　　　　　　　**秋天多么美**

活动形式　　直接教学活动　　　　　　　**涉及领域**　　艺术

活动目标

(1) 引导幼儿在音乐活动中享受到愉悦的情感体验,激发幼儿热爱大自然的美好情感。

(2) 发展幼儿的音乐表现力,使其在理解歌曲的基础上初步有感情地演唱歌曲第一段,巩固附点音符的演唱。

活动准备

秋天背景图、棉桃等小图片一套,录音机、钢琴,布置秋天的美丽场景。

活动实施

1. 导入活动

(1) 发声练习。

师:见到小朋友我很高兴,刚才我送给大家了一首好听的歌作为礼物,你们也送给我一首好听的歌好吗? 我听听谁送的歌最好听。

(2) 参观秋季丰收景象。

师:秋天到了,一切好像都在悄悄地变化,我发现苹果丰收了,你发现了什么?

幼1:橘子成熟了,可以摘橘子吃。

幼2:南瓜乐园的棉花也都成熟了。

幼3:好多树叶都变成黄色的了。

小结　秋天是一个丰收的季节,有很多果实都成熟了,让我们一起去参观一个秋季果实博览会吧。(放音乐《秋天多么美》)

2. 展开讨论

(1) 观察棉桃,引发兴趣。

师:这是什么? 你知道吗? 你看它正咧开嘴对着我们笑呢,多可爱啊! 我们就叫它棉桃姐姐吧!

(2) 讨论棉桃姐姐为什么笑得这么开心。

幼1:因为它心情很好。

幼2:它可以和小伙伴一起去玩了。

3. 学唱歌曲

(1) 教师范唱两遍。

师:它好像在对着我们说,秋天多么美,秋天多么美。你觉得秋天美吗? 你也笑着告诉棉桃姐姐,秋天多么美,秋天多么美。我还想到了一首歌呢,名字就是《秋天多么美》,我唱给大家听吧!

提问:你觉得这首歌曲好听吗? 为什么? 你最喜欢哪一句呢? 请你再来听一遍,听完

了告诉大家。（教师再次范唱并用图片提示）

（2）语言节奏学歌词。

师：小朋友你最喜欢歌词的哪一句？为什么？

幼1：我喜欢"秋天多么美"这句歌词，听起来就很美。

幼2：我喜欢"棉桃姐姐笑弯了腰"这句歌词，这肯定很有趣。

（3）幼儿整首跟唱。第二遍提示幼儿注意情绪的表达。

师：小朋友刚才都说到了，听到这首歌曲感到很欢快很优美，就让我们带着快乐的心情用最好听的声音来唱出秋天的美吧。

（4）分组表演唱。

师：小朋友唱得真好听，刚才看到小朋友还边唱边加上动作呢，谁想上来表演一下让大家都听听看看？（唱完后让孩子们自评）

师：你喜欢谁的表演？为什么？

4. 活动延伸

教师演唱后两段引起幼儿再学习的兴趣。

师：小朋友唱得好极了！这首歌曲还有两段呢，唱到了稻花姐姐和高粱姐姐，我唱给小朋友们听听。

◎区域游戏投放表

区域名称	游戏材料	可能学习的方向	引导重点
语言区	A4纸、马克笔等	在理解《棉花姑娘》故事内容的基础上，自制故事书	引导幼儿根据棉花姑娘的故事制作故事书
	与棉花相关的故事绘本	理解图书内容，专注阅读绘本	鼓励幼儿通过看书、读书，理解绘本中的内容
美工区	棉花壳、颜料、画笔等材料	通过涂色、粘贴等技巧，创设出漂亮的图画	引导幼儿能利用棉花壳、颜料等材料进行创作活动
	棉花、胶水等材料	运用辅助材料，发挥自己的想象，创造出小羊、云朵等	引导幼儿用棉花进行创作活动
科探区	棉花、塑料盒等材料	能用实验探索棉花能吸水等特性	引导幼儿通过实验，发现棉花的特性
		在对比实验中，感知棉花的不同	鼓励幼儿通过对比实验，发现棉花不易起静电，化纤棉容易起静电
表演区	棉花、棉花壳	运用辅助材料制作表演道具和表演服饰	引导幼儿通过棉花、棉花壳等辅助材料制作表演道具和表演服饰
益智区	棉籽	学习群数的方法	引导幼儿通过群数的方法，发现不同棉花的棉籽数不一样且数量在20~40之间

二、主题：跑动的水（大班）

（一）主题说明

田园教育资源有其独特的优势，重视田园教育资源的开发和利用是教师一直以来的追求，让孩子们拥有广袤而自然的活动空间，自主、自由地活动，可以给孩子带来无限的非凡体验，孩子也十分喜爱南瓜乐园基地。

一天上午，孩子们正在南瓜乐园里进行户外自主活动，有一个小朋友蹲着玩土，旁边的小朋友很好奇，凑过去看了看，发现泥土干巴巴的，没有水。他们提出要给土地浇浇水，于是一起寻找了工具，一趟一趟在教室和南瓜乐园之间跑。到了中午，孩子们在散步时发现，早上辛辛苦苦浇水的那块地，它又干了。孩子们十分纳闷，想不明白为什么水干得那么快，如何让土一直保持湿润呢？他们希望能帮助土壤一直充满水分，这样才能让种子更好地生长。于是，教师通过主题活动深化孩子对水转化的认识，尝试让水资源动起来，运到有用的地方；帮助幼儿深化了解水的相关经验，发现水的用途和有趣的变化；通过探究和发现水的不同来源和特性，使幼儿乐于动手动脑探究水的变化，了解它的各种特性，获得有关经验，从而产生对水资源的珍惜之情；使幼儿乐于关心周围的水环境，从而能够做到亲水、爱水、节水、护水。

（二）幼儿的经验汇总

基于幼儿对于南瓜乐园里的池塘的认识，教师收集了幼儿对灌溉农田的想法，以下是对幼儿经验的整理：

佳琪：小池塘里有小蝌蚪，我之前去抓过，等它们长大就变成小青蛙了。

馨瑶：池塘附近有一条弯弯、长长的水沟，还有一个会转动的风车。

小宝：我经常看爷爷用水桶运水。

小雨：我们还可以用水管、竹筒等装水工具把水从池塘运到地里去。

可乐：怎样让水可以浇到田地里？

佳慧：池塘里的水，我们怎么才能让它自己跑到田里？

欣怡：除了小雨说的用水桶、水管、竹筒，我们怎么让水动起来呢？

明明：植物每天要喝多少水？

基于幼儿的对话，教师发现幼儿对灌溉和运水特别感兴趣，为此教师梳理了幼儿经验，形成了幼儿经验图（见图3-1-18）。

（三）主题活动思考路径

把握孩子们的兴趣，从孩子们的经验逐步升级渗透，从《指南》和幼儿兴趣入手，聚焦孩子们的学习方式与体验，我们产生了以下的路径思考（见

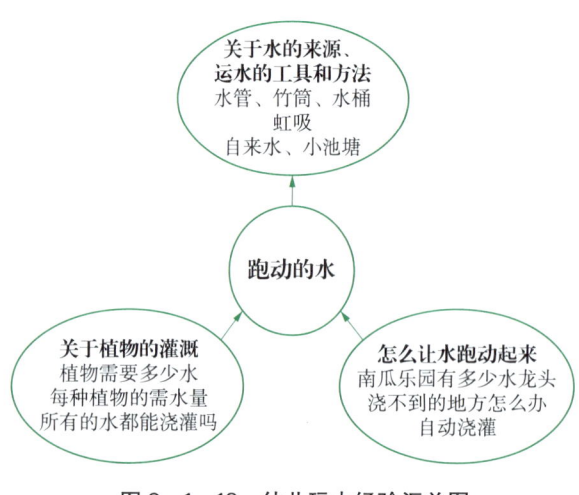

图3-1-18 幼儿玩水经验汇总图

表 3-1-3）。

表 3-1-3　活动思考路径

收集旧经验	探索及体验新经验	整理新经验及感受
① 回忆对池塘的生活经验 ② 整理池塘里有什么	① 池塘里的水可以怎么用 ② 设计灌溉图 ③ 在南瓜乐园设计灌溉点	① 灌溉方案的实践 ② 发现问题，讨论完善

（四）主题网络图

从幼儿经验中收集了各种想法，可以将主题活动围绕幼儿想让土壤保持湿润的状态、南瓜乐园里有哪些水资源、我们可以利用的水资源、如何利用水资源这四方面进行。基于幼儿兴趣和大班幼儿年龄特点与发展规律，本次主题共包括寻找身边的水资源、思考如何利用池塘里的水、了解水的重要性、设计并完善灌溉方式这四大块内容（见图 3-1-19）。

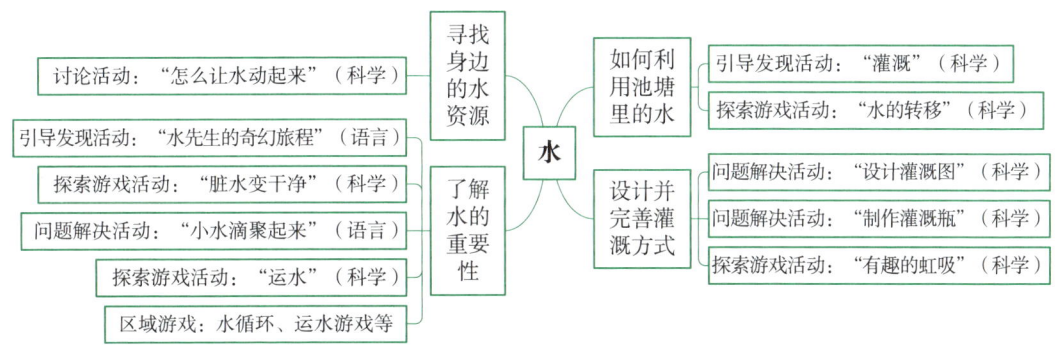

图 3-1-19　大班"跑动的水"主题网络图

（五）主题目标

《幼儿园教育指导纲要（试行）》指出五大领域的内容应相互渗透，要从不同的角度促进幼儿情感、态度、能力、知识、技能等方面的发展，因此，根据幼儿的年龄特点和实际情况，教师制定了以下目标：

（1）对灌溉田地感兴趣，能够主动参与到活动中思考池塘水如何向各个田地浇灌，愿意和同伴交流自己的想法。

（2）自主设计、探索水运输的多种方式，参与其中，并且能够发现问题、解决问题，提高认知能力和动作技能，初步建立自主解决问题的意识。

（3）乐于参与和水有关的科学小实验，感知水的特征，对现象充满探索兴趣。

（4）通过集体教学活动感受水对我们生活的重要性，萌发保护水资源的想法，从身边的小事做起，节约每一滴水，不浪费。

活动一　　怎么让水动起来

活动形式　　讨论活动　　　　　　　**涉及领域**　　科学

活动目标

（1）结合已有经验说一说如何调动水资源。

（2）乐意在同伴面前表达自己的看法。

活动准备

幼儿对水的已有经验、实物水。

活动实施

1. 现状导入

（1）教师提问,启发引导幼儿回顾关于水的经验。

师:(出示土地照片)孩子们,刚刚我们去南瓜乐园发现了一件什么事?

幼:土地都干了!

师:为什么土地都干了?

幼1:没有给它浇水。

幼2:土地没有喝饱水。

幼3:我们要每天给它浇水。

师:我们怎样帮助土地喝到水?

幼1:南瓜乐园里有水龙头。

幼2:有一个小池塘。

幼3:有一个风车,水会动。

（2）教师小结。

师:没错,我们可以用南瓜乐园里的水源来浇灌田地。

2. 讨论:如何让水动起来

（1）关注水的基本特征。

师:水有什么特点呢?

幼1:水可以流来流去的。

幼2:水能待在一个容器里。

师:是的,水会流动,同时它也能静静地待在容器中。

（2）说说如何利用水。

师:我们怎么让水动起来呢?

幼1:可以把水管接起来运水。

幼2:用水桶一桶一桶给土地浇水。

幼3:可以让水车带动水,跑起来。

……

师：你们想了很多种方法，究竟哪一种最适合呢？需要我们去尝试哟！

3. 调查

师：请你把自己的想法画出来，同时把需要的工具也画出来，看看能不能实现。

 **活动二**　　　　　　　灌　溉

活动形式　引导发现活动　　　　**涉及领域**　科学

活动目标

（1）知道常见的灌溉工具及其工作原理。

（2）尝试对比古代与现代的灌溉方式，对科技的发展有一定认识。

（3）了解灌溉对人类生产活动的重大意义和作用。

活动准备

灌溉工具的图片，灌溉视频。

活动实施

1. 讨论引题

教师带领孩子前往南瓜乐园观察水车。

师：你看，这是什么？

幼：水车！（见图3－1－20）

师：请你仔细观察水车是什么样子的。

幼1：它是圆形的。

幼2：它会转动。

幼3：转动的时候它会舀起池塘里的水。

图3－1－20　幼儿寻找水车

小结 没错，水车是借着水的运动惯性，推动水车的辐条，使转轮慢慢转动起来，把装满河水的水斗慢慢升上去。当水斗上升至一定高度时，水斗自然倾斜，将水注入水车边的渡槽中，河水就会顺着渡槽流到需要灌溉的农田里。

2. 了解古代的灌溉方式

（1）龙骨水车。

（出示图片）师：水车是我国古代劳动人民发明的一种灌溉工具，你看，它像什么？

幼1：它像一条龙。

幼2：两个小孩踩在上面水才会动吗？

师：是的，你观察得很仔细，那两个小孩踩在踏板上，一上一下，水会通过木板慢慢从这边往那边流下去。

（2）戽斗。

（出示图片）师：你再看它需要两个人一起合作，一人拉着一边的绳子，两个人一起用

力,水就盛上来了。

(3) 桔槔。

(出示图片)师:你看他是怎么打水的?

幼1:他在水桶的一边把它拉上来。

幼2:另外一边是一个大大的石头。

师:没错,一边是又重又大的石头,将水桶这边放下后,接上水,然后石头就会用力,让这边的人更加轻松地把这桶水拉上来。

(4) 小结:古代的时候,人们会动脑筋想出各种各样的方法,让打水变成一件省力的事情,让灌溉农田更加方便。

3. 了解现代的灌溉方式

师幼观看不同灌溉方式的视频,试着说一说。

师:那你们知道现在的人们,都用什么方式灌溉吗? 我们一起来看一看吧!

幼1:喷灌好厉害,一大片土地就浇好了,好快的!

幼2:这个灌溉的方式好有趣,能动会跑的。

4. 比较

(1) 提问:请你说说古时候的灌溉方式与现在人们的灌溉方式有哪些不同? 你更喜欢哪一种?

(2) 幼儿表达。

幼1:我喜欢现在的灌溉方式,打开开关就可以,都不需要人在旁边。

幼2:我喜欢自己的事情自己做,给小苗浇水很有意思呀,我更喜欢古代人们一点一点的灌溉方式。

(3) 教师总结。

师:古代和现在的灌溉方式都很棒,都是人们智慧的结晶。随着科技的进步,人们让灌溉农田变得越来越方便。除了灌溉方式,我们的生活也是更方便、更舒适了。

 活动三　　　　　水　的　转　移

活动形式　　探索游戏活动　　　　　涉及领域　　科学

活动目标

(1) 运用工具搬运水,感知水具有流动性、水会占据空间但没有固定形态等特点。

(2) 用自己的语言表达探究的过程和结果。

(3) 喜欢参加科学活动,体验和同伴团结协作、共同完成任务的乐趣。

活动准备

大水盆(装上约2/3盆的水)、大水桶、没底没盖或扎有许多洞的矿水泉水瓶、塑料膜、大小不同的瓶盖、布质疏松的小布袋、各种扎有大小洞的小包装袋、海绵、皮筋、剪刀、胶布、毛巾、拖把,记录表,不同形状、大小的杯子和瓶子,水管、塑料布等。

活动实施

1. 谜语导入

教师说谜语:双手抓不住,用嘴存得住。煮饭和洗衣,都要请它来。猜猜它是谁?

幼:水。

2. 讨论

(1)抛出问题。

师:我们的手抓不住水,如果想把大水盆里的水运到大水桶里,有什么好办法呢?请你们开动脑筋想一想。

(2)幼儿之间相互交流。

幼1:可以用水杯,一杯一杯接过去。

幼2:用手捧过去也可以。

(3)出示盛水工具。

师:哪些工具能帮助我们把大水盆里的水运到大水桶里?

幼1:这些工具都被扎破了洞,会漏水的。

幼2:老师给我们准备了胶布,可以给它缠起来。

幼3:还可以用塑料膜包起来,用绳子固定。

3. 实验

(1)师:你们想出的好主意可真多,我们来试一试吧,看哪组运水最快! 注意,不要让水弄湿你的衣服(见图3-1-21、图3-1-22)。

图3-1-21　使用工具运水　　　　　图3-1-22　使用水管接水

(2)幼儿操作,小组合作并在五分钟内进行运水游戏。

(3)根据比赛成绩,请第一名的小组来分享他们的运水心得。

师:你们是怎么解决漏水问题的? 运了这么多水,盛水的时候用了哪些工具? 哪些东西不能帮水宝宝搬家? 为什么?

小结　水是会流动的,因为这些工具有缝隙,所以不能用来盛水。

4. 介绍自己对工具的改造方式

(1)小结:水会流动,没有固定的形状,运水的时候水会从洞里流出来,但是只要我们将洞或缝隙堵住,水就不会流出来了;不要装得太满,否则容易将水洒出来;只有运用适合

运水的工具和办法,耐心细致地完成,才能把事情做好。

(2) 教师总结:今天你们成功地完成了任务,为你们点赞!水是我们生活中最重要的东西,我们要保护好它,不要浪费来之不易的水。

 **活动四**　　　　　　　　　　设 计 灌 溉 图

活动形式　问题解决活动　　　　　　　**涉及领域**　科学

活动目标

(1) 阅读地图并观察南瓜乐园里的水池和田地分布情况。

(2) 尝试画一画南瓜乐园平面图,大小、轮廓要写实。

(3) 小组讨论如何设置灌溉点并绘制灌溉图。

活动准备

纸、水彩笔。

活动实施

1. 导入

师:小朋友们,我们了解了古代和现代的灌溉工具,那我们南瓜乐园里的田地要如何灌溉呢?用什么方式灌溉呢?

幼1:我们可以用竹筒搭起水桥。

幼2:可以把水管拼起来运水。

幼3:让水车带动水动起来。

师:好,你们的主意有很多,可是如何实施呢?请你们来做一名设计师,把自己的想法画出来!

2. 绘制地图

(1)(出示俯拍照片)师:你瞧,这是哪里?

幼:我们的南瓜乐园。

师:这是在南瓜乐园的上空拍到的照片,请你数一数一共有几块地,池塘又在哪里。

(2) 提出要求。

师:我们的灌溉图首先就要从南瓜乐园的地图画起,请你们看着图片,将南瓜乐园画下来,只要将位置、形状、大小画对就可以。

(3) 幼儿绘画、相互评价。

幼1:每一块田地他都画出来了,形状也很像。

幼2:我们走的小路都一模一样!

3. 添加灌溉路线

(1) 提出要求。

师:你要用哪种灌溉方式?怎么样让池塘里的水去往每一块田地呢?请你用蓝色的笔画出来。

（2）幼儿绘画,教师巡回指导(见图3-1-23)。

（3）介绍灌溉图。

师:小朋友们的灌溉图都完成了,谁愿意先来说说你的想法?

幼儿举手,上前展示自己的灌溉图,并介绍自己的设想。

4. 选择灌溉图

（1）师:请你们找出你认为自己可以实施并且方便的灌溉图,然后把小红花贴上去,最多的那张图我们先去试一试。

（2）幼儿选择,贴上小花。

5. 活动延伸

根据孩子画的灌溉图,集体尝试。

图3-1-23　幼儿绘制灌溉图

活动五　　　制作灌溉瓶

活动形式　问题解决　　　　**涉及领域**　科学

活动目标

（1）利用身边的物品制作灌溉瓶,学习正确使用打孔器和辅助材料。

（2）养成爱护植物的美好品质。

活动准备

各种饮料、矿泉水瓶、瓶盖,麻绳、绸带、胶带、胶条、橡皮膏、剪刀、打孔器、各色即时贴、粗细不同的钉子,用直径5厘米左右的树干搭好的悬挂支架。

活动实施

1. 谈话导入

师:小朋友们看!这是老师今天早上在南瓜乐园拍的照片,你们发现了什么? 为什么小苗有些打蔫? 小苗渴了怎么办?

幼1:小苗应该是口渴了,想喝水。

幼2:给它水喝。

2. 经验讨论

（1）师:可我们没办法每天陪着小苗,给它喝水。你们能想办法帮助小苗,让它们在口渴的时候喝上水吗?

（2）问题收集。

幼1:那瓶子里没水了怎么办?

幼2:把瓶子挂在哪呢?

幼3:我们怎样可以让水滴下来?

......

（3）所需材料。

师:可以用什么来做灌溉瓶呢？你会怎么做？

幼1:用矿泉水瓶。

幼2:饮料桶大,能装更多的水。

（4）制作方法。

师:我们可以怎样制作呢？

幼1:用矿泉水瓶灌水,瓶盖给钻出眼儿,挂上就可以了。

幼2:把瓶子的上端剪开,方便加水。

幼3:把水桶放在高的架子上,连接一段水管,方便接水。

幼4:那我们怎么挂上去呢？

幼5:打孔用线穿起来,然后挂在上面。

3. 幼儿制作

（1）温馨提示。

师:瓶子有厚度,难剪开,有困难的可以举手请老师帮忙,当然你也可以和同伴一起合作,一个人扶着瓶子,一个人剪。剪的时候尽量剪平滑,不要蹭伤。使用打孔器的时候,我们要对称打孔,方便穿绳子和悬挂。

（2）幼儿动手操作,教师巡回指导。

4. 运用尝试

（1）实验。

师:小朋友的灌溉瓶都制作完成了,能滴出水吗？水量都是多少呢？ 去装水试一试吧!

幼1:我的水滴不出来。

幼2:我的流出来是一串小水柱。

幼3:我的水瓶一滴一滴,刚刚好。

师:你发现自己的水瓶有什么问题？ 可以怎么改？

（2）悬挂。

① 师:这个灌溉瓶挂多高合适？

幼1:高一点。

幼2:太高了,我们加水都碰不到。

幼3:可是很低的话会压到小绿苗的。

小结 是的,那我们就挂在小绿苗的上面吧,保持安全的距离。

② 师:那我们怎么挂在绳子上呢？

孩子们要求学习打结,并把自己的瓶子挂到了绳子上。

5. 活动延伸

师幼观察灌溉情况,进一步改装、完善自制的灌溉瓶。

活动六　有趣的虹吸

活动形式　探索游戏　　　　**涉及领域**　科学

活动目标

（1）探究发生虹吸现象的条件，并能大胆表达自己的想法。

（2）感知虹吸现象，了解虹吸现象在生活中的应用。

活动准备

装满水的小桶、空盆、小软管、一大盆水、小桶若干，虹吸现象在生活中应用的照片。

活动实施

1. 谈话导入，激发学习兴趣

师：你们有没有用软管玩过水？是怎么玩的？有什么发现？

幼1：软管中间会存水。

幼2：水会弯曲。

2. 初次实验，探索产生虹吸现象的条件

（1）出示操作材料，引导幼儿猜测。

师：能不能用软管把脸盆里的水运到桶里？请你试一试！

（2）幼儿自由尝试运用软管转移水，教师巡回指导。

3. 深入实验，探索使用虹吸现象为乌龟宝宝换水

（1）增加操作材料，提出实验要求。

师：请你想办法不用手去碰水，试一试各种材料，尝试把软管中的空气排出，让鱼缸里的水自动流出来，给乌龟宝宝换水。操作完和同伴说一说你发现了什么。

（2）幼儿再次操作探索，教师观察指导。

师：你有成功给乌龟宝宝换水吗？

幼1：没有，水不会流出来。

幼2：我摁住管口，它就出来了，好神奇。

幼3：水管要放得低就会成功。

小结　想要让水从软管中自动流出来，需要让软管充满水并用手指堵住软管两端，保持软管的出水口低于进水口，然后同时放开手指，水就会自动流出来了。

4. 交流分享，引导幼儿了解虹吸现象在生活中的应用

师：这种好玩的现象叫作"虹吸现象"，它除了能够给鱼缸换水，生活中还有很多地方可以应用，如虹吸咖啡壶、污水处理、抽水马桶……

活动七　水先生的奇幻旅程

活动形式　引导发现活动　　　**涉及领域**　语言

活动目标

(1) 聆听故事并理解故事的内容。

(2) 了解水的不同形态,尝试向同伴说一说水先生的变化过程。

(3) 尝试小组合作,绘制水先生的变化过程。

活动准备

绘本《水先生的奇幻旅程》,纸,水彩笔。

活动实施

1. 情境导入

(1) 师:今天老师要带你们认识一个人,他在我们的生活中无处不在,你们每天都要遇到他,洗手的时候遇到他,下雨时会遇到他,就是我们去户外玩了也会遇到他,他是谁呢?

全体幼儿:水!

(2) 师:没错! 他就是水先生。今天他要展开一场奇幻的旅行,到底有多奇幻呢? 我们一起来看一看吧。

2. 欣赏故事

(1) 教师一边讲述故事,逐幅出示图片,引导幼儿仔细观察水先生变化的形态。

师:请你们说一说,水先生都变成了什么?

幼1:云朵。

幼2:雨滴。

幼3:雪花。

幼4:水。

……

(2) 师:水先生他是怎么变化的?

幼1:在太阳的帮忙下,他变成了云朵。

幼2:天气越来越冷,他慢慢变成了雨滴和雪花。

幼3:春天到了,天气变暖了,他又从雪花化成了水。

幼4:慢慢的,他沿着小溪,汇聚成河流。

师:是的,你们听得可真仔细,水先生的变化原因都被你们发现了。

3. 绘制故事

(1) 提出要求。

师:现在请你们回到小组里,和同伴一起讨论故事情节,分配故事画面,用水彩笔画一画,到时候一起订成一本小书,给大家讲一讲这个有趣的故事吧!

（2）小组讨论。

幼1：一开始太阳晒得水先生很热，他才会飘上来的，水先生应该脸很红。

幼2：越来越冷可怎么表示？

幼3：我们可以从水滴，一点一点变成冰块，再变成雪花，这样就知道天气很冷了吧！

4. 分享故事

（1）师：你们的小书都画好了吗？哪一组小朋友想先来给我们讲一讲？

（2）教师邀请个别幼儿在集体前讲述自己小组绘制的故事小书。

5. 活动延伸

将孩子们绘画的小书订在一起，挂在图书角里，孩子们可以自主拿取观看。

活动八　　脏水变干净

| 活动形式 | 探索游戏活动 | 涉及领域 | 科学 |

活动目标

（1）初步了解污水净化的过程，掌握多层过滤的方法。

（2）敢于大胆尝试，勇于探索与表达。

（3）养成保护水资源和节约用水的好习惯。

活动准备

毛巾、海绵、纱布及透明水杯若干，记录表，水污染视频。

活动实施

1. 视频导入

（观看水污染视频）师：看看这里的水，变得这么脏可怎么办呀？

2. 对比实验

（1）猜想。

（出示教具）师：在这里，老师为你们准备了毛巾、海绵、纱布，请你们猜一猜哪一样可以让水变得更干净？

幼1：毛巾。

幼2：海绵。

幼3：纱布。

师：好的，你们都有自己的想法，在你们的桌子上已经放好了，请你们走过去试一试吧！

（2）小组实验。

幼儿操作实验，将脏水分别倒入盖有毛巾、海绵、纱布的杯子，观察杯子里水的清澈程度。

（3）分享发现。

幼1：纱布留下来的水最脏了。

幼2：毛巾下面的水最干净，而且毛巾上还有许多脏东西。

幼3:毛巾杯子里的水最干净,海绵杯子的水第二,纱布杯子的水最脏。

······

(4)教师小结。

师:我们找到了过滤小能手——毛巾。纱布上的空隙比较大,脏水一下子都流到杯子里。海绵上的空隙比较小,能把脏东西抓住,水就变得干净一点。而我们的毛巾上有许多毛毛,就像很多小手,能把水里的脏东西粘住,所以水就变得干净了。

3. 多层过滤

(1)提出设想。

师:既然毛巾这么能干,那我们用两块毛巾、三块毛巾呢?水会不会更加干净呢?

(2)幼儿合作操作,并举手说一说自己的发现。

幼1:叠了两块毛巾再倒脏水,比之前只用一块毛巾的办法干净了一点。

幼2:放三块毛巾后把瓶子里的水重新倒进新瓶子里,水变得更干净了一点。

幼3:用四块毛巾再把瓶子里的水倒一遍,发现水变清了。

幼4:用五块毛巾时,瓶子里的水变得很干净、很清澈了。

(3)教师小结。

师:是的,一层又一层的毛巾将水里的脏东西都拦住了,毛巾用得越多,我们过滤出来的水就越清澈。

教师在水里放入小球,引导幼儿关注水的颜色。

4. 提升经验,联系生活

师:别看我们用水自由,现在还是有很多人很缺水,他们经常没水喝,严重的还会晕倒,甚至死亡。还有许多地方的水被污染,变得又脏又臭,请你也行动起来,告诉其他人,水是我们人类最宝贵的财富。我们要节约用水,保护水资源。

 **活动九**　　　　　　　　　　# 小水滴聚起来

活动形式　　问题解决活动　　　　　　　　　　**涉及领域**　　语言

活动目标

(1)理解故事的内容,通过绘本画面讲述小水滴不断相聚的变化。

(2)培养科学探索能力,了解常见的自然现象。

(3)通过绘本故事,知道团结就是力量。

活动准备

绘本《小水滴聚起来》,滴管、勺子、水杯、水盆和水。

活动实施

1. 导入问题,激发兴趣

(1)引发讨论。

师:老师觉得水是世界上最团结的事物了,你觉得老师为什么会这么说呢?

幼1：因为哪里都有水。

幼2：有很多很多水的时候会很重。

幼3：地球上的水最多了。

幼4：大海就是水。

（2）（出示地球仪，转动给幼儿看）师：没错，因为在地球上海洋占到71%的面积，你看蓝蓝的地方都是水，更不用说我们的生活中也处处是水了。

2. 欣赏绘本

（1）教师讲述故事，引导幼儿关注水的聚集。

提问：让我们一起来看看小水滴们是怎么团结起来的吧！

（2）故事讲述过后，提问：小水滴聚在一起，变成了什么？

幼1：一勺水。

师：许多杯水聚在一起，变成了什么？

幼2：一金鱼缸的水。

师：故事里的水最后变成了什么？

幼3：海洋。

（3）小结：没错，一滴滴水慢慢汇聚在一起，变成了一眼望不到边的大海，真神奇。

3. 操作体验

（1）出示教具，引发体验。

师：今天老师为你们准备了许许多多的物品，请你们以小组为单位来试一试小水滴的团结过程。

（2）操作分享。

幼1：好神奇，一滴一滴的水，最后都装满了一杯水呢！

幼2：虽然我们没有变成大海，但这盆水也是大海的一部分！

幼3：水越来越重，需要两个人才能举起来。

……

4. 整理结束

师：我们生活中的每一滴水都很重要，它们慢慢汇聚成小溪、大河、海洋，我们要珍惜水资源，爱护我们的地球。

　　　　　　　　　　　　运　　水

活动形式　探索游戏活动　　　　　　　　**涉及领域**　科学

活动目标

（1）尝试各种运水工具，与同伴合作运水。

（2）探索管子运水的方法，感知用管子运水既快又方便。

（3）感知水的特性，萌发节约用水的情感。

活动准备

防滑垫、防水围裙、防水鞋套、水桶、塑料盆、长软管(虹吸管和普通管)、海绵、瓶盖、没底没盖的矿泉水瓶、塑料膜、塑料篮、皮筋、针管、水管等。

活动实施

1. 回忆设计经验,激发参与兴趣

师:还记得我们之前设计的灌溉图纸吗? 现在我们就要出发去尝试了,对自己的方法有没有信心?

幼儿:有!

2. 交代任务,探索运水方法

(1) 分组观察。

师:好的,老师根据你们的灌溉图纸,将小伙伴们分成了几组,有的希望用水管灌溉,有的希望能用木桶,请你们用各自的方式一起来为南瓜乐园的田地浇浇水吧!

(2) 尝试实施。

幼儿按照分组观察材料,讨论如何将灌溉图付诸实践并进行尝试,教师巡回指导。

(3) 分享经验。

师:现在请你们用自己的方式运水给田地,并说一说自己的方法好不好。

幼1:用竹管的方法好困难,水运到一半会流出来。

幼2:水管固定住就不会漏出水来,但是让池塘里的水动起来可太难了。

幼3:用水桶浇水很快,但是一下子浇了太多水,土地喝不了。

教师小结:是的,各种各样的方法都可以浇水,但是有一些方式能很好地帮助田地喝水,而有一些还需要改变,升级方法。

3. 探索虹吸管

(1) 出示虹吸管和普通软管,引导幼儿观察发现。

提问:这两种管子有什么不同?

幼1:虹吸管比较硬,软管软软的。

幼2:虹吸管能把水吸上来,软管不可以。

(2) 小组合作尝试用水管运水,从而发现水流方向与水管位置高低的关系(见图3-1-24、图3-1-25)。

图3-1-24 幼儿连接水管

图3-1-25 幼儿运水

（3）经验了解。

提问：你运水成功了吗？你是怎么做的？水从水管高的一端流出还是从水管低的一端流出呢？你们觉得用什么工具运水比较方便？

小结 看来用水管运水是又快又方便的一种方法，我们再去试一试吧！

◎**区域游戏投放表**

区域名称	游戏材料	可能学习的方向	引导重点
语言区	与灌溉相关的绘本、有声读物、古诗及灌溉活动相关的照片	理解图书内容，专注阅读绘本	鼓励孩子们通过阅读，理解绘本中的内容，加深对灌溉的认知
		看图讲述	
		运用材料表达生活经验	引导孩子们用图书、人偶等，叙述生活经验，发展口语表达能力
美工区	白纸、勾线笔、水彩笔、蜡笔、订书机	绘制灌溉设计图	自己设计对南瓜乐园的灌溉方案，与同伴一起探讨可行性
		将自己灌溉时的场景画下来，制作成一本小书	回忆自己灌溉的过程，并将场景画下来，用订书机订成小书
建构区	木质积木、纸杯、乐高积木、饮料罐	运用材料拼搭南瓜乐园的田地	引导孩子们使用各种积木材料进行搭建，验证灌溉图是否可行
科探区	杯子、毛巾、纱布、海绵、脏水	通过实验感受水是如何变干净的	通过操作和实践感受水是能通过过滤变干净的
	薄纸、水杯、水	尝试将杯子反转后，水不会倒出来，还会吸住纸	引导孩子们尝试，通过对比实验了解原理，并说一说成功的原因
	透明玻璃杯、水、食用色素、防水胶带、棉绳、剪刀	操作尝试，水能否通过绳子从一个杯子跑到另一个杯中	引导孩子们尝试，说一说水转移的原因
益智区	天气图卡、场景卡	按水的循环顺序进行配对排序	了解水的循环路径，多次操作后牢记
表演区	与阅读区相关的绘本故事表演	创编并演出与灌溉田地相关的故事	了解绘本内容，鼓励孩子们表演故事，展示自我

三、主题：逗"豆"时光（中班）

（一）主题说明

《指南》中指出：要重视以幼儿为主体的探索性学习，充分挖掘幼儿的潜能，以幼儿为本，促进幼儿的发展。主题活动"逗'豆'时光"从幼儿熟悉的内容出发，以幼儿为主体，充分发挥幼儿的积极性与主动性，通过开展多种形式的活动，使幼儿全方位地认识豆子。豆子，一个小小的生命，随着季节的变化，从发芽到长大有着自己的生长路线。幼儿园里的南瓜乐园,是孩子们实现豆子探秘的基地,基于孩子的兴趣和需要,主题活动"逗'豆'时光"拉开帷幕,在园本资源的支持下,教师从各个领域出发,跟着幼儿开启探寻"豆豆"的奇妙之旅,感知植物生长的生命力,从而满足幼儿的好奇心和求知欲。

(二) 幼儿的经验汇总

基于幼儿对于豆豆的经验,教师收集到不少幼儿对于豆豆的认知、经验以及游戏想法,加上教师从谈话交流活动中收集到的信息,形成如下幼儿经验的汇总:

汉堡:我知道黄豆、红豆,红豆可以做豆沙包。

满意:我们吃的绿豆芽就是绿豆做出来的。

菲菲:豆豆的颜色是五颜六色的。

清清:豆豆摸起来硬硬的。

彤彤:有的豆豆小小的,有的豆豆大大的,扁豆是扁扁的。

软软:豆浆就是豆豆做的。

萱萱:扁豆不用剥,整个可以吃。

依一:现在我喜欢吃各种各样的豆豆。

欣欣:豆豆开花的时候花的颜色很好看。

子涵:我们吃的豆腐就是用豆子做的,但是我不确定是不是黄豆。

洋洋:豆豆的营养很好,上次我妈妈跟我说过,让我多吃点。

波波:我觉得豆豆胖乎乎的很可爱。

书涵:豆豆绿绿的。

子宁:我不喜欢吃豆。

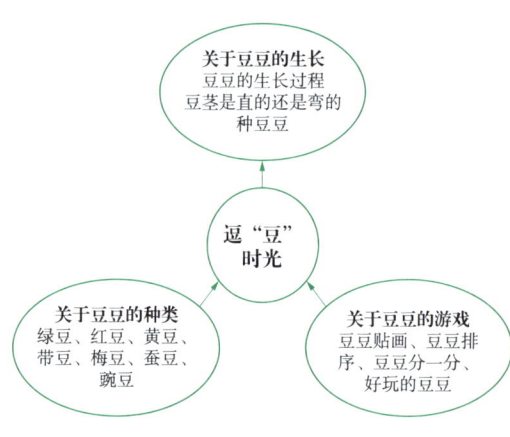

图 3-1-26 幼儿关于豆豆的经验汇总

基于孩子们的对话,教师发现幼儿对于豆豆的种类、生长过程、营养价值、食用方法特别感兴趣,为此教师提取了幼儿对话中的关键词,形成了豆豆主题活动的幼儿经验图(见图 3-1-26)。

(三) 主题活动思考路径

基于幼儿的原有经验和兴趣,教师结合《指南》,挖掘课程中通过探索能体验到的新经验,梳理主题脉络,形成以下思考路径(见表 3-1-4):

表 3-1-4 主题活动思路路径

收集旧经验	探索及体验新经验	整理新经验及感受
了解、认识身边常见的5~6 种豆豆(黄豆、蚕豆、绿豆、红豆、黑豆等)	① 观察蚕豆和豌豆的生长过程,对比认识植株异同 ② 采摘豆豆	① 有趣的豆豆种植体验 ② 和豆豆一起游戏的乐趣

（四）主题网络图

从幼儿经验中汇集到的内容，可以围绕以下四个方面进行活动：豆豆的品种、豆豆种植的方式及生长过程、吃豆豆以及豆制品、制作豆豆创意作品。基于幼儿兴趣和中班幼儿的年龄特点与发展规律，本次主题共包括豆豆知多少、豆豆长大了、豆豆真好吃、豆豆真好玩四个内容（见图3-1-27）。

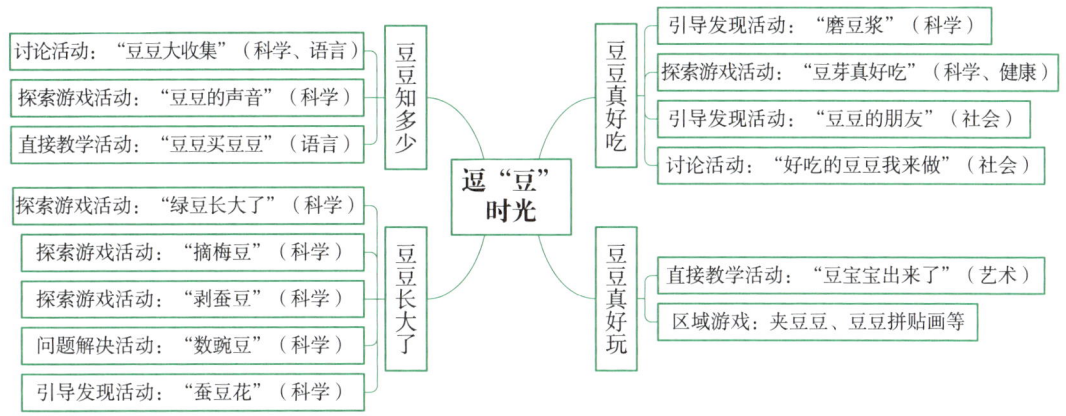

图3-1-27 中班逗"豆"时光主题网络图

（五）主题目标

（1）多感官认识蚕豆、豌豆的外形特征、内部构造及用途。了解它们的营养价值及多种食用方法，养成爱吃蔬菜的好习惯。

（2）对豆豆活动感兴趣，能够主动参与到活动中来，愿意和同伴分享自己的探索与发现。

（3）在种植、管理、采摘豆豆等活动中，体验劳动的艰辛和收获的喜悦。

 **活动一**

豆 豆 大 收 集

活动形式 讨论活动　　　　　**涉及领域** 科学、语言

活动目标

（1）收集各种各样的豆豆，通过对比观察感知各种豆豆的形状、大小、颜色等特征。

（2）愿意与同伴交流自己的发现，讲述较为连贯。

活动准备

各种各样的豆豆，调查表。

活动实施

1. 介绍豆豆

教师提问：你带来了什么豆豆？它长得怎么样？请你来介绍一下（见图3-1-28）。

幼1:我带来的是红豆,看起来圆圆的,上面有一个白白的小芽芽。

幼2:我带来的是绿豆,也是圆圆的,小小的,看起来很可爱。

幼3:我带来的是白白的芸豆,看起来像白雪公主一样。

……

2. 绘制豆豆标志

(1)师:哇!小朋友们带来了好多豆豆呀!你们觉得红豆可以怎样画出来呢?绿豆可以怎样画出来呢?(黑豆、芸豆……)请你们每组讨论一下,并画一画。

(2)幼儿按照标志为豆豆分类。

师:你们都绘制好了豆豆标志,老师把标志分别贴在了筐上,请你将豆豆分别放到对应的筐里。

3. 对比观察,进一步认识豆豆

师:现在我们的豆豆都已经分好并放入了对应的筐里,请你们去参观一下我们班的豆豆博物馆吧!

师:参观好后请你们自己选两种豆豆,然后记录两种豆豆的相同与不同之处。

4. 分享自己的记录表

(1)教师提问:你选择的是哪两种豆?你发现了什么相同与不同之处?

(2)集体交流记录表。

师:记录好的幼儿可以和同伴交流并展示一下自己的记录哟!

幼1:我选择的是黑豆和红豆,它们都是硬硬的,摸起来滑滑的,上面都有白白的芽;这两种豆的颜色不一样,大小也不一样。

幼2:我选的是芸豆和绿豆,它们两个摸起来都硬硬的,芸豆是扁扁的、白白的,绿豆是圆圆的、绿色的。

(3)教师总结:通过对比观察,你们进一步认识了豆豆的形状、大小、颜色等特征。

5. 活动延伸

师:那这些豆豆到底是什么味道呢?我们可以在家里品尝一下用豆豆做的美味食物哟!

图3-1-28 幼儿收集的各种豆豆

 **活动二** 豆豆的声音

活动形式 探索游戏活动   涉及领域 科学

活动目标

(1)感知物体振动会发出声音这一物理现象。

（2）探索豆豆的大小、多少与声音轻重的关系。

（3）乐于表达自己的探索结果,体验发现的乐趣。

活动准备

矿泉水瓶人手一个,黄豆、绿豆若干。

活动实施

1. 感知豆豆振动能发出声音

师:请你们玩一玩、听一听,瓶子里发出了什么声音?

幼1:我听到了"咯咯咯"的声音。

幼2:我听到了"沙沙沙"的声音。

教师提问:为什么会听到这些声音呢?

幼3:因为摇瓶子了。

幼4:因为豆豆快速碰在一起了,所以会有声音。

2. 探索豆豆的大小、多少与声音轻重的关系

（1）豆豆大小与声音的关系。

教师分别把同样多的黄豆和绿豆装在罐子里,比较两者摇动时发出声音的大小。

将幼儿分成两组（黄豆组和绿豆组）,玩一玩。

师:两种豆豆在罐子里发出的声音一样吗?

幼:不一样,绿豆的声音稍微小一点,黄豆声音响亮一点。

两组交换玩一玩。

提问:为什么黄豆在罐子的声音响亮一些? 绿豆在罐子里的声音轻一些?

幼:我觉得可能是因为绿豆小,黄豆大。

小结 是的,黄豆大,发出的声音响;绿豆小,发出的声音轻。

（2）豆豆的多少与声音的关系。

师:罐子里装一颗豆豆,会发出怎样的声音?

师:罐子装两颗、三颗……十颗豆豆呢?（幼儿分别试验）

幼:豆豆装得越多,声音越大。

师:罐子装满半瓶以上,声音会发生什么变化?（幼儿猜测）

幼1:我觉得应该是豆豆越多,声音越大。

幼2:我觉得可能会变轻,因为豆豆动的地方少了。

幼儿再次动手试验并分享交流。

小结 瓶子里装半瓶以内豆豆时,豆豆越多声音越大;瓶子里装半瓶以上豆豆时,豆豆越多,声音越轻。

3. 活动延伸:装满豆豆的罐子

师:当罐子里装满豆豆时有声音吗? 为什么? 请你们在区域活动的时候探究一下吧!（鼓励幼儿继续尝试,进一步探究声音的奥秘）

活动三　　　　豆豆买豆豆

活动形式　直接教学活动　　　　**涉及领域**　语言

活动目标

(1) 学习儿歌,知道豆和痘的不同,感受儿歌中谐音的趣味。

(2) 遵守游戏规则,避免身体碰撞。

活动准备

(1) 豆豆手偶。

(2) 装有各种豆的瓶子。

(3) 豆豆娃娃图片、儿歌故事图解、头饰。

活动实施

1. 谈话导入

(1) 师:小朋友,你们吃过豆芽吗? 豆芽是用什么做的呢?

幼:吃过。豆芽是用绿豆种出来的。

(2) 师:小朋友们真聪明! 除了黄豆你们还吃过什么豆豆呢?

幼1:我还吃过红豆沙,是我奶奶用红豆做的。

幼2:我吃过绿豆饼,是用绿豆做的。

(3) 师:你们吃过这么多的豆豆啊! 今天我们班级来了一名小朋友,他的名字叫豆豆(出示豆娃娃手偶),我们跟他打个招呼吧!

2. 学习儿歌

(1) 倾听儿歌内容。

师:豆豆今天买了一些东西送给小朋友们,他送给小朋友什么呢? 一起来听一首儿歌!

(2) 教师念第一遍儿歌。

师:豆豆去了哪里? (市场)他买了哪些豆豆? (幼儿讲述,幼儿说到相应的豆豆,教师出示图片)

(3) 教师根据幼儿回答,出示相应的图片。

3. 出示豆豆,理解儿歌内容

(1) 教师出示装好相应豆豆的瓶子。

提问:黄豆可以做什么呢? (磨豆浆)绿豆呢? (长出豆芽)红豆呢? (做红豆汤)黑豆呢? (炒来吃)

小结 这些豆豆都可以吃,而且很有营养。

(2) 提问:儿歌里除了黑豆、黄豆、红豆、绿豆,还说到了什么豆? (水痘)豆豆买水痘了吗? 那为什么他买了黑豆、黄豆、红豆、绿豆却不买水痘呢?

小结　原来,黑豆、黄豆、红豆、绿豆都是豆类,是能吃的食物;水痘不是豆类,它是一种传染病。我们在小宝宝的时候就已经注射过水痘疫苗了,这样水痘病毒就没那么容易感染到我们。

4. 学习朗诵儿歌

(1)教师朗诵儿歌,幼儿跟念。

(2)教师依次取走儿歌图片,幼儿念诵儿歌,直至全部拿走。

5. 总结延伸

教师总结:小朋友们今天认识了黑豆、黄豆、红豆、绿豆。儿歌里还有一个特殊的水痘。水痘它不是能吃的豆类食物,而是一种传染病。我们要讲究卫生、不吃不干净的食物,做个干净漂亮的乖宝宝。

活动四　　绿豆长大了

活动形式　探索游戏活动　　　　　　**涉及领域**　科学

活动目标

(1)积极动手,探索绿豆在不同环境中的生长速度。

(2)增进亲子关系,体验共同操作、一起发现的乐趣。

活动准备

观察记录表,绿豆,水、土、沙若干。

活动实施

1. 出示水、土、沙

教师提问:小朋友们看,这是什么呢?

幼1:这是泥土,这里是沙子,这个就是水。

幼2:哇!还有好多的绿豆呢!

幼3:老师,我们今天要玩什么游戏啊?

小结　今天我们要做一个实验,看一看绿豆在哪个环境下发芽速度最快。

2. 讲解观察记录表

师:这个实验要请你们回家和爸爸妈妈一起完成,我们每天要进行记录,到时候你们要拿着你们的观察记录表来幼儿园和小朋友们一起分享。

师:首先我们和爸爸妈妈一起写上日期,"我做了什么这一栏"是在你做的事上打上钩,然后在"水土沙"下面分别画上绿豆的变化。

3. 了解种植步骤(见图3-1-29)

师:怎样种绿豆呢? 首先我们在三个容器

图3-1-29　绿豆在不同环境中的种植图

里分别放好水、土、沙,然后我们把绿豆放在里面,不用埋得很深,大概手指三分之一的深度就可以了。接下来希望小朋友们在平时可以细心观察,发现它们的变化,想一想为什么会有这样的变化,并及时记录下来,我们下次一起分享你的观察记录。

活动五　　摘梅豆

活动形式　探索游戏活动　　　　**涉及领域**　科学

活动目标

(1) 对采摘梅豆感兴趣,能用多种感官感知认识梅豆。

(2) 保持愉快的情绪,体验采摘梅豆劳动的快乐和幸福。

活动准备

经验准备:幼儿已认识梅豆。

物质准备:示范用的梅豆几根,装梅豆的筐5个,梅豆生长图PPT课件。

活动实施

1. 出示梅豆,引起幼儿摘梅豆的兴趣

师:你们看,这是什么呀?(教师出示梅豆)

幼1:这是梅豆。

幼2:哇! 我们的梅豆可以摘来吃了。

师:是呀,我们种的梅豆都长大了,想不想一起去摘梅豆啊?

2. 摘梅豆活动

(1) 教师组织幼儿前往南瓜乐园的梅豆种植地,观看园内丰收的景象,让幼儿说说感受。

幼1:哇! 我们真厉害,种了这么多梅豆。

幼2:这么多梅豆可以做很多好吃的菜。

(2) 向幼儿提出规则及安全要求。

教师引导幼儿把长在地里的梅豆与手里的梅豆仔细比较,长得一样的可以用手把它摘下来。提醒幼儿摘梅豆时注意安全,并把摘到的梅豆放在小箩筐中。

(3) 幼儿摘的过程中,教师巡回指导(见图3-1-30)。如发现部分幼儿分辨不清楚,可请摘得对的幼儿来讲讲,自己是如何在地里找到梅豆的。

3. 集体讨论

(1) 引导幼儿仔细观察和讨论梅豆长大成株、有豆荚时的明显特征。

图3-1-30　幼儿摘梅豆

（2）教师请幼儿一起摸一摸、闻一闻、看一看。

师：梅豆是什么形状、什么颜色的？

幼1：梅豆细细长长的、绿绿的。

幼2：梅豆闻起来有点香香的。

4. 展示 PPT 课件

师：我们一起来观察 PPT 课件，看一看梅豆的生长过程吧。

5. 活动延伸：把梅豆送去食堂做炒菜

师：梅豆的味道怎么样呢？我们请大厨师傅给我们炒一炒后来品尝一下吧！

活动六　　　　　剥　蚕　豆

活动形式　探索游戏活动　　　　　**涉及领域**　科学

活动目标

（1）在看看、吃吃、闻闻中认识蚕豆。

（2）体验剥蚕豆的乐趣。

活动准备

蚕豆每组一盘，小篓子人手一个，煮好的蚕豆若干。

活动实施

1. 出示蚕豆，引导幼儿认识蚕豆外形

师：这是什么？蚕豆是什么样的？

幼1：这是蚕豆，蚕豆绿绿的、扁扁的。

幼2：蚕豆是浅绿色的。

2. 剥蚕豆，认识蚕豆里是什么样的（见图3-1-31）

（1）教师：蚕豆的里面有什么？是什么样的呢？（教师做神秘状，激发幼儿猜想的兴趣）

幼1：蚕豆里面是可以吃的蚕豆肉。

幼2：蚕豆肉也是绿绿的，但是颜色更加绿。

幼3：蚕豆肉侧面还有白色的小芽芽。

（2）教师边剥蚕豆边指导幼儿观察、了解剥蚕豆的方法。

提问：里面的小蚕豆是什么样的？

幼：小蚕豆有两瓣，摸起来软软的。

师：那我们可以怎么剥呢？一起来跟着老师学一学吧！拧一拧，挖开豆荚，抠一抠，去除豆皮，看，这样就剥好啦！

图3-1-31　幼儿剥蚕豆

3. 品尝煮好的蚕豆

师:这里有一锅煮好的蚕豆,我们一起来尝一尝它们的味道吧!吃好后请你来分享下蚕豆的味道。

幼1:蚕豆吃起来有点甜甜的。

幼2:蚕豆吃起来软软的。

教师引导幼儿了解蚕豆的营养价值,培养幼儿喜欢吃蚕豆的情感。

4. 活动延伸

幼儿午餐可以制作有关蚕豆的菜肴,如炒蚕豆等,供幼儿品尝。

活动七　　　数 豌 豆

活动形式　问题解决活动　　　　**涉及领域**　科学

活动目标

(1) 能在记录表上用多种方式记录豌豆的数量,会手口一致地点数10以内的物体,并说出总数。

(2) 培养观察力、判断力及动手操作能力。

活动准备

豌豆荚若干及记录笔、小盒子。

活动实施

1. 感知、认识豌豆

师:你们看一看桌上的小盒子里有什么? 豌豆荚是什么样的?(幼儿观察)

幼:是豌豆! 豌豆荚长长的,看起来鼓鼓的。

师:豌豆荚里面藏的什么?(豌豆)

2. 讨论记录豌豆数量的方法

(1) 教师出示盒子。

师:这是盒子,我剥的豌豆应该放进哪个盒子里?

(2) 教师出示记录表,师幼讨论记录方法。

师:我们数一颗豌豆就可以画一个点,数第二颗豌豆再画一个点,我们用数几颗豌豆就画几个点的方法来记录。(教师边讲解边示范)

师:除了用点记录表示豌豆的数量外,还可以用什么方法表示?

幼1:我们可以嘴巴数但不记录,然后把数出的总数写好。

幼2:我们可以在纸上先写好1、2、3……然后把豆豆剥开,按数字放过去,放到几就表示一共有几颗豆。

师:小朋友们想出来的办法都很好,你们等会可以用自己的方法去数一数,也可以用老师的方法去数一数并记录豌豆的数量。

3. 进行操作活动"数豌豆"，并记录其数量

（1）教师提出操作要求。

师：你们也来剥一剥，数一数豆荚里有几里豌豆？每个豆荚里的数量一样吗？

（2）幼儿操作，教师指导。

4. 找出最多和最少的豌豆

师：今天，你们今天剥的最多的是几颗？最少的是几颗？

幼1：我剥的最多的是8颗，最少是4颗。

幼2：我的豆豆最多是9颗，最少是5颗。

幼3：我剥的豆豆最多也是9颗，最少3颗。

师：我们回家后，如果家里也吃豌豆，就来数一数，看看还有没有比3颗更少的，比9颗更多的。

 **活动八**　　　　　　　　蚕 豆 花

活动形式	引导发现活动	涉及领域	科学

活动目标

（1）观察、感知蚕豆花的外形特征，知道蚕豆花的种子和果实是蚕豆。

（2）喜欢蚕豆花，懂得要关心、爱护它。

活动准备

日常散步时观察过蚕豆花，自然角内增添蚕豆种子。

活动实施

1. 寻找蚕豆花，引发幼儿观察兴趣

（1）师：我们一起去南瓜乐园寻找像眼睛一样的花吧！

（2）幼儿寻找。

（3）教师提问：你们知道这种花的名称吗？（蚕豆花）

2. 观察蚕豆花，大胆交流分享（见图3-1-32）

师：蚕豆花是什么样子、什么颜色的，它像什么？

幼1：蚕豆花是渐变色的，像眼睛一样。

幼2：蚕豆花看起来紫紫的。

幼3：蚕豆花看起来像一只只蝴蝶。

师：蚕豆花的叶子是什么颜色、什么形状的？

幼4：蚕豆花的叶子是绿绿的，椭圆形的。

教师和幼儿一起小结：蚕豆花好像一只只小蝴蝶，也像人的一只只小眼睛，是一丛丛开放的，它的叶子绿绿的，呈椭圆形，一根枝上长着许多片叶子。

图3-1-32　幼儿观察蚕豆花

3. 幼儿自由地欣赏、观察蚕豆花,大胆、自由地讲述自己的见解

幼1:蚕豆花的花瓣很小,上面颜色很多。

幼2:花瓣还有一条一条的茎。

幼3:我闻着好像还有点香味。

4. 教师提出疑问,引发幼儿继续探究

师:你们知道蚕豆花凋谢之后会是什么吗? 它的种子是什么呀?

幼1:花凋谢后就死掉了。

幼2:我知道是蚕豆。

师:我们一起来看个蚕豆从播种到采摘过程的视频吧!

5. 活动延伸

引导幼儿在自然角内寻找蚕豆花的种子和果实,和幼儿一起做蚕豆发芽的实验。

活动九　　　磨　豆　浆

活动形式　引导发现活动　　　　　　　　**涉及领域**　科学

活动目标

(1) 了解磨豆浆的过程,感受制作豆浆工具的改进给人们生活带来的便利。

(2) 对磨豆浆活动有兴趣,体会自己动手操作的乐趣。

活动准备

(1) 经验准备:日常生活中幼儿已有初步使用石磨的经验。

(2) 物质准备:石磨、电磨若干,豆浆、茶杯、泡好的黄豆。

活动实施

1. 品尝豆浆,了解豆浆的作用

师:你们喝的是什么呀? 它是用什么做出来的? 喝豆浆对我们的身体有什么好处?

幼1:豆浆好好喝啊!

幼2:豆浆是用黄豆磨出来的。

幼3:喝了豆浆会让我们的身体变强壮。

2. 幼儿操作石磨,学习磨豆浆

(1) 教师示范磨豆浆的方法,强调石磨的旋转方向和加豆、加水交替进行的操作方法。

(2) 教师边讲解边示范。

(3) 师:请小朋友们两人一组,一个人推一个人加水,然后看看中间豆子没了也要及时添加哦!

(4) 请幼儿表述磨豆浆的过程。

提问:你磨出豆浆来了吗? 你们是怎样磨的?

小结 一个小朋友推磨,一个小朋友一边加黄豆,一边不断加水,相互配合,才能磨出豆浆。

3. 操作比较石磨与电磨，感受新制浆工具的优点

（1）教师出示电动磨豆浆机。

师：小朋友们看一看，这两款都是磨豆浆的工具，它们有什么不同呢？

幼1：石磨是手动的，豆浆机是自动的。

幼2：我觉得豆浆机更卫生，豆浆机打出来的豆浆更加滑。

（2）幼儿观察两位教师分别用石磨与电磨磨豆浆的过程，并表述观察结果。

（3）请幼儿分别操作石磨与电磨（在教师的帮助下按开关），并相互交流操作结果。

小结 石磨在没有电的时候可以磨出豆浆，但它速度慢、费力，很不方便；电磨更快捷，更卫生，给我们的生活带来了方便。用电磨做豆浆又快又省力。

豆芽真好吃

活动形式 探索游戏活动　　　**涉及领域** 科学、健康

活动目标

（1）初步了解豆芽的生长过程，能观察比较黄豆芽和绿豆芽的不同。

（2）知道豆芽是蔬菜，有营养，乐意吃豆芽。

活动准备

黄豆芽、绿豆芽若干，PPT课件。

活动实施

1. 教师出示豆芽，激发幼儿兴趣

师：今天，老师给每组小朋友带来一样礼物，大家看看是什么。（豆芽）

2. 对比观察，发现两种豆芽的不同

（1）师：请小朋友拿两根不同的豆芽比较一下，看看它们的大小、粗细、长短有什么不同。

（2）提问：两种豆芽一样吗？什么地方不一样？

幼：黄豆芽那里的豆豆大大的，绿豆芽基本没有豆。

小结 豆芽分为三个部分：豆芽瓣、豆芽茎和豆芽根。黄豆芽比绿豆芽要粗一些，豆芽瓣也要大一些。

3. 教师出示两种不同的豆芽，引导幼儿根据豆芽的形状来区分不同的豆芽

（1）师：现在就请小朋友把混在一起的黄豆芽和绿豆芽分开，黄豆芽放在黄盘子中，绿豆芽放在绿盘子中，看哪一组的小朋友分得又快又准确！

（2）幼儿操作分豆芽。

4. 教师与幼儿一起讨论豆芽的来历

（1）师：豆芽到底是从哪里来的呢？老师给你们准备了一个视频，我们一起来看看吧！

（2）播放课件，了解豆芽的生长过程。

5. 品尝豆芽

师:厨师叔叔用豆芽给我们做了两道菜,有豆芽汤和炒绿豆芽,我们一起来尝一尝吧!

活动十一　豆豆的朋友

活动形式　引导发现活动　　　　**涉及领域**　社会

活动目标

(1) 了解各种豆制品:豆腐、油豆腐、豆腐干、豆腐皮、腐竹等。

(2) 知道豆制品的营养价值丰富,应多食用。

活动准备

(1) 创设品尝区,摆设桌子、椅子、调料、盘子、碟子、搅拌勺等。

(2) 准备各类豆制品:豆腐、油豆腐、豆腐干、豆腐皮、腐竹等,供幼儿参观品尝。

(3) 视频《豆腐的加工过程》。

活动实施

1. 认识各种豆制品

(1) 教师带领幼儿来到品尝区参观各种豆制品,并说出它们的名称。

(2) 幼儿看一看,尝一尝。

提问:它们都是由什么做成的?(豆豆)

小结 这些都是用豆豆加工成的豆制品,它们营养价值丰富,我们平时要多吃哦!

2. 了解豆腐的加工过程

(1) 提问:我们都吃过豆腐,你们知道豆腐是怎样用豆豆加工成的吗?

(2) 观察视频课件,了解大豆籽晒干磨成粉加工成豆腐的过程。

(3) 鼓励幼儿分组设计豆腐加工过程图,并将其张贴在品尝区。

师:我们按顺序把画好的步骤图贴好哦!

3. 制作凉拌豆腐

(1) 幼儿用各种调料分组制作凉拌豆腐。

(2) 师幼品尝、分享凉拌豆腐。

活动十二　好吃的豆豆我来做

活动形式　讨论活动　　　　**涉及领域**　社会

活动目标

(1) 愿意和家长合作做菜,体验亲子制作的乐趣。

(2) 大胆介绍自己的豆豆菜,并乐于品尝他人的菜。

活动准备

每人带一份和家人一起做的菜,五角星贴纸、奖牌。

活动实施

1. 豆豆菜展

师:小朋友,你们的菜都已经摆放在桌子上了,我们一起去看一看、尝一尝吧!

2. 介绍自己的豆豆菜

师:请你来介绍一下你做的这道菜叫什么名字,是和谁一起制作的。

幼1:我和妈妈一起做的是五香豆腐,味道很好哦!

幼2:我和奶奶一起做的是青豆炒玉米胡萝卜,我给它取了个好听的名字叫"五颜六色"。

3. 评选最受欢迎菜

师:我们品尝了菜,又听了大家的介绍,相信每个人心目中都有一道最好吃的菜。现在请每个小朋友把自己的贴纸贴到自己最喜欢的那道菜旁边,贴纸最多的就是本次最受欢迎的菜哦。

幼儿进行评选。

4. 颁奖仪式

师:现在我们已经评选出了最受欢迎菜,下面有请小厨师上台领奖。

师:其实老师觉得你们每个人做的菜都很美味,因为你们都是用心做的,所以老师要给每个小朋友都颁一块美味奖牌!

 **活动十三**　　　　　豆宝宝出来了

活动形式	直接教学活动	**涉及领域**	艺术

活动目标

(1) 观察毛豆变黄豆的过程,知道豆荚晒干后会裂开,黄豆会滚出来。

(2) 尝试跟着音乐用动作表现豆宝宝晒干滚出来的过程。

活动准备

音乐、视频《豆宝宝出来了》。

活动实施

1. 播放多媒体,直接导入活动

(1) 师:说说你从视频里看到了什么。

幼1:圆圆的豆滚出来了。

幼2:豆豆好可爱啊。

幼3:豆荚裂开变成黄豆了。

(2) 师:刚开始豆豆是什么颜色的?后来变成什么颜色了?

幼:刚开始是绿色的,后来变成了黄色。

(3) 师:绿绿的毛豆晒干能变成黄豆,真神奇! 它是怎么变的呢?

幼1:它是裂开来变的。

幼2:太阳晒了后,豆豆在里面热死了就出来了。

(4) 小结:毛豆的豆荚晒干后会裂开,黄豆就滚出来了。

2. 听音乐用动作表现出"豆宝宝出来了"

(1) 个别幼儿表演。

(2) 全体幼儿自由表演。

(3) 配合音乐,幼儿着重表演豆宝宝晒干滚出来的动作。(教师适时指导,并用手机拍摄幼儿的动作)

3. 播放幼儿表演的视频

(1) 集体欣赏,分享交流。

提问:你最喜欢谁的表演? 为什么?

(2) 互相模仿学习。

师:刚才看了小朋友们表演的视频,现在老师再来放一遍音乐,你可以模仿别人的动作哦!

4. 活动延伸:绘画——豆宝宝出来了

鼓励幼儿将"豆宝宝出来了"的过程用绘画的形式表现出来。

◎ 区域游戏投放表

区域名称	游戏材料	可能学习的方向	引导重点
语言区	与主题相关的绘本、有声读物、图卡,豆豆类的布偶手偶及背景图,各类豆豆生长图片	理解图书内容,专注阅读绘本	鼓励幼儿通过倾听与阅读,理解绘本中的内容,加深对豆豆的经验和认识
		较连贯述说自己看到的内容	引导幼儿用图书、人偶等材料,叙述与豆豆有关的经验,发展口语表达能力
		运用材料表达幼儿关于豆豆的经验	
美工区	提供红豆、黄豆、黑豆等各种豆豆材料	运用五官感受豆豆的色彩与形状,发挥想象进行创作活动	引导幼儿欣赏豆豆丰富的色彩,延伸想象、创作、绘画、组合等技能
建构区	泡沫积木、乐高动物模型	运用辅助材料进行豆豆乐园、豆豆的家等建构创作	引导幼儿使用泡沫积木、乐高模型进行搭建,创作场景及想象故事
科探区	豆豆及对应豆豆花的图片	感知豆与花形状、大小、色彩等方面的差异,通过认知进行一一对应	引导幼儿通过辨认知道豆豆对应的花,认识花与花、豆与豆之间的差异
	常见的豆豆(红豆、黄豆、绿豆、黑豆、豌豆)、水培器皿、记录表	观察对比豆豆发芽速度的快慢	引导幼儿观察不同豆豆在水里的发芽速度,并比较其快慢

续表

区域名称	游戏材料	可能学习的方向	引导重点
	提供一种豆(红豆、绿豆或黄豆),分别装有水、土、沙的器皿,记录表	观察豆豆在不同环境中的发芽率,以及发芽的快慢	引导幼儿对比观察一种豆在水、土、沙环境下的发芽率、发芽速度,比较、分析并记录
表演区	与阅读区相关的角色装扮	创编演出与豆豆相关的叙事表演	学习了解故事内容,鼓励幼儿叙述和表演故事

四、主题:台风来了(大班)

(一) 主题说明

台风是影响我国东南沿海城市主要的自然灾害。浙江是台风多发省份,每年都会有台风登陆,给人民带来非常大的生命财产损失。其危害主要包括狂风、暴雨和风暴潮,以及一些次生灾害,如滑坡、泥石流等。梅山是北仑东边的一座小岛,四周环海,每年夏秋季节都会刮台风,因此相关的安全教育活动是很有必要的。

让幼儿认识台风,知道台风的基本预警级别,了解台风的危害及影响,可以使幼儿懂得珍惜美好生活,保护自然生态,在面对可怕的台风时,能冷静思考,学会自我保护与自救。"台风是怎么样形成的?""为什么会对我们造成伤害?""我们应该怎么面对台风?""有没有办法让台风成为我们人类的朋友?"……这些都是孩子们感兴趣的事情。为了让幼儿的兴趣与生活经验连接,通过主题活动深化对台风的认识,进而提升对家乡环境的关怀和对大自然的敬畏,台风便成了师生共同探究的主题活动。

(二) 幼儿的经验汇总

基于幼儿对于台风的经验,教师收集了幼儿对于台风的探索情况、游戏的经验以及想法。同时教师从谈话交流活动中收集到了一些信息,以下是在谈话活动和前期调查中记录的幼儿对话:

多多:台风来了就不能出去玩了。

熙熙:台风来的时候风很大,很多树也会被吹倒。

佳佳:台风来的时候还会断水断电。

小可:台风来了,我们要准备很多好吃的,还有蔬菜。

楠楠:台风来的时候,有时候风很大,有时候风也不怎么大。

涵涵:台风的名字怎么这么奇怪? 是谁起的呢?

橙子:台风来了会有好多的水,爸爸说要把汽车停在高高的地方。

豆豆:台风天气,我们就不能上幼儿园了,都要待在家里。

晨晨:台风每年都会来的,有时候来一次,有时候来两次。

叶子:台风天要把窗户都关起来。

茜茜:为什么每次台风过后很多人就会生病?

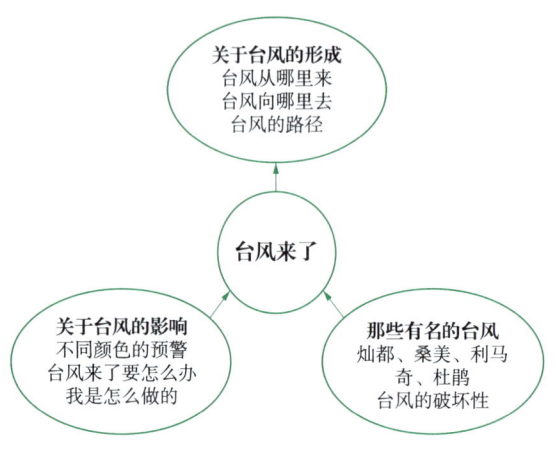

图 3-1-33　幼儿台风经验汇总

基于幼儿的对话,教师发现幼儿对台风的形成、台风的名称、台风的危害以及抗台的方法特别感兴趣,为此我们梳理了幼儿对话中的关键词,形成台风主题活动的幼儿经验图(见图 3-1-33)。

(三)主题活动思考路径

在主题审议中,我们链接《指南》,基于幼儿的年龄目标、已有经验等,梳理与聚焦幼儿的需求,将本次活动从收集旧经验、探索及体验新经验、整理新经验及感受三方面展开(见表 3-1-5)。

表 3-1-5　活动思考路径

收集旧经验	探索及体验新经验	整理新经验及感受
① 知道有哪些台风 ② 回忆抗台风时候的经验	① 了解台风的危害性 ② 探索台风的秘密	① 有趣的台风游戏 ② 把龙卷风实验带进教室里 ③ 面对台风我不怕

(四)主题网络图

台风是海岛经常发生的灾害,幼儿对台风又害怕又感兴趣,同时教师从幼儿的经验中汇集到了各种想法,如对台风的经验感知、台风来了应该怎么样等。基于幼儿的兴趣和所呈现的年龄特点,本次主题"台风来了"包括认识台风、台风的危害、探秘台风、防台抗台四个方面内容(见图 3-1-34)。

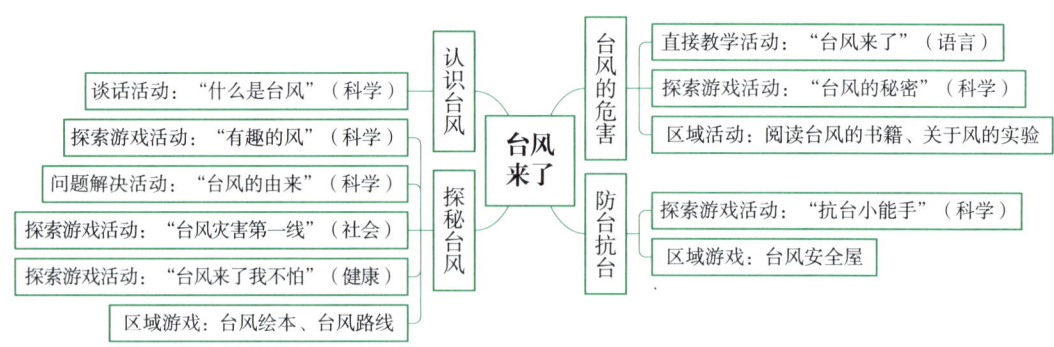

图 3-1-34　大班"台风来了"主题网络图

(五)主题目标

(1)对台风活动感兴趣,能够主动参与到活动中来,愿意和同伴分享自己对台风的感受,梳理防台抗台的经验。

（2）认识并初步了解台风的路径、风力等级、破坏性等特点。感受台风对生活的影响，并通过集体教学活动知道如何在台风天保护自己。

（3）感受台风与人们生活的关系及其破坏性，萌发保护环境的想法，产生对大自然的敬畏之心。

 **活动一**

什么是台风

活动形式　谈话活动　　　　**涉及领域**　科学

活动目标

（1）关注台风事件，了解台风及其危害。

（2）对台风探究感兴趣，初步掌握一些防台的方法。

活动准备

知识经验准备：回顾台风，初步了解台风的危害性。

物质材料准备：受灾视频，图片若干（反映人们应对台风采取的措施）。

活动实施

1. 谈话活动，激发幼儿兴趣

问题一：什么是台风？

（1）教师随机采访几位幼儿，自由回答。

（2）小结：台风是一种自然现象，是产生于热带洋面上的一种强烈热带气旋。

2. 分析讨论，了解台风的危害性

问题二：你知道台风吗？台风来了会怎么样？

（1）鼓励幼儿积极思考，并能用肢体动作表演台风吹来时各种事物的状态。

（2）小结：台风对人类的危害很大，它的风力很强，会把树吹倒，会刮断电线，会摧毁房屋，甚至引发洪灾。

3. 动手动脑，习得防台抗台方法

问题三：台风来的时候，我们可以做些什么？

（1）请幼儿同伴间自由交流、讨论。

（2）随机采访几位幼儿，鼓励其大胆发言。

（3）出示图片，反映人们应对台风采取的各种措施手段，引导幼儿看图说说。

例如：飞机航班时刻表进行了变更；候船厅的大门紧紧地关上了；停车场因为进水无法正常运行，导致门口的车子排起了长队；人们出行时选择了更安全、受台风影响较小的交通工具；为了防止植物被台风刮倒，园林部门对路边树木也做了相应的加固等。

（4）小结：在我们的生活中也有一些防范台风的方法，如要把阳台摆放的花盆移到室内，要关紧门窗，刮台风时尽量减少外出，台风来临前要储备食物、手电筒、水等。

4. 活动延伸

请幼儿完成台风调查表格,记录台风的名字、时间和损失的人、财、物。

 　　　　　　　　　　　台 风 来 了

活动形式　　直接教学活动　　　　　　　　　　**涉及领域**　　语言

活动目标

(1) 了解台风带给人类的危害,知道一些台风来临时的安全措施。

(2) 能分辨台风来临时我们应该做的安全行为。

(3) 能积极参加游戏活动,并学会自我保护。

活动准备

电脑、投影仪、翻页笔。

活动实施

1. 谈话导入,分享经验,引出主题

师:小朋友们你们遇到过台风吗? 你了解它吗?

2. 了解台风带来的危害

师:台风会给人们带来怎样的危害呢? 我们一起来看看吧!

(引发暴雨、引发风暴潮、毁坏树木、毁坏建筑物、影响出行、影响交通)

3. 看绘本听故事,感受台风

师:故事里发生了什么事? 老师说了些什么?

小结 台风要来了,老师通知孩子们不用来上幼儿园了。

师:台风来临时,你的周边环境会发生什么变化呢?

小结 刮大风时,小朋友应待在家中,尽量少出门。如果必须出门,一定要注意安全。不能在高楼下走,要远离建筑物。

4. 讨论

师:台风来临时我们应该做些什么? 请小朋友根据图片提示作出判断。你觉得这样做对吗? 台风来临,你会怎么应对?

师:最后让我们一起来背一首有关这堂课的安全儿歌,牢牢记住吧!

台风台风火气大,狂风吹来暴雨下,台风来了赶快跑,躲进屋里就不怕。

小结 台风是多变的,现有的科学水平还达不到完全了解它的地步,但我们可以尽量避免受到更大的伤害。

故事《台风来了》

教室里,老师在班会上说,台风马上就要来了,为了安全,今天提前放学。同学们都赶着回家。

回到家后,小男孩嘀咕,台风真讨厌,早就盼着去海边了,现在眼看着天气变得昏暗起

来,哎……这时,雨声传了进来,小男孩朝外面望去——台风来了!哇,好可怕的声音,赶快躲进被窝里吧!

台风到底跑得有多快呢?要是有一艘能赶走台风的大船就好了。那艘船有着巨大的螺旋桨,掀起的风,应该比台风还要猛烈吧!

小男孩爬到瞭望台上,迎头撞上了一大片乌云,什么也看不见了。不过,螺旋桨一直都在转动。

小男孩希望等到这样一艘船,这样就可以和爸爸妈妈明天去海边玩了。接下来的一瞬间,天突然晴了,太阳就在眼前。哇,好晃眼啊!

台风的秘密

活动形式 探索游戏活动　　　　　　**涉及领域** 科学

活动目标

(1) 积极探索台风的秘密,了解台风及其危害性。

(2) 能够学做小勇士,有防台保护自己的意识和基本方法。

(3) 敬畏大自然,爱护环境。

活动准备

若干张台风的图片、视频《台风的由来》。

活动实施

1. 通过谈话,激起幼儿表达情感的兴趣,导入主题

师:小朋友,今天老师要介绍一个宝宝给大家认识,但是,这个宝宝很淘气,先让我们一起听听他的声音吧!猜一猜他是谁? 这风破坏性很强,看看图片,你们都发现了什么?

教师播放图片,让幼儿仔细观察。

师:有天,台风宝宝问老师他是哪来的? 老师也不知道,就请来了燕博士帮忙,我们一起来看看燕博士是怎么说的。

2. 组织幼儿观看视频《台风的由来》

(1) 了解台风的形成。

(2) 了解台风的路径。

3. 组织幼儿学习台风的四个预警级别及不同级别台风的危害

(播放图片,帮助幼儿认识台风的四个预警级别)

师:小朋友,台风也有大小的区别,那我们怎么区分它们呢?

(播放图片,让幼儿认识到台风的危害)

师:台风有几个级别的预警? 分别是什么颜色的?

小结　有四种,分别用蓝色、黄色、橙色、红色表示。

师：每一种颜色分别代表什么样的台风？

小结 蓝色预警表示 24 小时内平均风力达 6 级以上，阵风 8 级以上并可能持续。

黄色预警表示 24 小时内平均风力达 8 级以上，阵风 10 级以上并可能持续。

橙色预警表示 12 小时平均风力达 10 级以上，阵风 12 级以上并可能持续。

红色预警表示 6 小时平均风力达 12 级以上，阵风达 14 级以上并可能持续。

小结 台风经过的地区将会发生大风、暴雨天气，狂风会破坏建筑物、吹翻船只，暴雨会引发洪水，造成水涝灾害，有时还会造成雹灾。发生台风时，电视上都会出现红色、橙色、黄色或蓝色四种颜色的警报，见到台风警报后，尽量不要出门。

4. 活动延伸

（1）在区角增设其他气象灾害图示或玩具，引导幼儿探索不同的气象灾害。

（2）指导能力较强的幼儿按气象图标设计一周气象图并展示作品。

活动四　　　　　有 趣 的 风

| 活动形式 | 探索游戏活动 | 涉及领域 | 科学 |

活动目标

（1）观察日常生活中不同的风。

（2）对台风的形成及危害有初步的了解。

（3）掌握基本的保护自己的方法。

（4）能够用不同形式大胆地表达自己对台风的看法。

活动准备

气球、风铃、电风扇等实物和图片，台风的录像。

活动实施

1. 活动导入

师：（逐一出示物品，气球、风铃、风筝）这些都和一位神秘的朋友有关，你们知道它是谁吗？

（1）引导幼儿观察这些物体发生的变化，知道都是因为风来了。

（2）引导幼儿思考风是什么样的，突出风是看不见、摸不着、抓不住的东西，但我们可以用眼睛看到风的踪迹，用身体感受到风。

2. 引出不同种类的风，引导幼儿了解风的知识，知道台风是怎样形成的

（1）教师诵读文字，让幼儿大胆地说出台风来时的感受，用声音、表情和动作来表现物体在台风中的情景。文字内容为：台风来了，台风来了，它卷起的飞沙走石像疯狂的野兽到处破坏，房上的瓦片飞了，窗上的玻璃破了，大树被高高卷起又狠狠地摔下。

（2）让幼儿观看台风录像，与幼儿一起说说感受。

（3）教授幼儿在台风中保护自己的方法。

3. 游戏：有趣的水龙卷

（1）引导孩子用瓶子装半瓶水，两只手上下握着瓶子甩动，在瓶子中形成漩涡。

（2）同伴游戏，比比谁的水龙卷旋转速度更快。

 **活动五**

台风的由来

活动形式 问题解决活动   **涉及领域** 科学

活动目标

（1）关注台风，对该自然现象产生兴趣和探究欲望。

（2）了解台风与人们生活的关系，敬畏大自然。

（3）锻炼清楚表述和大胆表演的能力。

活动准备

《台风的由来》视频、画纸、画笔。

活动实施

1. 谈话引入，激发幼儿兴趣

师：你知道的台风是从哪里来的吗？（大海）

小结 热带海洋洋面上经常有许多弱小的热带涡旋，我们称它们为台风的"胚胎"，因为台风是由这种弱的热带涡旋发展起来的。通过气象卫星已经发现，在洋面上出现的大量热带涡旋中，大约只有百分之十能够发展成台风。

师：台风是怎么形成的呢？它一开始就是很大的风吗？

2. 观看《台风的由来》视频

小结 台风形成需要具备如下的基本条件：广阔的洋面，温度要高于 26.5℃；热带旋涡，提供能量；地球自转偏向力形成逆时针旋转的方向；风力达到 32.7 米每秒，达到 12 级形成台风。台风逆时针旋转走的路线就是台风的路径，台风最大达 17 级，具有很大的破坏力。

师：台风有什么作用？

小结 降低地球的温度，能够将海水变成淡水带到大陆。

3. 讨论防台抗台的方法

师：你有什么好的防台抗台的方法？

师：将你的好方法画下来。

师：你有什么想对台风说的吗？

4. 活动延伸

借助今天了解的防台抗台方法，请幼儿把这些方法和爸爸妈妈们一起分享。

 **活动六** 　　　　　　　　台风灾害第一线

活动形式	探索游戏活动	**涉及领域**	社会

活动目标

（1）关注台风事件，进一步了解台风及其危害性。

（2）能够学做小记者，大方地做好播报活动。

（3）在情境模拟游戏中体验帮助他人的快乐。

活动准备

知识经验准备：回顾台风，初步了解台风的危害性。

物质材料准备：台风调查表、自制话筒一支、自制"皮划艇"四艘、玩具娃娃。

活动实施

1. 教师创设台风播报台的情境，激发幼儿兴趣

（1）幼儿当小记者，播报自己记录的台风相关信息。例如：某某年，某某台风在哪里登陆，风力最大多大，受到多大的损失等。

（2）教师将幼儿播报的内容汇录在大表格中，让幼儿体验台风的数量和时间，帮助幼儿对台风有大致的了解，知道每年的夏秋季节都会有台风来袭。

2. 讨论分析，了解台风的危害性

（1）鼓励幼儿积极思考，并能用肢体动作表演台风吹来各种事物的状态。

小结 台风对我们有很大的危害。它的风力很强大，会把树吹倒，会刮断电线，会摧毁房屋，甚至引发洪灾。

（2）出示图片，反映人们应对台风采取的各种措施。

例如：学校停课，操场上的篮球架和爬梯都依地摆放，商场停业、店铺关门等。

3. 幼儿追踪报道，进行"台风救援队"的游戏

（1）提问：一方有难，八方支援。××的水灾还在持续影响着人们的工作与生活。小朋友们，你们愿意去帮助他们吗？

（2）幼儿分成四组，分别乘着"皮划艇"到指定点把"受困群众"（玩具娃娃）"救出来"。

（3）追踪报道：大家好，我是梅幼早报的记者小陈，我现在在梅山幼儿园为您现场报道。正如您看到的，我们的大班孩子们已经组建了四支"抗台小分队"，乘着"皮划艇"准备奔赴抗台第一线去解救"受困的群众"，让我们一起众志成城、守望相助，为××加油！

 **活动七** 　　　　　　　**台风来了我不怕**

活动形式	探索游戏活动	**涉及领域**	健康

活动目标

（1）培养自我保护意识及安全意识。

（2）正确判断哪些地方是能躲避台风的安全地点。

（3）了解台风来了之后的一些简单的自我保护常识。

活动准备

台风的场景图片，儿歌图卡。

活动实施

1. 出示台风来了的场景图片，提问引导幼儿思考

师：图中发生了什么事情？台风会对我们的生活带来哪些危害？

2. 幼儿自由讨论、交流：台风来了我们应该怎么做

教师把防台小知识编成儿歌教给小朋友：

台风来了莫惊吓，迅速求救往高爬。切断煤气和电阀，寻找木板做舟伐。

3. 播放课件"防台小知识"，让幼儿了解一些防台知识

师：台风来了应该怎么办？

小结　往高处跑、关水电阀门、不能在水沟边走、不能随便喝洪水、找游泳圈或者木盆当船。

4. 与幼儿讨论，有哪些地方是能躲避洪水的高地（幼儿自由谈论）

小结　能躲避洪水的地点有高楼顶、房顶、山顶等。

5. 请幼儿说说在幼儿园哪里是能躲避洪水的高地

6. 师幼进行防台安全演练，幼儿听指挥有序地撤离到高处

抗 台 小 能 手

| 活动形式 | 探索游戏活动 | 涉及领域 | 科学 |

活动目标

（1）关注台风，对这个自然现象产生兴趣和探究欲望。

（2）了解台风与人们生活的关系，敬畏大自然。

（3）正确判断哪些地方是能躲避台风的安全地点。

（4）了解台风来了的一些简单的自我保护常识。

活动准备

画笔、画纸、作品展示板。

活动实施

1. 谈话引入，激发幼儿兴趣

师：遇到台风的时候，你在哪里？心里是什么感觉？

师:当台风来临的时候,该怎么办?

小结 在台风来的时候,我们都是在家里和爸爸妈妈在一起,所以不要害怕,在关好门窗后可以给自己找一些事情做,如画画、看书等等。如果在室外,台风来了莫惊吓,迅速求救往高爬。切断煤气和电阀,寻找木板做舟伐。

2. 引导幼儿思考与讨论,学会交流分享

教师提问并根据幼儿的回答与幼儿总结讨论台风来临后的自我保护方法。

小结

(1)发生台风时,电视上都会出现蓝色、红色、橙色或者黄色四种颜色的警报,见到台风警报后,尽量不要出门。

(2)准备充足的水和食品,备好手电,关好门窗。

(3)尽量躲在房间的墙角,不要到处走动,和爸爸妈妈在一起。

(4)发生台风不要害怕,要想想如何保护自己、逃生、自救。

3. 让幼儿用图画表现自己眼中的台风,并展示作品

◎ 区域游戏投放表

区域名称	游戏材料	可能学习的方向	引导重点
语言区	与主题相关的绘本、台风形成图、有声读物、图卡、台风小视频、人与台风活动相关的照片	理解图书内容,专注阅读绘本	鼓励幼儿通过看书、读书,理解绘本中的内容,加深对台风的经验和知识
		看图讲述	
		运用材料表达生活经验	引导幼儿用图书、人偶等材料,叙述生活经验,发展口语表达能力
建构区	泡沫积木、乐高动物模型	运用辅助材料进行抗台风等建构创作	引导幼儿使用泡沫积木、乐高模型进行搭建,创作场景及想象故事
美工区	各类绘画的材料,例如:刮画纸、水粉颜料、画笔等	运用多种材料发挥想象进行创作活动,表达表现对台风的认识	引导幼儿延伸想象、创作、绘画、组合等技能
科探区	龙卷风实验材料	通过实验感受龙卷风的原理	引导幼儿通过操作和实践感受保护海洋的重要性和对大自然探索的兴趣
	台风形成路线图	整理台风的相关要素,锻炼记忆能力	了解台风路线图,并尝试开展速记游戏
表演区	与阅读区相关的角色装扮	创编与抗台风相关的故事表演	学习了解故事内容,鼓励幼儿叙述和表演故事

五、主题:哇! 虫子(大班)

(一)主题说明

梅山幼儿园地处北仑东边的一座海岛,岛内的自然环境恬静优美,自然资源丰富多样,岛上日照充足、雨量充沛,气候温和湿润,独具冬暖夏凉、四季葱绿、宜人适物的气候特点,素有"绿岛"之称。孩子们总能在田园中发现不同的惊喜:百花齐放的时候,小蜜蜂四处飞舞,腿上挂满了花粉;冬日的暖阳下,孩子们看到了身披铠甲的红蜎;清晨的菜叶上,孩子们又发现了慢悠悠的小蜗牛;大雨过后,随处可见比手掌还长的蚯蚓……每一个小生命都让孩子们感到好奇和有趣,凭借幼儿的兴趣以及自然环境、人文资源的支持,关于"哇! 虫子"的主题活动应运而生。

(二)幼儿的经验汇总

基于幼儿对虫子的兴趣,教师进行了初步的谈话活动,交流中收集到不少幼儿对于虫子的探索、游戏的经验以及想法,以下是幼儿经验的汇总:

辰辰:我知道很多虫子,我家有一本关于虫子的书,里面有很多很多虫子。

佳琪:我最怕虫子了,我觉得很恶心。

韵茹:我爷爷家养了很多蜜蜂,它们会采蜜、酿蜂蜜,我小时候还被蜜蜂蛰过,可疼了。

蔡蔡:我以前在南瓜乐园抓到过一种红色的虫子,身体长长的,能抓很多,但是我不知道它们的名字。

小鱼:我早上刚抓到一只蜗牛,给老师了。

萱萱:蚯蚓死了是不是还会复活?

娃娃:蝴蝶这么好看,我想抓蝴蝶,可是抓不住,有什么办法吗?

科科:毛毛虫身上的刺会不会扎人?

叶子:为什么这个蚂蚁这么大? 它会咬人吗?

结合幼儿对话,教师梳理幼儿的已有经验,生成汇总图(见图 3 - 1 - 35)。

(三)主题活动思考路径

基于幼儿的兴趣,我们结合其已有经验,对标《指南》开展主题审议,通过探索及体验获取新的经验并进行整理,从而汲取更多的思考(见表 3 - 1 - 6)。

图 3 - 1 - 35　幼儿对虫子的了解汇总图

表 3-1-6　活动思考路径

收集旧经验	探索及体验新经验	整理新经验及感受
认识常见的虫子，知道其名称	了解虫子的共性特点，发现虫子的生活习性	区分害虫和益虫，探寻人与虫子的共处方式。了解保护益虫和消灭害虫的简单方法

（四）主题网络图

主题网络图为幼儿从已有经验中汇集到的各种信息，从近及远地分为幼儿对虫子本身的兴趣、幼儿对各种各样虫子的认识以及幼儿对人与虫子之间关系的感受。基于幼儿的兴趣和大班幼儿的年龄特点与发展规律，本次主题主要进行昆虫的秘密、益虫和害虫、我和虫虫三个子主题的活动（见图 3-1-36）。

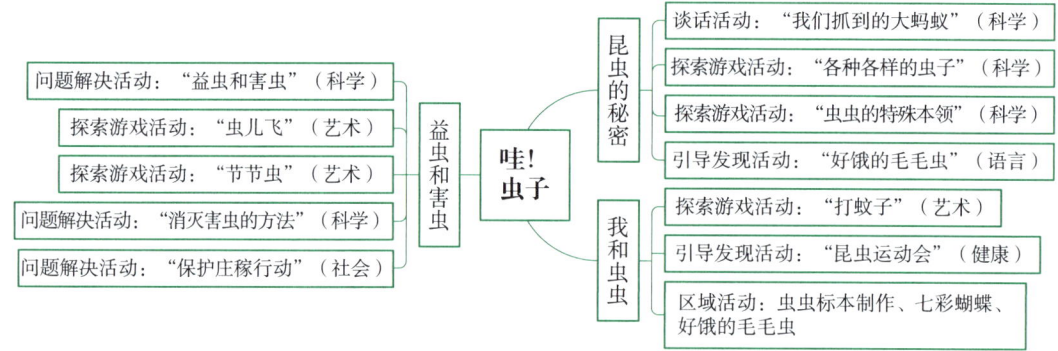

图 3-1-36　大班"哇！虫子"主题网络图

（五）主题目标

（1）认识感兴趣的虫子，知道昆虫的主要特征，了解它们生活习性，能够区分生活中常见的害虫和益虫，感受虫子的多样性。

（2）对各种各样的虫子感兴趣，能主动参与到探究活动中，能用自己喜欢的方式记录，愿意与同伴分享自己的探索和发现。

（3）感受人与虫子的关系，萌发保护家乡资源的想法，产生对生命的敬畏之心。

 **活动一**　　　　　　**我们抓到的大蚂蚁**

活动形式　谈话活动　　　　　　**涉及领域**　科学

活动目标

（1）乐意与同伴分享在南瓜乐园里抓到的昆虫。

（2）说说自己见过的昆虫，并能大概形容其特征。

（3）萌发对昆虫的好奇心和进一步探究的欲望。

活动准备

南瓜乐园里抓到的虫子，人手一张记录表。

活动实施

1. 出示虫子（昆虫），引发话题

（1）教师提问，启发引导幼儿回顾关于虫子的经验（见图3-1-37）。

师：（出示之前抓到的虫子）这是我们上午在南瓜乐园抓到的虫子，××小朋友能不能给大家来介绍一下呢？

幼：这是我早上在南瓜乐园里抓到的蚂蚁，这个蚂蚁超级大！我和可乐一起看到的，有好几只。我爸爸说这种蚂蚁是会咬人的。

师：那这种可能咬人的蚂蚁你是怎么抓到的呢？

幼：我是用抓虫夹抓的，就像这样抓的……

图3-1-37　幼儿寻找大蚂蚁

（2）经验提取，幼儿观察并描述观察的结果。

师：这种蚂蚁长什么样子？

幼1：蚂蚁是黑色的。

幼2：有两颗弯弯的牙齿，像镰刀一样。

幼3：很大，都快跟我小拇指一样长了。

幼4：有一只蚂蚁身体断掉了，好像死了。

小结　这是一只黑色的蚂蚁，有一对弯弯的牙齿，个头很大，比我们常见的蚂蚁大了很多，这种蚂蚁会咬人。

2. 布置调查任务

（1）教师激趣：在我们身边有很多有意思的虫子，今天我们认识了大蚂蚁，春天还有很多不一样的虫子，大家要不要再去找一找呢？

（2）解读观察记录表，讲明要求。

要求：请幼儿以绘画的方式将自己抓到的虫子记录下来。

 **活动二**　　　　　　**各种各样的虫子**

活动形式　探索游戏活动　　　　　　**涉及领域**　科学

活动目标

（1）初步了解生活中常见昆虫的名称，发现昆虫的共同特征。

（2）理解故事内容，能根据昆虫的关键特征区分昆虫和非昆虫。

活动准备

昆虫图片若干、幼儿前期的调查表。

活动实施

1. 幼儿分享自己的调查结果

师:周末我们进行了关于虫虫的调查,早上很多小朋友都已经迫不及待地跟好朋友分享了,现在谁愿意跟大家说说呢?(见图3-1-38)

图3-1-38 幼儿观察记录

教师根据幼儿找到的虫子进行分类展示。

2. 发现昆虫的特点

提问:你们知道老师为什么要这么分类吗?

幼1:有规律。

幼2:有些是能飞的虫子,有些不能飞。

追问:你们发现了它们有什么共同之处吗?

幼1:左边的虫子都有翅膀,会飞。

幼2:左边的虫子身体都是一段一段的,右边的虫子身体是一条的。

幼3:左边的是昆虫!

小结 昆虫的身体有头、胸、腹三部分,有六条腿,头上有触角,身上有翅膀。

3. 学习故事《小蚂蚁的生日会》,学会区分昆虫和非昆虫

提问:故事名称是什么? 生日会上有哪些朋友? 谁受到了小蚂蚁的招待? 谁被请回去了? 为什么?

4. 幼儿讨论

提问:这些蚂蚁请来的客人有哪些地方长得一样?

幼:有的有翅膀,有的没有翅膀。

小结 长着翅膀的昆虫能飞,大多数生活在空中,比如我们找到的蝴蝶、蜻蜓、蜜蜂等;有的没有翅膀,或者翅膀已经退化了,不能在空中飞了,那它们就生活在地上或者土里,比如蚂蚁、蟋蟀、蝈蝈等。无论它们有没有翅膀,只要它们都有头、胸、腹,六条腿,那都叫昆虫。

5. 活动延伸

教师出示事先准备好的图片,请幼儿找出昆虫。

 活动三　　　　**虫虫的特殊本领**

活动形式　　探索游戏活动　　　　涉及领域　　科学

活动目标

(1) 能有对虫子特殊本领的关注。

（2）了解虫子的保护色、预测天气以及再生的本领。

活动准备

（1）收集关于虫子特殊本领的资料，在自然角饲养断体的蚯蚓，观察蚯蚓的再生。

（2）关于动物保护色的挂图。

（3）故事视频《蚯蚓再生》。

（4）昆虫秘密的本子。

活动实施

1.　欣赏故事视频《蚯蚓再生》，了解虫子再生的本领

（1）将故事结尾蚯蚓妈妈的话留作悬念，幼儿讨论，了解蚯蚓再生的特殊本领。

（2）观看蚯蚓再生的视频资料，进一步了解蚯蚓再生的过程和原因。

2.　讨论其他虫子的再生

师：小朋友们还知道其他能再生的虫子吗？

幼：我知道壁虎的尾巴断掉了还会长出来。

教师追问：壁虎是虫子吗？

幼1：不是，壁虎是爬行动物！

幼2：我家厕所有一种虫子，头上像蘑菇一样，好像叫天蛇，它切断了也能动。

师：对的，那种虫子叫笄蛭，它是蚯蚓的天敌，有很强的再生能力。（教师现场找出图片）

3.　幼儿讨论并向同伴介绍虫子的其他特殊本领

幼：蜻蜓低飞要下雨！

师：嗯！蜻蜓的本领是可以播报天气。

幼：蜜蜂会采蜂蜜！它采来的花蜜都在腿上。

师：蜜蜂的本领是可以传播花粉，还有什么虫子也有类似的本领呢？

幼1：屎壳郎可以推粪球！

幼2：蜘蛛会织网，能捕捉虫子。

幼3：水黾能在水上行走！

幼4：蚂蚁可以扛起比身体重很多倍的东西！

小结　哇，原来我们身边的昆虫有这么多厉害的本领呢！

4.　寻找隐藏的虫子，发现虫子保护色的秘密

师：你们看，这幅图片里面也藏了几只有本事的虫子，你们找得到吗？（枯叶蝶、蚱蜢、竹节虫）

小结　原来有些昆虫会隐身。

5.　活动延伸

师：今天我们认识了很多有本领的虫子，大自然真的太神奇了，如果你们以后还发现其他厉害的虫子记得告诉大家，我们可以记录在这本昆虫秘密的本子里。

活动四　　　　好饿的毛毛虫

活动形式　引导发现活动　　　　　　**涉及领域**　语言

活动目标

(1) 理解故事内容,能结合绘本的图画讲述。

(2) 掌握"星期……毛毛虫吃了……个……"的句式。

(3) 通过故事感知毛毛虫的生长变化过程,感受大自然的奇妙。

活动准备

课件、音乐、绘本、字卡、布袋、一片树叶。

活动实施

1. 认识毛毛虫

(1) 观看课件,了解毛毛虫出壳的过程。

教师提问:你看到了什么? 毛毛虫在干什么?

幼1:毛毛虫从卵里面孵出来了!

幼2:毛毛虫在吃它的卵。

幼3:毛毛虫在扭动身体,它想要出来。

(2) 教师出示故事绘本,请幼儿欣赏。

师:毛毛虫可调皮了,它爬呀爬,爬到了梅山幼儿园,爬到了我们的教室,爬到了这本故事书里,看,它来了……(教师出示故事绘本,请幼儿欣赏)

2. 讲述故事《好饿的毛毛虫》

(1) 教师引导幼儿观察封面,了解故事的名字和作者。

(2) 教师边讲故事边引导幼儿理解故事内容:毛毛虫吃了几个苹果? 我们一起来吃一口(啊呜)。小朋友,你们吃饱了吗? (吃饱了)可这只毛毛虫还是觉得很饿,我们来看看它又找到了什么。

(3) 进行句式练习:"如果我是毛毛虫,我喜欢吃……"

教师分别请幼儿来用该句式说话,引导幼儿说一句完整的话。

3. 认识茧

(1) 教师讲解故事:毛毛虫吃饱了会怎么样呢? (出示绘本,呈现茧的画面)我们来看看这个是什么。(引导幼儿认识茧)

(2) 出示茧的字卡。

(3) 提问:今天老师也带来了一个茧,你们看看,这个茧漂亮吗? 谁愿意来当这个茧呢?

(4) 请一个幼儿来扮演茧,并根据教师的讲解来表演。

师:一天过去了,毛毛虫在睡觉,两天过去了,毛毛虫在睡觉,三天过去了,毛毛虫还在睡觉……

（5）鼓励幼儿大胆想办法，并用"如果我是毛毛虫，我会……"的句式来说一句完整的话。

（6）提问：毛毛虫在茧里面睡醒了，它想出来怎么办呢？ 如果你是毛毛虫，你会怎么办呢？

幼1：如果我是毛毛虫，我会努力把茧弄破。

幼2：如果我是毛毛虫，我会拿一把剪刀把茧剪破。

幼3：如果我是毛毛虫，我会事先留一个洞洞，那样出来就方便了。

4. 了解毛毛虫破茧而出变蝴蝶

（1）观看课件：破茧而出。

（2）出示蝴蝶字卡，提问：毛毛虫是怎样变成蝴蝶的？

（3）引导幼儿说出毛毛虫演变成蝴蝶的过程。

幼：毛毛虫先是从卵里面孵出来，接着吃很多很多东西，越长越大，然后做一个茧把自己封在里面，睡上长长的一觉，最后破茧而出变成了一只蝴蝶。

5. 游戏：毛毛虫变蝴蝶

幼儿扮演毛毛虫，钻进布袋并用它做茧，玩"毛毛虫变蝴蝶"的游戏。

活动五　　　　　　　**益 虫 和 害 虫**

活动形式　　问题解决活动　　　　　　**涉及领域**　　科学

活动目标

（1）区别益虫和害虫，知道昆虫与人类的关系。

（2）了解一些保护益虫、防治害虫的方法。

活动准备

昆虫图片若干。

活动实施

1. 歌曲《小蜻蜓》导入

师：歌曲里唱的是谁？ 它在干什么？

幼1：歌曲里唱的是小蜻蜓。

幼2：它在捉蚊子。

教师追问：它为什么要捕捉蚊子？

幼1：因为蚊子是害虫。

幼2：因为它肚子饿了，抓蚊子吃。

2. 认识益虫和害虫

教师逐一出示蜜蜂、蜻蜓等昆虫图片，引导幼儿说出其名称、外形特征和生活习性等。

提问：你们看，老师为什么把它们这样摆？ 你们发现了什么秘密？

幼：这边的昆虫是好的，那边的昆虫是坏的。

小结 蜜蜂采花蜜传播花粉，对人类有帮助，我们叫它益虫；苍蝇、蚊子会传播细菌，给人类带来疾病，对人类有害，我们叫它害虫。

3. 游戏：昆虫找家

教师引导幼儿将上一轮获得的昆虫进行分类：绿色家园是益虫，红色家园是害虫。

小结 对我们人类生产、生活有用的虫子，我们就叫它们益虫；相反，对我们人类生产、生活有害的，我们就叫它们害虫。

4. 情感教育：保护益虫，消灭害虫

提问：当我们看到益虫时应该怎么做？

幼1：不要去捉它，不要去伤害它们。

幼2：不要破坏它们生活的环境，让它们帮人类一起消灭害虫。

提问：发现害虫应该怎么办？

幼3：喷药水把它们毒死。

幼4：离远一点，不要被害虫咬了。

5. 游戏巩固：Yes or No，幼儿根据教师说出的昆虫名称做出判断

小结 益虫是人类的好朋友，我们应该好好保护它们；害虫是危害农作物和人类身体健康的坏家伙，我们要消灭它们！

活动六　　　　　　　虫　儿　飞

活动形式　探索游戏活动　　　　　　　　**涉及领域**　艺术

活动目标

（1）理解歌词意思，尝试用优美轻巧的声音唱歌。

（2）能唱准八分音符，感受歌曲优美、轻柔的旋律。

活动准备

图片，音乐《虫儿飞》，节奏卡。

活动实施

1. 发声练习

幼儿模仿虫儿飞并练习发音。

讨论：刚刚你们学习虫儿飞，飞去了哪里呀？

幼1：我飞到了滑梯上。

幼2：我飞到了梅山大桥。

幼3：我飞到了老师的头上。

2. 赏析感受

播放音乐，幼儿欣赏。

提问：歌曲中虫儿飞去哪里了？你还听到了什么？

3. 情景感应

幼儿感受节奏"× × × × × | × - × -"。

教师结合图片,引导幼儿说出"黑黑的天空、亮亮的繁星、虫儿在飞"的场景。

4. 学唱歌曲

幼儿根据图片提示学唱歌。

5. 活动延伸

鼓励幼儿画出不同的场景,并进行创编。

活动七　　节　节　虫

| 活动形式 | 探索游戏活动 | 涉及领域 | 艺术 |

活动目标

（1）了解节节虫的基本结构和制作方法。

（2）尝试用生活中的废旧物品来制作节节虫。

（3）感受废旧物再利用的环保意识。

活动准备

图片,节节虫范例,袜子、瓶子等废旧物,彩纸,笔。

活动实施

1. 创设情景

教师播放森林昆虫的图片,引导幼儿欣赏,了解毛毛虫还有一个可爱的名字叫节节虫。

2. 欣赏节节虫,了解其特点

提问:节节虫长什么样子?

幼1:一节一节的。

幼2:很漂亮。

幼3:头圆圆的。

提问:它的身体由几部分组成?

幼:有三部分,头、胸、腹。

教师追问:除了身体是一节一节的以外,还有什么特点?

幼1:每一节都有花纹。

幼2:它们的花纹是一样的。

小结　节节虫是由头、胸、腹三部分组成,每一节花纹的形状、颜色都是相同的,我们把这种一节一节排列的形式叫作重复。

3. 出示范例,幼儿欣赏

教师引导幼儿观察不同节节虫的制作材料、制作方法和步骤。

4. 幼儿制作, 教师巡回指导

教师引导幼儿对节节虫重点部位进行装饰,帮助能力较弱的幼儿共同完成节节虫的制作。

5. 展示作品, 相互评价

 活动八　　　　消灭害虫的方法

活动形式　问题解决活动　　　　　　　　　**涉及领域**　科学

活动目标

(1) 能通过对周边资源的利用找出消灭害虫的方法。

(2) 感受消灭害虫手段的多样性和科技带来的成果。

活动准备

(1) 调查表人手一份。

(2) 事先与家长沟通调查方向以及引导幼儿调查的方法。

活动实施

1. 谈话导入

问题讨论:小一班昨天遇到了难题,自留地里的菜叶全都被虫子吃掉了,小朋友有什么好办法吗?

幼1:撒点农药,把虫子全部打死。

幼2:请小朋友去抓掉,每个人抓几只就好了。

幼3:我们重新种吧,这些叶子都已经蛀空了,还怎么吃呀。

2. 任务布置

师:老师这里有一份表格,要请小朋友们去调查一下消灭害虫的方法。在我们的南瓜乐园里,不止有一种害虫,请大家都找出来。

提问:如何全部找出? 可以去问谁呢?

幼1:我爷爷,我爷爷家里种了很多蔬菜,他应该知道。

幼2:手机里查一查。

幼3:我可以问我的姐姐,她是小学生,学了很多知识。

3. 表格解读

师:在这张调查表里有两个空格,请你记录你调查了谁,你的调查结果是什么。

4. 幼儿调查

幼儿自主寻找调查对象进行调查,并把调查结果用符号或图画的形式记录下来。

5. 结果分享

调查后教师请幼儿以小组讨论的形式分享调查结果。

活动九　保护庄稼行动

活动形式　问题解决活动　　　　**涉及领域**　社会

活动目标

（1）学习消灭害虫的不同方法，保护我们的庄稼。

（2）感受农作物从播种到收成的不易，懂得尊重农民、珍惜粮食。

活动准备

（1）事先约好有灭虫经验的家长。

（2）幼儿事先投票选出 5 种自己可以完成的灭虫方法。

（3）灭虫工具。

活动实施

1. 师幼进行谈话活动，说明本次活动主题

2. 请家长分别讲解 5 种灭虫方法

方法一：烟草泡水法——爸爸抽的香烟里的烟草加上水，以 1：10 的比例稀释，静置半天后直接喷洒。

方法二：辣椒泡水法——两个红辣椒加上水，以 1：3 的比例稀释，放 2 到 3 天后使用。

方法三：橙皮泡水法——新鲜橙皮水里浸泡 1 天后，直接喷洒。

方法四：大蒜汁——大蒜去皮，捣碎，加水，喷在农田表面。

方法五：花露水——花露水加水，以 1：5 稀释后直接喷洒。

3. 分组进行材料的制作

由于时间关系，部分材料可以提前完成，当天主要进行容器的制作和分装等。

4. 师幼分组进行灭虫工作（见图 3－1－39）

图 3－1－39　师幼一起除虫

5. 幼儿分享灭虫感受

幼 1：消灭害虫太累了，我手都酸了。

幼 2：害虫真的太讨厌了，我看见一次消灭一次。

幼 3：不知道这几种药水谁的效果最好。

教师引导幼儿感受农民的辛苦，鼓励幼儿不怕辛苦、不怕困难，懂得珍惜粮食。同时，对本次活动中家长的参与表示感谢。

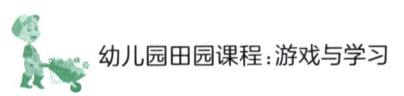
活动十 　　　　　　　　　　　　打　蚊　子

活动形式　　探索游戏活动　　　　　　　　**涉及领域**　　艺术

活动目标

（1）在感知音乐《七士进阶》的基础上，能在长音与重音处准确做出打蚊子动作。

（2）乐意参与音乐游戏，体验与同伴合作游戏的快乐。

活动准备

音乐图谱《打蚊子》、音乐《七士进阶》。

活动实施

1. 导入活动，幼儿听音乐预热

师：孩子们，让我们跟着音乐一起动起来吧。

2. 欣赏音乐，初步熟悉音乐《打蚊子》的旋律

师：今天老师带来了一首很好听也很好玩的音乐，让我们闭上眼睛，一起来听一听音乐。听完后，告诉老师你刚刚听到了什么？

幼儿分享，教师小结。

3. 进一步欣赏音乐，熟悉与理解音乐的长音与重音，并能做出相应的打蚊子动作

（1）幼儿欣赏第一遍音乐《打蚊子》。

师：孩子们，你们说得很好，其实这首音乐讲述的是小动物开音乐会与小蚊子来捣乱的故事。让我们再来听一听音乐，你觉得哪里是小动物跳舞的音乐？哪里是蚊子飞来的音乐？

（2）幼儿欣赏第二遍音乐《打蚊子》。

师：让我们来听一下是不是这样的（在长音处做蚊子飞的动作）。

（3）幼儿欣赏第三遍音乐《打蚊子》（教师示范打蚊子）。

师：蚊子真讨厌，我要把它赶走，听听哪段音乐表示打蚊子？

（4）出示图谱，看图谱听音乐，重点在重音处打蚊子。

4. 在"打蚊子"游戏中进一步听辨长音与重音，并能准确做出打蚊子的动作

（1）师幼共同做打蚊人。

（2）教师做蚊子，幼儿做打蚊人。

（3）分角色玩游戏，请一部分小朋友围成圆圈做打蚊人，3～5个小朋友在圆圈内做蚊子。

5. 活动结束

师：现在蚊子都被我们赶走了，让我们跟狼狈逃走的蚊子说再见吧。

活动十一 　　　　　　　　　　昆虫运动会

活动形式　　引导发现活动　　　　　　　　**涉及领域**　　健康

活动目标

（1）尝试模仿各种昆虫的动作姿态行进，发展大肌肉动作的协调性。

（2）在游戏中感受运动的快乐。

活动准备

头饰、音乐、奖励贴纸。

活动实施

1. 创设情境，激发兴趣

师：今天天气真不错，昆虫王国要举行一场盛大的运动会，它们邀请小朋友一起参加它们的运动会，我们一起出发吧！

2. 赛前练习——学习昆虫的姿态

师：看，有哪些昆虫要参加运动会？

师：（出示蚕）这位运动员是谁？它最大的本领是什么？（爬）

师：谁会模仿它的动作呢？

动作要领：小腿缩一缩，屁股撅一撅，小手撑一撑，身体往前爬。

教师请个别幼儿示范。

学习其他昆虫的姿态：蜜蜂、蚱蜢、蚂蚁。

3. 幼儿自主练习

引导幼儿自主选择一种昆虫的动作进行练习，并注意听到信号后换一种动作。

4. 游戏：昆虫运动会

根据头饰分成四队：蜜蜂队、蚂蚁队、蚕宝宝队、蚱蜢队。

规则：在终点有昆虫喜欢的食物图卡，到达后把图卡带回来，再交给第二个幼儿，哪一组先全部完成就算胜利。

5. 放松运动，奖励获胜的幼儿

◎ **区域游戏投放表**

区域名称	游戏材料	可能学习的方向	引导重点
语言区	与主题相关的绘本、虫虫图鉴、有声读物、图卡和手偶等	自主观察图书内容，对内容感兴趣，乐意与同伴交流	鼓励幼儿积极观察图书中的画面，加深关于虫子的经验和知识
		尝试用已有材料进行故事的表达表现	引导幼儿用图书、人偶等材料，表达生活经验和故事情节等，发展口语表达能力
美工区	AB胶、毛根、太空泥、钉子等	了解昆虫的不同形态、蝴蝶翅膀对称的花纹特点等，尝试用不同材料表现各种各样的昆虫	引导幼儿观察昆虫的不同形态，鼓励幼儿大胆造型与设计
建构区	乐高、木头积木、纸盒等	运用建构材料进行昆虫乐园、蚂蚁王国等的建构创作	引导幼儿大胆设计想要搭建的建筑，并能独立或合作进行搭建，创作场景及想象故事

续表

区域名称	游戏材料	可能学习的方向	引导重点
科探区	捉虫盒、镊子、放大镜等探索工具，记录表	正确使用工具，能运用多种感官，仔细观察虫子，并用自己的方式记录下来	引导幼儿学习各种工具的使用方法，根据虫子的特点选用适当的工具，并将自己的观察结果记录下来。教育幼儿在捕捉昆虫时要小心，不伤害昆虫
	各类昆虫标本	认识各种昆虫的外形特征及细节特点	引导幼儿观察并记录昆虫的外形特征、身体结构等
	各类虫子图片	尝试根据虫子的特点进行分类	引导幼儿根据自己的方式对虫子进行分类，并能用语言表达自己的分类方法
	虫虫乐园棋	知道虫子与其特征的对应	了解不同虫子的不同特征，并能根据对应的方法进行游戏
表演区	扮演各类虫子的材料	结合音乐表现不同的虫子	引导幼儿用肢体动作模仿虫子的形态，装饰虫子的生活环境，结合音乐进行表演

第二节 自然田园游戏活动实例

梅山岛一年四季气候温和湿润，雨水充沛、日照时间长、无霜期长，冰雪非常少见，常年没有特别的高温、低温等灾害性天气，具有冬暖夏凉、四季常绿、空气清新、适物宜人的气候特点，素有"绿岛"的称号，2004年被宁波市人民政府称为"生态乡"。基于此，幼儿园利用地域优势，开辟了一块名为南瓜乐园的游戏场地。南瓜乐园里不仅有各种各样的植物，还有有趣的小动物们，孩子们在南瓜乐园里游戏、探索。在本节中选用了"'三色'番茄成长记""勤劳种植员""动物一家亲"这三个自然田园游戏活动，以展现自然田园游戏活动的趣味性。

一、"三色"番茄成长记

（一）游戏缘起

有一天，孩子们在吃水果，紫嫣边吃小番茄边说："咦！这个番茄和我爷爷种的番茄怎么不一样呢？"旁边的汝汝说："怎么不一样了？"紫嫣说："幼儿园的小番茄个头小，我爷爷种的大呢！"左手边的程宇也产生了兴趣，急忙问道："是吗？我知道的大番茄是用来做菜的，小番茄可以当水果吃，只是不知道它们是怎么长的呢？"……关于番茄的话题不断地被放大、发酵。为了更好地解答大家的疑问，有人提议种植番茄，于是大家决定试一试种植番茄，就这样师幼一起开启了探索番茄秘密的旅程。

（二）游戏实施

1. 培育番茄苗

3月12日，正是大地复苏、春暖花开之时。今天有着和煦的暖风、温润的阳光，正是种植的好时机。

我们来到了预留的番茄地里，花农伯伯早已为孩子们准备好了工具：耙子、种子、竹棒、薄膜。几个孩子自觉地站在平整的田边轻轻地蹲了下来。

花农："小朋友们，种番茄前必须要把番茄苗培育出来。"

花农："你们看，这是番茄种子。"

为了让孩子们认识一下种子，伯伯抓了一把，分别放到孩子们的手里。

顾宁："怎么长得像小石头呀！"

佳佳："我觉得像衣服上装饰用的小圆片。"

羽凌："它怎么不是圆圆的呢！摸起来还是扁扁的，好有趣呀！"

佳佳："对的，真是有趣，我还是头一次看到这种白白的种子。"

一柯："这种子好小，好轻呀！我们一定要小心拿，要不然会掉的。"

番茄的种子在每个孩子的手里转悠着，孩子们第一次揭开了它神秘的面纱。

花农："现在我们要来种种子了，你们先看我怎么种的吧。"

只见伯伯在平整的地里先用耙子松了松土，然后捏了一颗小种子按在了泥土里，再用泥土覆盖了一下，一颗种子就种好了。

花农："看清楚了吧，先松松土，再按下种子，最后把泥土撒在洞上，别让种子露出来就好了。现在该由你们自己来种一种了。"

孩子们一听这话，迫不及待地去拿耙子。可是这时我们发现耙子的数量不够，早拿的孩子人手一把，后面的孩子空手而归，这可怎么办呢？

臻臻："老师，耙子没有了。"

老师："耙子都在这里了，你可以想想办法，怎么用会更好呢？"

臻臻："老师，可以一起用的对吗？"

老师："当然可以的，你去试试吧。"

臻臻顿时打定了主意，信心满满地来到顾宁身边。

臻臻："你的耙子用好了能让我用一下吗？"

顾宁："好的。"

其他没有耙子的孩子一看，哈，真是个好主意，也照着去做了。耙子不够的问题得以圆满解决。孩子们三三两两地聚在一起，开始忙碌了起来。只见顾宁、佳佳一组，两个人一起合作着劳动（见图3-2-1）。顾宁手里的耙子一下一下地松着土，把原先平整的泥土松得有些高高低低的。

佳佳说："不对，不对，你耙得太重了，你看都不平了，你轻点嘛。"

图3-2-1 用耙子松土

顾宁听了以后,稍稍调整了自己手臂的力量,地面就没那么坑坑洼洼了。

佳佳表扬道:"顾宁,你真厉害,现在好了,我们可以种了。"

两个人你一颗我一颗地把种子摁在了泥土里,接着撒上一层泥土。撒完以后,孩子们发现自己手中还有很多种子。于是,他们决定把剩下的种子继续往土里种。可是这一次,他们却发现之前种下去的种子被刚刚种的种子给拱出来了。

佳佳:"怎么回事,不是刚种下吗? 怎么又出来了?"

顾宁:"是不是种得太近了,我们种远点试试。"

图3-2-2 按下种子有方法

这一次顾宁拿起新种子,隔了一段距离种下去,哈,真好,旁边的种子没出来,看样子是成功了(见图3-2-2)。

他马上对佳佳说:"快,像我一样,种远点,就不会出来了。"

佳佳仔细地瞧了瞧,心中有数了,于是手下的活也快了。一会儿两人把手里的种子全都种了下去。附近的程宇、一柯也同样碰到了难题。一柯有些心急,发现一颗一颗种下去的速度太慢了,于是把一堆种子放在了一个洞里。

程宇:"你放太多了,到时不会发芽了。"

一柯:"谁说不会发芽的,一定能发芽。"

两人各执一词争吵了起来。

老师闻讯赶来问:"发生什么事情了? 跟老师讲讲。"

于是程宇把事情的经过说了一遍。

老师:"噢! 这个问题好解决,问问花农伯伯呀!"

程宇一听立马跑到伯伯面前问道:"花农伯伯,一个洞里放许多番茄种子能发芽吗?"

伯伯笑眯眯地说:"能发芽,但种子太多,它们会被挤坏的。"

伯伯用非常形象的话语让程宇明白了这个道理。

程宇来到一柯面前说:"我知道了,你种的种子能发芽,但它们也会被挤死的。我们可以放少一些,不要太多了。"

一柯听着觉得有道理,在接下来的种植过程中就少放了种子。

教师的评价和反思 发现新知识点,探索育苗秘密

(1)碰撞知识点,获得新认知

农村里的孩子多多少少都有一些种植方面的生活经验,如家中的爷爷奶奶是农民,至今仍在农田里劳作;有些家中的父母会养些花花草草,所以孩子们对于种子有着基本的认知。在他们接触过的种子里,颜色可能会是不同的,但外形基本以球状为

主,所以羽凌会说它怎么不是圆圆的。在顾宁与佳佳的合作种植中,种子与种子之间的距离太近被拱出来后,孩子就能想到离远一点的方法试试。这都是跟孩子的生活经验有关,是一种经验的迁移。

（2）操作由浅入深,提升自我能力

① 丰富科学知识:孩子们对于番茄种子的认识是先由眼睛观察,再结合触摸感知,最后综合后了解了它的具体形象。这些圆圆的、扁扁的、小小的白色种子,打破了孩子们之前对种子的认知,丰富了他们的知识。

② 提升劳作技能:通过观察花农伯伯的种植步骤,孩子们了解了先松土、再摁种子、后覆盖土的种植流程。在使用工具中,对于力度的掌握经历了失控、调整、纠正的过程。这些充分体现了理论与实际相结合的有效运用。

③ 培养生活习惯:每个人的个性与习惯不同,人性中有懒惰与走捷径的天性,所以一柯会想到把一堆种子放在一处种下去的方法,他并没有遵照花农伯伯的方法来做。中班的孩子随着辨别是非能力的增强,他们会去关注他人,并有纠错的行为能力。当看见别人的不良行为时,就产生了爱告状的现象。通过正确的引导,孩子能够明白自然界中的小生命也需要细心的呵护,种植也需要讲究科学,不能偷懒、走捷径。

（3）成人的适时介入起到助推作用

由于幼儿的知识面有限,沟通能力还较弱,所以当两个个体在一起争辩时会出现钻牛角尖、拱火、激进等现象。这时老师的适时介入起到了转化矛盾的作用,用一句"这个问题好解决,问问花农伯伯呀",既终止了幼儿的争吵,又指明了解决问题的方向,同时潜移默化地告诉孩子:当有问题时可以寻求第三方的力量去解决。

2. 开锄节移栽

4月12日,已经发芽的番茄苗可以移栽了,孩子们跟随老师来到了苗圃外,透过半透明的塑料薄膜隐隐约约可以看到一丛丛的绿意。孩子们拿着放大镜透过薄膜仔细瞧着（见图3-2-3）,瞧了半天也不是非常清楚,于是花农伯伯揭开了薄膜的一角（见图3-2-4）,里面的番茄秧苗直立着身子好像在向小朋友们招手。

图3-2-3 观察小苗长得怎么样了　　　图3-2-4 薄膜被揭起一角

　　轻风微拂,小秧苗被吹动着身姿,显得特别摇曳。这时花农伯伯把整个薄膜揭开后,苗圃里的秧苗全部展露眼底,孩子们欢呼雀跃。花农伯伯把一棵棵秧苗从苗圃里铲出来后,整齐地码在了篮筐里,接着带着大家来到另一处大的平整过的土地上。

　　花农:"小朋友们,今天我们要把番茄种到这里来,怎么种呢? 你们先看我种。"

　　只见花农拿起小锄头左一下右一下扒拉着泥土,把番茄苗的根给藏了起来,接着用脚踩了踩刚覆盖的泥土,一棵番茄苗就移栽好了。

　　花农:"小朋友们,这里的小锄头不够,你们要一起合作着用,旁边的小铲子也可以用的。拿秧苗的时候要小心,不要扯断了。"

　　听到了指示,大家开始忙碌了起来,自发地组成了一个个小团体,有序地拿上了锄头、铲子和秧苗。

　　不一会儿听到有人在喊:"呀! 怎么就断了呢? 都怪你,这么不小心,都坏了,这可咋办呢?"

　　又有个声音说:"别急,再去拿一棵吧!"

　　顺着声音看过去,原来是彤彤把秧苗弄断了,只是不知道怎么断的。

　　于是老师走了过去问:"这小苗怎么断的呀?"

　　多多:"她抓了苗苗的叶子拿过来的。"

　　老师:"那你们的怎么没有断呢?"

　　多多:"我们是把整个苗苗捧在手上的,所以没断。"

　　老师故意大声说:"原来番茄秧苗太小了,需要我们捧着或托着它的根拿过来,揪着叶子或它的茎是很容易断掉的呀!"

　　环顾四周,教师发现敏敏正好要从篮筐里拿秧苗,一听这话,连动作都变得轻缓小心了。看到孩子们都在有序地种植着,只见宸宸和敏敏这两个孩子合作默契,宸宸拿锄头已刨开了一个洞,等着敏敏的秧苗。秧苗送到,被轻轻地放入洞中,敏敏慌忙用手去捧泥土,填补坑洞,而宸宸也正好用锄头去扒泥土。

　　说时迟那时快,老师立马喊住了宸宸:"宸宸,快过来,老师有话跟你讲。"

　　宸宸提溜着小锄头过来了,老师说:"宸宸,你知道老师想跟你说什么吗?"

　　宸宸呼闪着浓密的睫毛说:"不知道呀!"

　　老师:"刚才好危险呀,你知道吗?"

　　孩子还是一脸迷茫,老师又说:"你瞧,这锄头的刀头锋利吧,你用锄头扒泥土,而敏敏用手去捧泥土,你猜会发生什么事呢?"

　　宸宸:"是不是会把她的手给弄伤呀!"

　　老师:"是的,所以你应该怎么做呢?"

　　宸宸:"我不用锄头了,让她把土填好。"

　　老师:"你也可以告诉敏敏,填土的工作你来做,她可以扶着秧苗。"

　　看着宸宸舒展的脸庞,就知道他已经懂了。等宸宸回过身去,那边的敏敏不知什么时候拿来了铲子,早已用泥土把洞填好,秧苗稳稳地站在了泥土上(见图3-2-5)。

图3-2-5　敏敏正在填土

　拿苗、挖洞、填土,形成新的劳动经验

（1）生活经验得到有效叠加

① 在使用工具中,已经能看出孩子对于使用锄头的方法有了一定的经验,如能牢牢握住锄头的把柄,一只手在上一只手在下,知道锄头的刀面朝向泥土,用力一下一下地掘洞,洞口掘得比较圆,力度掌握得比较均匀。

② 能自发地组成小团队,并有了协商能力。在工具没有人手一把的情况下,能分配谁使用锄头、谁拿秧苗的任务。

（2）生活实践促进亲社会行为能力的提升

移栽中的番茄秧苗比较脆弱,所以怎么搬运成了一个细节问题。花农伯伯只是提醒小朋友们要小心,但对于如何小心并没有具体的指导,需要幼儿自行探索。果不其然,大家在搬运过程中用了不同的方法,有的方法比较好,有的方法就出现了使秧苗断裂的现象。经过实践孩子们得出了有效的经验并加以推广,由此幼儿知道了秧苗的脆弱,在搬运中需要用托或捧的方式来对待。在使用锄头上,孩子们已掌握得很好了,但与他人一起合作时,总会忽略别人的需求。说明受年龄限制,幼儿的亲社会行为能力还处于比较弱的阶段,需要成人多加关注与及时地引导。

（3）关注活动中的安全,保障活动安全有效进行

在活动中教师不仅是幼儿的引导者,更是他们的安全监督员。在劳作中不可避免地会用到多款农具,而这些农具可能存在着安全隐患。幼儿的耕种经验缺乏,虽然有了前期的示范与接触,但经验累积比较少,所以在劳作中的安全意识比较薄弱。同时幼儿的注意分配能力有限,他会专注于一方面,做不到面面俱到。这就更需要教师眼观六路、耳听八方。宸宸就是因为太过于专注填补洞口而忘记了旁边还有敏敏的一双手,如果没有老师的及时制止,极易发生意外事故。

3. 给番茄搭架子

4月21日,该到给番茄搭架子的时候了,花农伯伯准备好了一捆竹竿和绳子。孩子们来到番茄地里,看到一片绿油油的番茄生机勃勃的样子,孩子们非常开心,叽叽喳喳像小鸟似的聊开了。

星星:"今天老师叫我们来搭架子,可我们不知道怎么搭。"

鑫慧眼睛比较敏锐,指着地上的竹竿说:"是不是要用到这些杆子呀?"(见图3-2-6)

娜娜:"可能吧,我爷爷就给梅豆搭过架子,就用这样的竹子。"

灿灿:"嘘! 看,花农伯伯来了。"

在灿灿的提醒下,孩子们瞬间安静了下来,眼睛齐刷刷地望向花农伯伯。

图3-2-6　地上的工具

花农伯伯弯腰捡起了一根竹竿说："小朋友们，看，番茄都长得这么高了，再不给它搭个架子的话，它就要睡倒在地上了，那样番茄就长不好了。今天我们要用竹竿给它搭个架子，先把竹竿插到番茄的旁边，用力往下插，接着用绳子把番茄绑在竹竿上。看，从上往下绑两道就好了。"

花农伯伯一边说着，一边演示着。

这时人群里有个小小的声音说："这太简单了。"

旁边有孩子提醒道："嘘！别说话！"

花农伯伯走上田埂后，说："现在我来分竹竿，谁来插竹竿呢？"

十来只小手立马举了起来，孩子们嘴里还嚷着："我来，我来！"

伯伯又说道："拿竹竿时要小心，要这样拿。"

说着伯伯竖起了竹竿，教师补充道："孩子们，要竖着拿，如果横着拿会伤到别人的。"

花农伯伯把竹竿分了下去，孩子们开始忙了起来。

只见灿灿拿了一根竹竿放在了番茄旁边，往泥土上使劲插。插了一会儿，刚要放手，这竹竿摇摇晃晃的，好像要倒下来似的。

搭档娜娜立马凑了上去，说："我来试试。"

由于娜娜身形比灿灿还小，所以怎么用力都没能再让竹竿下去一点。两位姑娘你瞧瞧我，我瞧瞧你。

正在她们发愁的时候，旁边的星星看到了说："你们力气太小了，看我的吧。"

星星抓住竹竿一下一下地用身体的重量把竹竿往土里插，还真有用，竹竿不晃了，灿灿太高兴了，拉住了星星的手。

图3-2-7　给绳子打结

灿灿："谢谢你，星星。我们现在可以用绳子绑了。"

娜娜拿上了一根绳子，在番茄茎与竹竿上缠绕了一圈，交叉打了一个结。但是，第二个结却怎么打都打不好了。

她以为打好了，一放手，绳子刺溜一下滑落在地，尝试了很多次，还是没有成功（见图3-2-7）。这可怎么办呢？娜娜问了问旁边的星星，星星也说这结太难打了，当他们一筹莫展时，可能是想到了班里特别能干的多多，真凑巧，多多正离他们不远，灿灿和星星快速来到了多多面前。

灿灿："多多，我们不会绑绳子，你会绑吗？"

多多头也没回地说："看，我是这样绑的，你们也学学。"

灿灿和星星围在多多身边，眼睛紧盯着他，生怕漏了打结的细节。看了一会儿，多多的结打好了，两个孩子回到了娜娜的身边又一次尝试着打结。缠绕一圈、交叉、钻洞、拉紧，再交叉、再拉紧，放手，刺溜一下，绳子又一次滑落。星星着急了，一把拿过绳子，缠绕一圈、交叉、钻洞、拉紧，再交叉、再拉紧，放手，刺溜又一次滑落。又试了几次都失败了。这可急坏了孩子们，灿灿跑过来问老师。

灿灿："老师，我们不会打结，总打不好，怎么办？"

老师："不会打结没关系，可以想想办法去解决。如果不用绳子绑的话，能用什么东西来绑，而且不需要打结呢？"

星星："用空气泥吧。"

老师："空气泥太软，雨水一淋肯定坏了，再想想。"

灿灿："用皮筋吧，头发能绑，那这里也能绑。"

老师："可以是可以，但皮筋需要套进去，这竹竿这么高，番茄茎又那么软，怎么套是个问题。想想还有别的办法吗？"

灿灿想到了一个好主意："呀，美工区里的毛根可以用，它不用打结，拧几下就好了。"

老师："这个主意不错。如果手边没有毛根，那又该如何解决呢？"

星星："那就找会打结的人去绑呗。"

老师："这个也能解决问题。好了，孩子们，你们已经想出了不少好主意了，可以自己去试试了。"

随后物资区里多了一样材料——毛根。有的孩子就用毛根帮助番茄搭上了架子，也有孩子去找会打结的小朋友帮忙，或是找了花农伯伯、老师，一起合力把架子搭好。

教师的评价与反思　观察、实践、解决，层层递进直至目标的达成

（1）前期生活经验的有效累积，有助于理解和接纳新事物

孩子们没见过番茄搭架子，但都会观察周围的环境联想，这次通过环境结合自己的经验来猜测将要发生的事情，如鑫慧猜测搭架子需要用到地上的竹竿，而娜娜的生活经验更是告诉她，给番茄搭架子和爷爷给梅豆搭架子的方法很相似。通过观察花农伯伯的演示，有幼儿就产生了搭架子是个简单活的想法。因为这里只有几个简单的动作——拿竹竿、插竹竿和打结。到了大班，随着幼儿力量的不断增强，他们对自己的信心也越来越足，拿和插对他们来说显得更可控了，而打结的动作技能也有过前期的铺垫，如穿绑带鞋时，成人开始教导他们自己打蝴蝶结，班级的区域中更是提供了许多打结的材料，让幼儿在平日里练习。

（2）科学来源于生活，实践验证理论

① 幼儿知晓了拿竹竿要竖着拿，不能横拿的道理。

② 在插竹竿时，力量的大小跟体形有关，同时星星采用了用自己身体的重量往下压的方式来插竹竿，这次的效果更明显。

③ 打结没有那么容易，绳子放在不同物体上，打结的方式也会有所不同。

④ 当碰到难题时多想办法，可以通过不同的材料来完成，也可以借助别人的力量来完成。

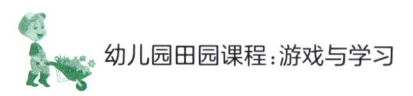
(3) 开拓思维空间,寻求不同解决方案

在花农讲解搭架子的细则中,教师及时对遗漏的细节进行了补充,这样更有助于避免幼儿在劳作中发生安全事故。在幼儿学过了但还不会打结的情况下,引导幼儿突破现有的资源,寻求从不同角度去解决的方法。拓宽材料的种类,扩大求助人的范围,围绕能绑、会绑的核心展开。

4. 收获番茄

随着夏季的到来,番茄渐渐成熟了,由小变大,变成红、黄、绿三色番茄,孩子们午后散步的积极性越来越高涨了。

终于等来了一年一度的采摘节,大家纷纷拿上了自己的工具,有的带上了小篮子,有的带上了小剪刀,踏着轻快的步伐一起来到了田边。

老师:"小朋友们,今天我们要采摘成熟的三色番茄了,大家知道怎么采摘吗?"

汝汝:"用手摘下来就好了。"

紫嫣:"我有小剪刀,咔嚓一下剪下来。"

顾宁:"不能太用力了,要不然番茄会被扯断的。"

佳佳:"要摘成熟的。"

老师立马抓住这句话说:"那什么样的番茄才算成熟的?"

羽凌:"全部都是黄的,还有红的就是熟了。"

老师:"说得对,你们知道吗,还有一种叫绿宝石的小番茄,它的颜色就是绿的,那又该怎么分辨呢?"

这一问难住了大家,有几个孩子只敢在底下说着悄悄话。

老师鼓励道:"没关系,反正老师也不太清楚,我们来猜猜看好了。"

臻臻:"是不是特别大的就是成熟了?"

程宇:"会不会是特别特别绿的?"

一柯:"我们可以看一看,比较比较。"

多多:"要不问一下花农伯伯,他肯定知道。"

大家都说好,多多请来了花农。

伯伯:"小朋友们,绿色番茄要看它是不是绿得发亮发光,表面又亮又透的就是成熟了。"

伯伯顺手摘了两颗番茄,指着其中的不同绿色说:"你们看,要选择整颗都是这样绿色的,这颗有点深绿色的,说明还没有熟透。"

孩子们点点头,大家在一片欢乐的气氛中开始了采摘活动(见图3-2-8)。

一柯一到番茄地里,就着急地用力拉下

图3-2-8 采摘番茄

了一颗黄色的小番茄,由于太用力把枝条都扯了下来。一柯左右看了看,以为没人看到,悄悄地顺手一塞,把扯下的枝条塞在了番茄架里,又继续他的采摘工作。这次摘得更为小心了,两只手一同协作,左手扶枝条,右手去摘番茄,再也没有发生把枝条扯下的事情了。

再看紫嫣,用上了她的小剪刀,小心地一个个剪着,一个一个地放入篮筐中,一切都比较顺利。

教师的评价与反思 **快乐体验之旅,收获劳动之果**

(1)做好充足的事前准备,保障活动的顺利进行

正是有了相关的劳作经验,幼儿事先就能想到需要的物品及材料,并且自发地带上了篮筐、剪刀等工具,知道收获时需要盛放,采摘时使用剪刀更方便,这样更有助于活动的顺利进行。

(2)实践出真知,自我经验是关键

分辨三色番茄的成熟程度时,红、黄两色番茄比较好辨认、好识别,但辨识绿番茄有难度,最后通过花农的指导幼儿才知道了辨识的关键。活动中一柯小朋友更是在实际操作中失败后,经过自我调整知道了用双手互相配合的正确采摘方式。

(3)掌握知识要点让效果事半功倍

在识别绿番茄成熟与否时,如果没有拥有丰富耕种经验的花农的帮助和指导,或许幼儿无法这么快掌握识别的方法以及相应的劳作技能。

(三)游戏总结

大自然、大社会是幼儿最好的活教材,梅山拥有丰富的海岛资源,在这里幼儿可以自由畅享,教育也有无限种可能。我们随时能够关注幼儿的闪光点,发现教育契机。从幼儿的天性和兴趣点出发,不断生成园本化的田园活动。在此次活动中,幼儿都是以主体的形象主导着整个活动的进程,每一个小活动都是幼儿感兴趣的,都是幼儿所需要的内容。在这四个活动中,没有教师的发号施令,幼儿能够全身心地参与到活动中来。同时,幼儿作为活动的主体,需要自主选择活动的材料,为彼此的活动提供支撑,这提高了活动的意义和层次。

二、勤劳种植园

(一)游戏缘起

春风送暖,送来了小虫惊蛰,也带来了百花盛开、植被繁茂。"人间四月天"是一年之中体感最舒适的季节。刚刚换下了厚重冬装的孩子们,迫不及待地想要到室外放飞。恰逢其时,我们精心呵护的南瓜乐园,一丛丛植物正破土而出,迎着春风舒展开枝叶。

值得一提的是,植物劳作游戏是一类非常适宜用于混龄游戏的自主游戏类目。在常规室内游戏中,不同年龄层的幼儿较难融合在一起,而在大自然中,无论多大的孩子,都会对自然景物产生兴趣。在游戏中,教师不再是教育教学引导者,而变成了幼儿的玩伴和观

察者,在活动过程中,教师认真观察幼儿在游戏中的行为表现、与伙伴互动的情况、解决问题的能力等,并以角色身份潜移默化地引导,更有利于教师专业能力的成长,可谓相得益彰。

1. 转变：引导幼儿参与活动设计

"他们想不想玩劳作游戏? 游戏究竟怎么玩?"这才是劳作游戏的重点。为何不让幼儿自主选择活动区域和参与活动的方式,自动自发地成为游戏活动的主人,实现"以大带小",让他们体会成长和交往的乐趣呢? 在这个过程中,教师要鼓励幼儿学会分享、照顾,在游戏、交往过程中发展幼儿的各种能力。

2. 优化：游戏问题征集令

于是,在孩子们的共同讨论中,大家设计了第一个活动——游戏问题征集令。在征集令中,孩子们提出:我们需要准备什么工具? 植物生长喜欢什么环境? 我们该怎么照顾南瓜乐园的植物呢? 我们可以种植什么? ……教师发现,孩子们并没有对植物本身感兴趣,而是对植物的管理产生兴趣,所以最后大家一致决定,开展几次田园劳作活动。通过带领不同班级的孩子们开展拔草、除虫、植物管理等内容各异、侧重点不同但又有机联系的游戏,满足不同年龄段儿童的户外活动需要,让孩子们在与大自然亲近的过程中,体验到与土地贴近的乐趣,更体验到劳动带来的快乐与幸福感,将劳动与实际活动相结合,让孩子们切身参与其中,感受劳动成果的来之不易,从而产生劳动最光荣、珍惜劳动成果的思想。

(二) 游戏实施

春风十里芳草绿,教师们挑选了一个风和日丽、气温适宜的日子,领着各班级的小朋友来到了一片生机盎然的南瓜乐园。南瓜乐园里已经有了暮春郁郁葱葱的景象,各种不同的植物自在生长。一些细心的大班小朋友敏锐地发现,有好几块土地都空着,既没有茂盛的农作物,也没有美丽的花草。看着那几个孩子疑惑的眼神,教师鼓励他们去向专业的花农伯伯询问原因,他们立马积极跑去礼貌地向花农伯伯请教。经过一番交流后了解到,那些田地目前还算是荒地,但土壤成分很不错,就等着被大家开发出来,收拾修整之后种植新的农作物。大班小朋友带回来的这个消息让大家都十分高兴,毕竟好奇是人类的天性,面对当"小小种植家"这一难得的体验,无论是哪个年龄层的小朋友,都被轻易激起了兴趣。一堆幼儿围在教师周围,纷纷举起小手,七嘴八舌地抢着播种。

虽然种子好找,但看似光秃秃的土地却不肯轻易让我们的"小种植家"们得手,春风让众多的杂草深深扎根在南瓜乐园土地的各处,让本应该安家的种子无处可去,孩子们就提出要赶紧动手把它们拔掉,让真正有益的种子住进来。大家欣然达成一致,第一次游戏就以除草为主题热热闹闹地开展了。

1. 怎么才能清理杂草

活动的主题确定好了,想要下手正式除草时却遇到了困难。即使是大班的孩子,由于自小生活优渥舒适,对户外自然植物认知受限,也无法准确地分辨哪些草可以拔掉,哪些草是植物生长需要的。于是"什么是杂草"引发了孩子们的讨论。

(中班)乐乐:"那边那些草长得多高啊,肯定不是杂草,不能拔。"

(大班)可可:"不对,我听爸爸说杂草生命力最强了,长得越多的肯定是。"

(小班)汉堡:"我觉得这几个长得好看,不许拔。"

讨论看似永远没有终点，教师在旁边静静观察，等到孩子们都充分表达了各自的意见后，才提出让大家先参观学习，认识一下南瓜乐园里的植物后，再判断哪些是需要铲除的杂草。于是，孩子们排着长队，大的牵着小的，在教师的带领下细致参观面积很大的南瓜乐园（见图3-2-9）。后来又在花农伯伯的介绍和讲解下，认真了解了每一块田地种植的植物，认识植物的特征和样貌，区分出哪些是杂草。

图3-2-9　幼儿仔细观察认识杂草

在包括小班在内的幼儿都能充分认识杂草，并且能正确区分出杂草后，大家准备去拔草。可是问题也随之而来，拔草需要用什么工具呢？

（中班）乐乐："到田里去的话，我们需要穿上雨鞋。"

（小班）汉堡："要戴手套。"

（大班）可可："对的，戴好手套才可以保护我们的小手。"

（中班）乐乐："还需要装杂草的篮筐。"

老师："我们的小朋友可真聪明，那除了要准备手套、雨鞋、篮筐，我们还需要准备什么工具呢？大家再仔细想一想。"

（大班）诗涵："我知道了，还需要剪刀来帮助我们。"

图3-2-10　用剪刀剪杂草

小朋友的热情可高了，一下子围着这块卷心菜地开始整理杂草，呈现出一片热火朝天的忙碌景象。接着，教师和孩子们一起来到了萝卜地，那里开满了漂亮的小白花，叶子长得郁郁葱葱，高高地竖立着，比孩子还要高。有的孩子在田埂旁，认真地挑拣着杂草进行拉拔，有的用剪刀一点一点剪下来（见图3-2-10），还有的钻入其中，进行了除草行动。但是，此起彼伏地传来"老师他踩我""老师有人摔倒了"……一些碰撞的声音也相继传来。于是，教师先暂停了孩子们的拔草行动，将他们组织在了一起，针对孩子们在拔草中存在的问题进行了集体讨论，发挥集体的力量，发动每一个人开动脑筋，提出自己的解决方法。

（小班）汉堡："好挤呀，我都站不下了。"

（中班）乐乐："我觉得是我们拔草的人太多了。"

（大班）可可："萝卜地这么小，容不下我们这么多小朋友。"

老师："那该怎么办呢？你们有什么好办法吗？"

（中班）萌萌："我们可以分开去拔草，这样子就不会摔倒了。"

（小班）汉堡："在拔草的时候小心点。"

（大班）诗涵："旁边有小朋友的时候就不要拔草了，可以换一个地方。"

经过反复的讨论，孩子们一同制订了田野拔草的约定，并把它画了下来。随后，孩子们又再一次投身到田园劳作中，这次他们干得更起劲了，并且秩序井然。每个人都认真地拔杂草，太阳映在他们脸上，汗水从他们脸上划过，脸上依然挂满笑容。孩子们劳动得热火朝天，突然俊俊说："哎，我好热呀！""是的是的，这也太热了。"阳阳和琪琪在一旁附和着。

教师抓住了孩子们的疲惫情绪，引导他们："是的，现在是春天，太阳已经让我们觉得很热很热了，那我们想想花农伯伯和农民伯伯一年四季都要在田地里劳作，夏天有炎热的太阳，冬天有寒冷的风，他们都一直没有停下自己的种田计划，播种、浇水、施肥、收获……一年四季，不断转换，农民伯伯辛苦吗？"孩子们都纷纷点头，说道："辛苦！"教师继续说道："我们吃的大米饭和蔬菜都是他们种出来的。"

（大班）萱萱："农民伯伯太不容易了，种田这么热，他们还一年四季都在种。"

（中班）宏文："我们可不能浪费粮食，都要吃光光。"

（中班）熙熙："那我要吃吃萝卜，虽然萝卜闻起来怪怪的，但也许会好吃呢。"

可是孩子们还是难以消除炎热的感受，他们一边说着，一边看看附近的田地。突然，发现有一片大大的叶子，俊俊就先拾了起来，有模有样地晃动了起来，说："快看，我发现了什么！这样可舒服了，有风。"旁边的孩子们也有样学样，拿起其他的菜叶说道："这像把扇子，哈哈哈哈哈，菜扇子！"孩子们一边扇着风，一边哈哈大笑，快乐极了（见图3-2-11）。

图3-2-11　用掉落的菜叶扇风

教师的评价与反思　提高积极性，树立正确的劳动观念

首先，通过此次的劳动挑战，加强了孩子自我服务与服务他人的意识，让孩子们初步掌握了一些生物知识和生活技能，积累了生活经验，认识到了劳动的重要性。同时，让孩子们手、眼、脑同步运转，全身心地协调发展。

其次，在劳动活动的开展中，教师不断引导孩子主动思考、积极动手，激发孩子们愿意自我解决问题的积极性，能较好地实现生活自主、学习独立的目标。

再次，在劳动的过程中，孩子们会产生负面情绪，如因炎热、疲惫而感到难受等。教师应充分考虑孩子的年龄特点和性格特点，让孩子的不良情绪转化成一种劳动过后的成就感，对班集体和幼儿园产生归属感，形成集体意识。让孩子们树立正确的劳动观念,从而亲近劳动,崇尚劳动,尊重劳动者。

最后,"劳动"一词,让成人多少有惧意,而孩子们不曾有刻板印象。那么,如何维持孩子对劳动的喜爱,也成了教师关注的焦点。我们将劳动和学习、游戏融合起来,使得孩子获得自由、探索、生成性的活动,又能从中获得知识与快乐。虽然幼儿的劳动不是严格意义上的游戏,但是,它充分体现了孩子的游戏精神,孩子精神世界的成长在游戏性的劳动中得以实现。孩子们的劳动是自发的,通过劳动,孩子们可以满足内心需要,认识与展现自我内心世界、塑造自我心灵。幼儿劳动是自然、生动与鲜活的。

2. 小虫子来造访

除净了杂草的南瓜乐园显得干净和空旷,等待着新的种子撒下来。那春天适合种植什么植物呢? 孩子们通过调查发现,南瓜、茄子、小白菜、空心菜、橘子、桃子、大葱等都是适合在春天播种且易于培植的。于是我们采取民主投票的方式,让大、中、小班的幼儿选出自己最想要种下的种子。每个小朋友的喜好不同,但仍然有最受大家欢迎的两类:小白菜和桃子。这两类种子喜阳、喜水,最适合在春天生长,理所当然就成了我们种植活动的主角。

在花农伯伯和老师的帮助下,种子依次种下了。大班的小朋友负责帮忙挖土、运土;中班的小朋友在花农伯伯的指导下把种子均匀分成几组;小班的小朋友帮忙把分好的种子撒到坑里,大家齐心协力完成了填土。种下种子后,孩子们每天都会热切地关注种子的变化,不停跑过来问:"老师,种子什么时候发芽呀?""老师,我还想给它喝水。"在孩子们天真又求知的目光里,教师耐心向他们讲述了种子的发芽原理,借机传授植物生长知识和注意事项。孩子们都很听话,哪怕是年纪最小的孩子,都能忍住不去翻土,以免破坏种子的生长环境。等到种植活动结束的一周多以后,一丛丛小苗终于破土而出,尽管是那么稚嫩,却给孩子们带来了极大的喜悦,也让教师获得了成就感。

过了一段时间,小白菜和桃子的叶子繁茂了不少,大、中、小班的幼儿轮流浇水,观察植物生长的兴致也更浓了。一天早上,小威看完叶子回来,急急忙忙跑来:"老师老师! 我看到好几片叶子都坏掉了,怎么办啊!"教师一边安慰他不要着急,一边跟着他来到南瓜乐园,孩子们听到了消息,也跟着一起急急忙忙跑过去。看到好几棵小白菜的嫩叶上,有些大小不一的洞,教师感觉这又是一个进行田园游戏的好机会。

老师:"大家猜猜这些小洞是怎么回事?"

(大班)萌萌:"是不是被毛毛虫吃的呀?"

(中班)乐乐:"肯定是毛毛虫吃的,我吃苹果时看到洞洞,我妈妈就是这么跟我说的。"

于是,借此机会我们进行了一个"找虫子"游戏。孩子们从探究区找来了镊子、一次性手套、塑料袋。一切准备就绪后,他们分散到各处,在叶子正面和背面细心地翻找,很快就在菜叶背后发现了若干浅绿色的小虫子和一堆黑点点。这个活动适合全年龄段的小朋友参与,哪怕是小班小朋友使用工具不如哥哥姐姐们灵活,依旧能成功捉到反应迟钝的虫子。教师在旁边观察着孩子们的活动，时不时提醒他们在使用镊子夹虫子时，注意动作轻盈，不要伤害到稚嫩的叶子。有个别幼儿胆子比较小，不敢上前去捉虫，教师就耐心地鼓励他们克服自身的胆怯，不要被比自己小很多倍的小虫吓到，青菜宝宝还等待着被拯救。大部分孩子克服了最初的怯懦，勇敢地投身到抓虫的游戏之中，嘟嘟却始终不敢碰，教师观察到她实在过于恐惧，便没有强行要求她参与游戏，而是让她担任评委和加油员的角

图 3-2-12　找虫、捉虫

色，负责在教师身边，为捉虫的小朋友呐喊打气。她很快开心起来，乐呵呵地给朋友们加油（见图 3-2-12），教师借机告诉她："每个人都有别人不怕而自己特别怕的东西，这并不说明你不如别人勇敢，慢慢来。"很快，小朋友们就把菜园的虫子捉得差不多了。在这期间，有的小朋友还能主动帮助别的同伴捉虫、拿工具，教师一一记录下来，在最后的评比中，教师对这些小朋友给予了特别的嘉奖和鼓励。名义上是捉虫比赛，实际还是幼儿共同参与的游戏，最后每个小朋友都得到了小小的礼物作为奖励，大家都很开心。

清理干净小虫后，不少小朋友还表现出了担心，不停问教师："那明天小虫会不会又从躲藏的洞穴里跑出来吃菜呀，我们要不要轮流看着它们？"教师笑着对他们说："大家不如一起来想个能长久保护小青菜的方法，好不好？"教师带领他们用手机查询了青菜除虫的各种方法，最终选定了用清洁剂和烟叶混合的健康方式进行除虫。第二天，教师拿出准备好的烟叶和清洁剂，亲自给幼儿们演示杀虫水的制作方法，又帮孩子们戴好了手套和口罩，指导他们将清洁剂和烟叶水分别涂在青菜叶片上，让孩子们自己对比哪种杀虫方式效果好。孩子们都涂得非常认真，每一个边边角角都没有放过。听到他们边涂边安慰小白菜和桃子不要害怕，教师也被他们的天真和善良逗得忍俊不禁。这次除虫活动，在教师和孩子们的细心合作下，圆满完成。

教师的评价与反思　适时指导，游戏介入

首先，在除虫活动的开展中，教师是活动的引导者、协助者，同时也是参与者、合作者，既可以以旁观者的角度观察幼儿在活动中的表现，适时进行指导，又可以以传授者的角度带领幼儿进行适合其年龄段的日常劳作活动，并且在劳作中向他们传递植物学、农学、生物学的知识。而幼儿在游戏过程中，对知识的接受度会比单纯在课堂上高出很多倍，且会结合实践行为，形成深刻的记忆。

其次，此次除虫游戏，锻炼了孩子们遇到问题后的观察能力、反应能力、思考能力和解决能力，让他们懂得遇事不要怕，办法总比困难多。

最后，相对于第一个拔草劳作活动，除虫活动更接近于集体竞技类游戏，由于简

单易理解、易上手,更适合作为混龄活动开展。在这类劳作中,教师更加注意观察幼儿的包容和互相帮助的意识,注重培养他们在争先争强的同时,激发出对同伴、朋友、弟弟妹妹的谦让、大方、协作的品质。事实上,通过对劳作过程的观察,孩子们所展现的这些品质,也确实比教师设想的更加优异。

3. 要用什么工具

消灭了阻碍植物生长的烦人小虫子,小白菜和桃子又快乐地舒展开叶片,努力生长。此后的每一天,孩子们都会带着好奇心等待,每一天都能细心发现植物的新变化。为此,我们分别给大、中、小班的小朋友布置了任务:大班的小朋友负责向父母或家人了解植物养护的方法,列出每天必须干的工作;中班的小朋友负责按照大班小朋友写下的方法,总结出需要的工具;小班的小朋友负责画出这些工具的样子(见图3-2-13)。任务布置下去之后,孩子们的积极性都很高,第二天就反馈回了各种各样的植物养护诀窍,很多方法都非常专业。

图3-2-13　讨论所需要的工具

教师带领他们把收集来的植物养护方法汇总成一篇简明扼要的"小小作物养护指南",一条条写在黑板上,让中班的幼儿各自从指南说的方法中挑出每一项养护活动需要的工具。中班的小朋友们围着黑板上的养护指南,七嘴八舌地列出了铲子、水桶、支撑枝干用的木棍等。小班的小朋友则围坐在教师周围,拿起画笔和画板,画出他们脑子里这些工具的样子。在绘画这方面,小朋友们充分展现出了他们丰富的想象力,画出的工具有"写实派",更有"抽象派"。只见坤坤在画纸上画出一个类似网球拍的东西,教师笑着问他:"这个真好看,你教老师认识这个工具好不好?"坤坤奶声奶气地说:"这是帮小菜苗挡蚊子的,有这个东西,就不怕蚊子叮了。"教师大力表扬了他的细心,并且和他约定好一起动手帮菜苗制作捕蚊网。

等到大、中、小班的幼儿都对植物养护管理知识有了基础的了解后,孩子们的日常植物管理活动正式走入轨道。他们找齐了植物养护的必要工具,又在大家的集思广益之下,安排了每日"植物管理员"的小任务:将混龄幼儿分成三组,一组负责每天给植物浇水,一组做"高精尖"专业工作——记录植物的生长变化,一组防范"虫虫危机"——每天查看植物虫害、拔掉多余的杂草。每组的工作每周进行一次轮换,小朋友之间互相帮助,轮换时,每组之间要有小小的交接仪式,前一组要将植物情况和任务注意事项向后一组简单地介绍(见图3-2-14)。在定下这个活动方案时,教师也有过担心,怕内容设计得过于复杂,不易为幼儿理解。但在实际开展时,孩子们做得要远超教师的预期,尽管小班的部分小朋友在轮组任务交接时碰到了表达困难,但在教师和其他热心哥哥姐姐的帮助下,也能慢慢

图 3-2-14 植物管理

将自己的想法有逻辑地表达出来,语言能力得到了潜移默化的锻炼。

孩子们领了各自的任务,对亲手种下的小白菜和桃子更有了主人翁的意识。每天都争着跑去观察植物的生长状态,并时刻开启"十万个为什么"模式。

(中班)乐乐:"我们的菜菜今天怎么才长了这么一点点啊?"

(中班)宏文:"哪个是小白菜苗啊,那么多绿绿的我都分不清了。"

(小班)熙熙:"杂草好多啊,它们又长出来啦!"

于是,大手拉小手,植物管理员们迅速投入工作(见图3-2-15)。

日常维护组成员们大小锄头齐上阵,铲子小桶备旁边,哪怕是小白菜叶子旁边最细小的杂草,都被他们用镰刀一点一点地除掉了。晓丹一个不小心,铲掉了一块桃子叶子,被同伴指责了几句,立马伤心地大哭起来,教师赶紧制止了其他小朋友的"火上浇油",耐心安慰她:"植物有很强的自愈能力,被误铲掉的叶子很快就会再次生长,我们都要学习植物的品质——坚强!"

图 3-2-15 日常维护

浇水组幼儿拎着小水桶认真浇灌着每一丛植物,力气大的孩子自己拎着大半桶,力气小的孩子几个人合作,一桶桶清澈的水轻柔地流淌进土地,滋养着植物。教师教他们将植物肥料溶解在水里,将普通的清水变成植物最为喜欢的养料,借此机会告诉他们:植物需要养分,我们大家同样需要养分,我们的养分就是大家日常吃的食物,包括现在大家看到的小白菜、桃子,是它们让我们都健康、强壮地成长,我们要对它们说什么呀? 在教师的启发下,菜园里响起孩子们嘹亮的声音"谢谢食物!"

图 3-2-16 数据记录

数据记录组主要由大班和中班幼儿担任,他们严肃地绷起小脸,拿着尺子认真测量植物的高度、叶子的宽度,在厚厚的记录本上认真画上表格,写下一串串数字(见图3-2-16)。每个小朋友的细心程度不同,数据记录水平也难免有差异,教师仔细观察着每个孩子的活动表现,对认真尽职的孩子予以特别的表扬和小小奖励,对工作完成不是特别好的孩子,也给予了一定的鼓励,引导他们在自己的能力范围内做得更好。整个南瓜乐园洋溢着欢快火热的劳动气氛。在孩子们一天天的精心呵护下,小白菜和桃子渐渐成熟,挺拔又精神,等待着被收获的那天。

教师的评价与反思　分析问题,探索解决方法

首先,如同前两个游戏,在植物管理的全过程中,教师更多充当着观察者和指导者的角色,只有在幼儿操作遇到困难时,才会充当参与者的角色。幼儿亲手种植、呵护着植物的过程,就是他们初步培养出责任感、懂得什么是承担责任的过程。他们越来越习惯于遇到问题自己分析、自己思索、自己解决,独立性和责任心的种子也同时种植在他们的心灵深处。

其次,在植物养护和管理过程中,孩子们充分运用了观察、分析、实践等方法,亲身参与、亲自动手,等到收获的时候还会亲口品尝到自己辛勤劳动的果实,真正感受到了劳动实践的乐趣。而劳动过程中所付出的辛苦和汗水,也让他们更加懂得珍惜,知道"一粥一饭来之不易",学会珍惜粮食、尊重农民伯伯。

最后,在植物管理的过程中,他们经常在一起讨论、互相搭手,大班的孩子主动带领弟弟妹妹参与活动,整个过程都表现得非常愉快,即使有个别小朋友因为个性差异,有过焦虑和争执的情况,很快也会被良好的集体气氛和教师的正确引导所化解。现代社会里幼儿的"独立",通过集体性的活动得到了有效的扭转。

(三) 游戏总结

参与混龄劳作活动的幼儿年龄层不同,智力体力和思维认知能力发育也不同,在同一个活动中,通过不同的分工,让他们既能在各自领域锻炼能力,又能通过彼此合作和互相帮助融入集体,培养包容意识和合作意识。

小小的菜园地,有无限的生机;勤劳的种植员,有大大的潜能,孩子们在一天天成长,给予我们无限的惊喜和期盼;作为教师的我们,也将在幼儿教育这片沃土里,不断挖掘、不断探寻、不断收获。

三、动物一家亲

(一) 游戏缘起

关于南瓜乐园动物的小故事在基于大班孩子的兴趣和发展需要上不断开展着,从建园初期的小羊仔,到如今胖胖的鸡、憨憨的鸭、温顺的兔、各色的虫……时不时还会有摘果子的小刺猬、叼鱼的白鹭、生宝宝的狗妈妈、偷吃鸡蛋的黄鼠狼等等,每一次和小动物的接触也是孩子们和教师对生命的探究之旅。我们通过开展混班制游戏,观察孩子们的表现,不断随着孩子的发展需要,提升知识储备,改变支持手段,推进游戏进程,最终提升孩子在游戏中的各项能力。从一开始孩子们单纯地对动物感到好奇,想去摸一摸、喂一喂,到后

来想要了解更多关于动物的秘密,再到之后感悟动物与人类的关系,怀揣一颗温暖、感恩的心,萌发爱护动物的责任心,孩子们在这个过程中得到质的提升。

(二)游戏实施

1. 发现兴趣,小鸡小鸭来报道

兴趣是孩子们活动强有力的动机之一,幼儿对自然产生兴趣,就能引发对事物的体验、对问题的探索,而教师则需要有一双善于发现兴趣的眼睛和及时捕捉兴趣的意识,从而引发孩子的真实探究。

自主游戏开始了,孩子们快速地来到自己所选的区域。劳作区的孩子戴上手套准备去拔杂草了,突然听见一个孩子大喊:"哇!这里有一只鸡!"听到小朋友的喊声,其他孩子都闻声而动,"在哪里?""这里这里!""啊啊啊!这里还有鸭子!""站住!""别跑!"在孩子们的追逐和喊叫声中,鸡和鸭被吓得到处逃窜。原来,它们是王老师新采购还没来得及安置的"新同学"。

豆豆:"啊!鸡从我的头顶飞过去了!吓死我了!"

未来:"它的毛掉下来了!"

豆豆:"哈哈哈,下羽毛雨了!"

小雨:"嗯!鸭子好臭!它一边走路一边拉屎!"

康康:"有鸭屎!大家别踩到了!"

佳琪:"哪里有鸭屎?我看看!"

萱萱:"鸭子是拉稀了吗,好恶心啊……"

辰辰:"你们别追了,把它们的大便都吓出来了,让老师去抓吧。"

我们的新成员成功地吸引了孩子们的注意力,可是这样热情的追逐模式小动物们可受不了,于是教师说道:"这是我们的新朋友哦,你们不要吓到它们了。想想看,你们班级来了新同学的时候会怎么样呢?"

思源:"我们要多照顾他,帮助他。"

可可:"如果他哭了我们就可以安慰一下他,抱抱他。"

旺仔:"我可以叫他一块做游戏,跟他一块玩。"

佳雪:"我可以把好吃的跟他一块分享……"

老师:"小朋友们太有爱啦,如果我是你们的新朋友一定会很开心的,好啦,那我们继续游戏吧。"

今天的游戏特别"嗨皮"。娃娃家的小朋友提议可以去喂鸡喂鸭,于是他们摘了各种各样的蔬菜出发了;科探区的小朋友提议去研究一下小鸡小鸭,于是他们想方设法要抓住它们;写生的孩子们把画架对准了"飞奔"的小鸡小鸭;劳作区的孩子则增加了工作量,他们需要把流落在外的"臭臭"清理干净……总之,今天大部分孩子都做了和小鸡小鸭有关的事情。

游戏结束,教师请孩子们分享一下今天的游戏体验。

俊俊:"我今天玩的是科探区,我想研究新朋友,但是它们一直跑,我抓不住,累死我了,后来我只能等它们不动的时候离得很远观察。"

老师:"那你有没有想出好办法来解决这个问题呢?"

俊俊:"我们下次做一个笼子吧,把鸡和鸭关在里面,这样我们就可以近距离观察了。"

茜茜:"那要做大一点,不然它们会打架吧?"

俊俊:"做个这么大的,它们可以在里面跑来跑去,鸭子一间房子,小鸡一间房子。"

萌萌:"我们再给它们造一个滑滑梯,跟我们幼儿园一样。"

茜茜:"它们会滑滑梯吗?哈哈哈哈哈……"

老师:"这是一个好办法,我们可以给新朋友造一个属于它们的家,既可以有足够的空间让它们活动,又可以保护它们。"

之后在孩子们的讨论设计下,我们请花农伯伯帮忙给鸭子和鸡造了房子。

娃娃家里,孩子们三五成群地讨论着今天的主题以及角色的分配。扮演奶奶的草莓拎着篮子去各个自留地采摘所需食材,有软菜、萝卜叶、麦秆、杂草等。她先往鸭舍里扔了一半的食物,又来到鸡笼里,把一把草扔了进去,之后来到兔屋,打开门,拿起一根细细的萝卜喂到兔子的嘴巴里,看着兔子细细品尝着萝卜。没过一会,"爸爸"可乐和"妈妈"诗语都跟了过去,拿起草莓篮子里的东西开始喂。草莓说:"你们怎么来了啊,我还没有喂好呢!""你喂得太慢了,我跟你一起喂吧!""对啊,我再去摘点好吃的。"说完诗语又去周围摘了桑葚、树叶、大头菜等一大筐东西。三个人抢着把食物往兔子的面前凑,兔子的头已经往后躲了。见状,草莓赶紧制止:"你们别喂了,兔子不吃啦!"说完可乐和诗语还是没有停下来的意思,于是草莓就找到了老师。老师集齐三个小朋友,了解了事情的原委。

老师:"你们摘的东西它们都能吃吗?如果不能吃它们吃了会怎样?你们摘这么多它们吃得完吗?吃太多了会怎样?"

可乐:"我摘的都是可以吃的东西,桑葚啊大头菜什么的,我们人也可以吃。"

草莓:"兔子已经吃很多了,我都跟她们说了别喂了,她们还要喂,再吃肚子都要撑破了。"

诗语:"兔子没有吃饱,我给它喂它还是吃啊。"

草莓:"它知道什么呀!你一直一直喂,它能一直一直吃!"

老师:"兔子知道自己吃饱了吗?兔子到底喜欢吃什么呢?我们可以怎样知道答案呢?"

草莓:"我们可以去问问花农伯伯,他一定知道!"

随后孩子们找到了花农伯伯,得知兔子是会撑死的,因为兔子不会有饱腹感,只要小朋友喂,它就会不停地吃,喂养不当容易造成兔子积食,严重的话还会死掉。知道了这个秘密,孩子们决定赶紧告诉其他小朋友,以防发生伤害兔子的事情。

教师的评价与反思 环境支持,积极调动

(1)创设自由宽松的环境,挖掘幼儿自发的兴趣

为了让南瓜乐园里的资源更加丰富,幼儿园新添了鸡和鸭,事先并没有告知幼儿这件事,目的是让孩子们自己发现,自然回应。果然在游戏时孩子们一下子就被吸引并展开了一系列的讨论。起初幼儿对鸡和鸭的认知和感受并不好,因为孩子接触不到鸡鸭,鸡鸭又害怕孩子,导致场面一度"混乱"。也正是在这样自由的环境中,教师更

容易挖掘孩子们感兴趣的点，如：这一场羽毛雨下下来，我们是否能利用羽毛做点什么；满地的鸡粪鸭屎我们可以怎么处理；我们可以怎么抓住它们，用什么方法，什么工具；它们住一起会不会打架；等等。案例中，教师没有给孩子们框住思维，而是让孩子们自由游戏，自主地发现与动物们相处的方式，并在游戏中发现问题，为后续的活动做铺垫。

（2）积极调动幼儿生活经验，增强幼儿解决问题的能力

教师要善于发挥幼儿的主动性，发现问题、解决问题。案例中因幼儿过于热情导致鸡鸭乱飞的现象，教师能够借助"新同学"的经验引发幼儿的思考，令幼儿回忆新同学出现后教师对自己的引导，从而萌发与动物和谐相处的意识，尝试用自己的方式与动物亲近。又如案例中孩子们讨论到帮助鸡鸭造房子，幼儿能够联系到实际的生活经验，给鸡鸭装上滑梯，要留足够的空间等。再如案例中三个孩子抢着喂兔子，教师通过四个问题让孩子们了解其中的利弊，从而改善游戏的方法。

（3）有效利用身边资源，提高喂养质量

幼儿园专门聘请了一位有经验的花农伯伯，他精通田园相关技能，因此在喂养方面可以帮助孩子少走弯路，如案例中孩子们向花农伯伯咨询兔子的吃食，既及时解决了眼下的困难，又减少了"试吃"后可能出现的负面情况，教育幼儿科学喂养，善待生命。

2. 改造小鸡小鸭的家

有心理学家认为，真正的智慧，不在于他知道多少，而在于他遇到困难时懂得怎样去解决。因此，教师要注重激发幼儿的行动力，有意识地培养其解决问题的能力，从而达成目的。

在孩子们的照顾下，小动物们开始不那么怕生了，有些甚至开始期待孩子的到来。今天的游戏时间到了，科探区的孩子商量着去观察母鸡，来到鸡舍边正准备和鸡互动，一个男孩子发现了问题："1、2、3……咦，鸡好像少了一只。宇凡，你来数数。"宇凡开始数起来："本来不是有4只吗？现在只有3只了！老师！你快来，母鸡少了一只。"经过一番寻找，鸡确实少了一只，宁宁提议："我们去其他地方找找吧，会不会跑别的地方去了。"于是孩子们动员自己的好朋友开始寻找丢失的鸡，找了一圈也没有发现，这时圆圆发现了一个监控摄像头，说道："要不我们找保安阿公看下监控吧。"老师也想起了监控，为了防止鸡被抓走，幼儿园特地装了监控。在保安师傅的协助下，孩子们终于找到了"罪魁祸首"，原来是黄鼠狼，半夜趁着幼儿园没人把鸡给偷走了。孩子们得知这个消息后纷纷讨论："鸡也太可怜了吧，臭黄鼠狼，肯定把鸡吃掉了！""我们想办法把黄鼠狼抓住，这样鸡就不会少了。""我在娃娃家看到的鸡蛋壳不会也是黄鼠狼吃的吧？"最后孩子们决定改造一下鸡笼，加强防护措施。那么要怎么改造呢？孩子们再次展开激烈的讨论。

清清："我们造一个别墅，有门有窗，这样晚上睡觉的时候就能把门窗关起来，黄鼠狼就进不来了。"

老师："这个主意是不错，但是造房子的成本比较高，鸡不会自己关门关窗，大家再想

想有没有更好的办法。"

软软:"那我们就在笼子上面盖些东西吧。"

老师:"盖什么样的东西呢?"

软软:"嗯……木板吧,重一点,这样黄鼠狼就掀不动了。"

老师:"你们想想,鸡笼边上都是木片,如果上面再盖一块木板会怎样?"

航航:"那就乌漆嘛黑的什么都看不到了。"

老师:"对的,或许我们可以换一种材料。"

雨欣:"那我们盖透明的网,像渔网那种,就不会乌漆嘛黑了。"

软软:"可是渔网很轻啊,黄鼠狼一掀就掀掉了。"

雨欣:"我们可以给它固定住嘛,边上都缝起来。"

老师:"大家觉得这个主意可行吗?"

小朋友们一致同意,于是大家就打算试一试——给鸡笼加"盖"。这个任务就交由劳作区的小朋友,收集材料(渔网、麻绳、剪刀)——安排分工(拉网的、打结的)——实践操作,在一番努力下,鸡笼改造好了,孩子们自豪地向大家展示了劳动成果。一段时间里,鸡和鸡蛋也确实都得到了保护,没再丢失。

继上次喂兔子事件后,今天娃娃家的小朋友"理智"了许多,分工明确,工作到位。"妈妈"根据兔屋上的指示(兔子喜欢吃的东西)在田里认真挑选着,然后将摘来的革命草抖抖干净,正准备喂兔子时发现二楼的兔子躲在杂物堆里。"妈妈"拿着草引诱着兔子,兔子慢慢地探出头,动动鼻子又缩回去了,"妈妈"又换了一种蔬菜,兔子又慢慢地动动,不见过来。"妈妈"没办法,找来正在打工的"爸爸":"爸爸,兔子不肯出来,你去把它抓出来吧!""爸爸"是个个子比较高的男生,他尝试把手伸进去,兔子发现后将身子往后缩了缩,"爸爸"也没办法,于是只能求助于老师。

老师:"小兔子不愿意出来肯定有不出来的理由,你们知道原因吗?"

蔡蔡:"它是不是害怕我们呀?"

老师:"应该不是吧,我们已经相处了这么久,每次小朋友来投喂它都很开心的,会主动出来迎接。"

欣妍:"那可能是吃饱了吧,想睡觉。"

蔡蔡:"我给它食物,它闻了一下,有点想吃,又有点不想吃,它是挑食吗?"

老师:"那你把食物放到杂物间,它吃吗?"

(蔡蔡试了一下,兔子吃了起来)

老师:"咦? 看来也不是挑食,那会是什么原因呢?"

钰涵:"是不是它的房间太臭了,全是屎,所以不想待在里面?"

老师:"你为什么这么觉得呢?"

钰涵:"我看它脚底的毛都脏脏的,跳的时候会找干净的地方,而且那个房间真的很臭,我每次经过都想吐。"

老师:"那我们可以怎么解决这个问题呢?"

佳楠:"制订计划表! 像值日生那样,打扫卫生,轮流来。"

老师:"打扫卫生? 具体需要做些什么?"

佳楠："把兔屋里的便便清理掉，然后用水冲一下，干了就能住了。"

晶晶："我家的兔笼里会放干草，这样比较暖和，还不容易臭，就是要定期换草。"

陆曼："我们还要喷消毒水，现在是疫情期间，给兔屋也要杀杀菌。"

老师："我们需要些什么工具呢？"

讨论结果：铲子、手套、扫把、簸箕、喷壶。

老师："谁来负责清理呢？"

讨论结果：劳作区的小朋友轮流负责。

讨论结束后孩子们制作了计划表，并传达到各个班级。在孩子们的精心照顾下，小兔子们可算过上了干净舒服的生活。

教师的评价与反思　鼓励自主行为，适时介入游戏

（1）鼓励幼儿在游戏中的自主行为，并予以支持

自主游戏的价值体现在幼儿自主自发的行为，教师应充分调动幼儿活动的积极性，发挥幼儿的主观能动性。如案例中改造鸡笼，教师给予幼儿充分的空间去进行思维碰撞，去思考问题的解决办法，并支持幼儿将方案付诸行动。全程四五个幼儿合作参与，没有老师帮忙，任务完成度很高，而最终的成功体验也相当好。

（2）教师注意介入时机，深化游戏质量

教师在游戏中的介入是为了更好地继续游戏，从而提高游戏质量。如改造鸡笼活动中幼儿提出要用木板加盖，教师的介入则让幼儿借助自身的经验去发现问题所在，而不是通过实验、发现问题、调整问题这样循环的形式去开展不必要的行动。又如兔子不肯吃食的情况，如果教师不介入，孩子最终可能会转移目标，选择略过。教师的介入引发幼儿讨论，通过一次次的追问充分调动幼儿的经验，加强探究的欲望，最终形成计划性的表格，让幼儿在整个过程中体验对生命的重视，同时也是对孩子们良好行为习惯的培养，巩固了对小动物耐心照料的意识。

3. 突然造访的小狗狗

《幼儿园工作规程(试行)》指出：幼儿园的品德教育应以情感教育和培养良好的行为习惯为主，注意潜移默化的影响，并贯穿幼儿生活以及各项活动中。动物是自然界不可或缺的一部分，幼儿在与动物相处的过程中不仅仅是以让动物吃饱睡好为最终目的，而是要将情感内化，懂得人与动物相互依存、和谐共处的良好品德。

"呜呜……"表演区的小朋友正准备放音乐，突然听到了一阵微弱的声音，循声而去，孩子们发现了一个"惊天大秘密"，原来声音是从大樟树下的平台里传出来的，里面藏了3只还未睁眼的小奶狗。小奶狗们挤作一团，瑟瑟发抖，鼻子不停地东嗅嗅西闻闻。一下子好几波孩子簇拥而来！"好可爱的狗狗啊！""这里怎么会有狗狗啊？""狗妈妈呢？""狗狗的眼睛怎么闭着的，它们是瞎的吗？""那也太可怜了吧，它们看不见东西。""是不是狗妈妈觉得它们看不见所以不要它们了呀……"一大堆问题从孩子们的脑瓜里冒出来。老师解释道："这些狗宝宝刚出生不久，所以眼睛是闭着的，等它们慢慢长大，眼睛就会睁开了，你们

小时候也是这样的！""那狗妈妈去哪了，狗宝宝会不会饿呀？"孩子们开始为小狗担心。正在这时，眼尖的孩子发现了围栏外一只白色的狗，个头不大，沿着围栏来回小跑着，看上去有些着急，洛溪问道："你是狗妈妈吗？"白狗继续来回跑，不敢进来，又不离开。满意提议："狗妈妈一定是害怕了，我们走开一点。"听了满意的话，小朋友们往后退了几步，安静地等着白狗进来。白狗跑得没有这么急了，但是依旧站在围栏外。满意着急了："你快进来呀，你的宝宝都饿啦！"边上的孩子也喊了起来，手时不时指着台子下的小奶狗。波波走过去，想把小狗掏出来，刚蹲下，白狗又来来回回地跑起来，老师赶紧制止："波波，你不要去抓小狗，狗妈妈靠狗宝宝身上的味道去分辨，如果你抓了它，它身上的味道就会不一样，狗妈妈可能会伤害它。"听完老师的话波波马上离开了，站在了比较远的位置，连拖带拽地将边上的几个小朋友也往后拉了拉。孩子们提议："我们在南瓜乐园游戏太吵了，所以狗妈妈不敢进来，我们今天就暂停游戏，这样狗妈妈就有时间可以照顾宝宝了。"随即，孩子们找来纸和笔，画了一张"暂停游戏牌"挂在了门口，告知其他师生。

对于这几位"不速之客"，孩子们还想出一份力。

问题一：狗宝宝吃什么？

幼1：狗宝宝吃妈妈的奶，不用吃饭。

幼2：那我们给狗妈妈准备饭菜吧。

幼3：可以把班级里吃剩下的骨头和肉汤给狗妈妈。

问题二：狗宝宝住哪里？

幼1：狗宝宝现在住在台子下，木板会漏水，狗狗怎么办呢？

幼2：我家的狗狗是睡在笼子里的。

幼3：我家的狗狗是住在院子里的，我奶奶给它垫了一块布。

幼4：要不给我们家养吧，我想养狗狗。

幼5：南瓜乐园这么多狗宝宝，你养得过来吗？

幼6：我们去问问幼儿园的其他小朋友，他们肯定也想养。

问题三：怎么领养？

幼1：可以在外面贴一张广告一样的纸，这样子大家都知道了。

幼2：想领养狗狗的可以画张领养卡，可以画狗宝宝爱吃的东西和新家。

幼3：我想请老师替幼儿园的小朋友发信息，告诉爸爸妈妈狗宝宝的事情。

在大班孩子们的共同努力下，我们张贴了告示告知大家关于领养狗宝宝的事情，班级群里展开了热闹的讨论，家长们纷纷伸出了援助之手，待狗宝宝能独立吃饭后就接到新家中。为了更好地照顾小狗，我们还制订了"我与狗狗的十个约定"。对于这一场短暂而美好的相遇，孩子们念念不忘，他们希望狗宝宝的主人能够多分享一些近照，大家会想它们的。

我们的幼儿园似乎已经是这些"不速之客"的首选之处了，后来又有一只流浪狗来"上学"了，这是一只眼睛残疾的小白狗，但是很有灵气。每天听着音乐声入园，见到孩子们出来做操，它也出来溜达，见到孩子锻炼它便绕得远远的。孩子们形容道："它就像莱德队长一样，跟我们一起学本领，守护我们！"一次早操时间，"莱德队长"又出来巡逻了，孩子们突发奇想："你要跟我们一起做操吗？"老师听到提议觉得挺有意思，轻轻抱起狗狗，跟着音乐

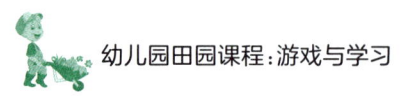

做了几个动作,孩子们见到这个场景都笑得直不起身。

出于安全考虑,我们与孩子共同商讨,安排狗狗的去处,最终为狗狗选择了一户"好人家"。这是一家拥有很多草莓大棚的爱心人士,领养人说:"我们的草莓大棚需要'莱德队长'的帮助,我们会给'莱德队长'准备好吃的,保证照顾得健健康康。"孩子们这才放心地把狗狗交给了领养人。

教师的评价与反思 尊重生命,内化情感教育

(1)尊重幼儿想法,动员周边资源给予必要的支持

狗狗的领养源自意外的惊喜,过程中教师时刻关注幼儿的兴趣,尊重并支持幼儿的想法。幼儿园事先联系了救助站,但因为费用、断联等原因放弃了,之后幼儿提议采取领养的方式解决狗狗住所的问题。一系列经历让幼儿了解了社会上有救助站的存在,领养前我们需要出告示,需要了解照顾狗宝宝的知识,要对领养的人进行筛选,需要跟进狗宝宝的成长情况等。教师与家长进行充分的沟通,家园合作圆满地完成了任务。

(2)安全教育不能忘,经验梳理不能少,情感教育是归宿

安全教育是幼儿园工作的首位,教师在放手的同时要保证幼儿的安全,如孩子们和小狗的安全距离,在发现狗妈妈的异动时能及时发现阻止,教师要在确保安全的前提下引导幼儿与动物进一步相处。过程中出现的知识经验要及时梳理,如不碰小奶狗、狗狗不睁眼的原因、狗狗吃什么等。而活动最终落脚点要归于幼儿的情感教育,通过活动让孩子们了解生命的繁殖、生长和死亡的过程,感受人与动物之间的相处之道,激发幼儿热爱动物、尊重生命、保护环境的意识。

(3)经验共享,获得成功的体验

案例中多次提到,幼儿的游戏都会阶段性地呈现出经验性的内容,而教师鼓励幼儿将自己的发现与同伴分享,既增强了幼儿的自尊自信,同时为下一次的游戏增加共性经验,提升游戏的质量。

(三)游戏总结

在与动物长期的交往中,我们关注幼儿的兴趣,满足幼儿好奇心,给予幼儿充分的时间与空间,鼓励幼儿自主发现问题,并能与同伴一起合作解决问题。整个过程不光提升的是孩子探索的技能,更是提升了孩子善良、勇敢、积极向上等一系列良好的品质。我们将人与动物和谐相处的理念贯穿其中,让孩子们感受到动物和人类都是大自然的一分子,从而萌发对大自然的敬畏与热爱之情。

第四章　人文田园活动

　　幼儿生活在梅山这块土地上,他们所经历的一切生活秩序、人文环境、风土人情都深深地体现着梅山的文化。基于人文环境,梅山幼儿园因地制宜地开展了主题与游戏活动,使幼儿在活动中感受到的情感、取得的实效、习得的技能,都能应用于其生活,让幼儿对家乡产生认同感和自豪感。人文田园活动包括主题活动和游戏活动,幼儿园根据地域特征、风土人情、人文资源来选择活动主题。

第 一 节　人文田园主题活动实例

　　人文田园主题活动是基于幼儿的生活,结合梅山当地的自然资源形成的主题活动。梅山是一座海岛,有丰富的海洋资源和海洋文化,它也是北仑区最大的盐场,近年在盐场旧址上建成了盐博馆,将这部分历史留存,同时北仑区也是国家二级重点保护野生动物"镇海棘螈"的唯一栖息地。结合人文资源,本节展现了"啪嗒啪嗒赶海去""棘螈那些事儿""白花花欸哒哒"三个主题内容,呈现如何因地制宜地挖掘人文特色来实施田园主题活动。

一、主题:啪嗒啪嗒赶海去(大班)

(一)主题说明

　　梅山是北仑东边的一座小岛,生活在这里的孩子傍海而居,空气中是咸咸的海风气息,晚饭后可以沿着沙滩散步,周末可以去沙滩玩游戏,班级区域中有许多与海有关的自然材料,沙子、海水、贝壳、小鱼、小虾都是孩子们亲密的玩伴。有一天的晨间谈话中,一个孩子分享了他周末去赶海的经历,让其他同伴羡慕不已。沙滩上的游戏,许许多多陌生又熟悉的小动物……每一项都让孩子们感到好奇和有趣。幼儿园有这样得天独厚的条件,孩子们又对赶海这个活动如此感兴趣,很适合融入到田园课程里,让幼儿的兴趣与生活经验链接,在家乡资源的支持下,通过主题活动深化对海滩的认识,进而提升对家乡环境的关怀。因此,赶海便成了师生共同探究的主题活动。

（二）幼儿的经验汇总

基于幼儿对于赶海的经验，我们收集到不少幼儿对于赶海的探索、游戏的经验和想法，以及教师从谈话交流活动中收集到的信息。以下是在谈话活动和前期调查中对幼儿的对话记录：

多多：我去过海边赶海，我爸爸说下午退潮时候才能去。

熙熙：我爷爷喜欢去赶海，还给我带来过小章鱼和小螃蟹。

佳佳：船厂那边的海里有很多螺，有芝麻螺还有泥螺。

小可：我上次去海边还带了玩沙工具可以玩沙子，沙子里有一个一个小洞洞，我觉得那是小鱼躲起来的地方。

橙子：抓上来的小鱼能吃吗？

豆豆：要去哪里赶海呢？我家旁边就有海，可是妈妈都说不能随便下去。

晨晨：赶海抓来的小动物能养在我们的植物角里吗？

叶子：多多说退潮才能去，什么是退潮？

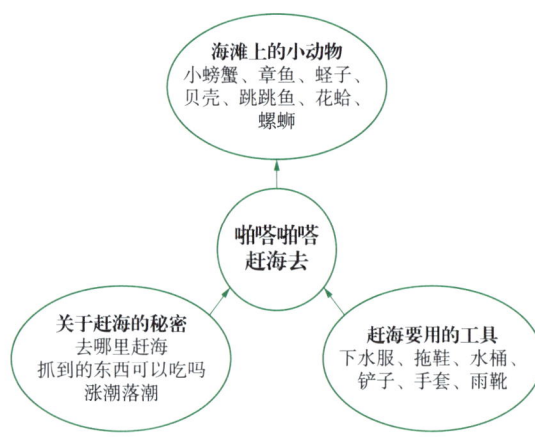

图 4-1-1　幼儿赶海经验汇总图

基于幼儿的对话，教师发现幼儿对海滩上的各类生物、潮起潮落的自然现象，以及赶海游戏本身特别感兴趣，为此教师梳理了幼儿对话中的关键词，形成赶海主题活动的幼儿经验汇总图（见图 4-1-1）。

（三）主题活动思考路径

以幼儿经验和兴趣为依据开展主题审议，我们链接《指南》及幼儿兴趣，基于幼儿的年龄目标、学习方式等，梳理与聚焦幼儿的需求，将本次活动从收集旧经验、探索及体验新经验、整理新经验及感受三方面展开（见表 4-1-1）。

表 4-1-1　活动思考路径

收集旧经验	探索及体验新经验	整理新经验及感受
① 认识哪些海滩上的动物 ② 回忆自己赶海时候的经验	① 出发去赶海 ② 贝类、虾蟹、小鱼的知识 ③ 探索海的秘密	① 有趣的赶海游戏 ② 把海带回教室里

（四）主题网络图

从幼儿经验中汇集到的各种想法，从近及远地可以分为幼儿对赶海本身的兴趣、幼儿对赶海中遇到的海滩生物的理解以及幼儿对海洋这个大概念的感受。基于幼儿兴趣和大班幼儿年龄特点与发展规律，本次主题共包括"赶海我知道"、"出发去赶海"、"关于家乡的海"和"保护我们的海"四个内容（见图 4-1-2）。

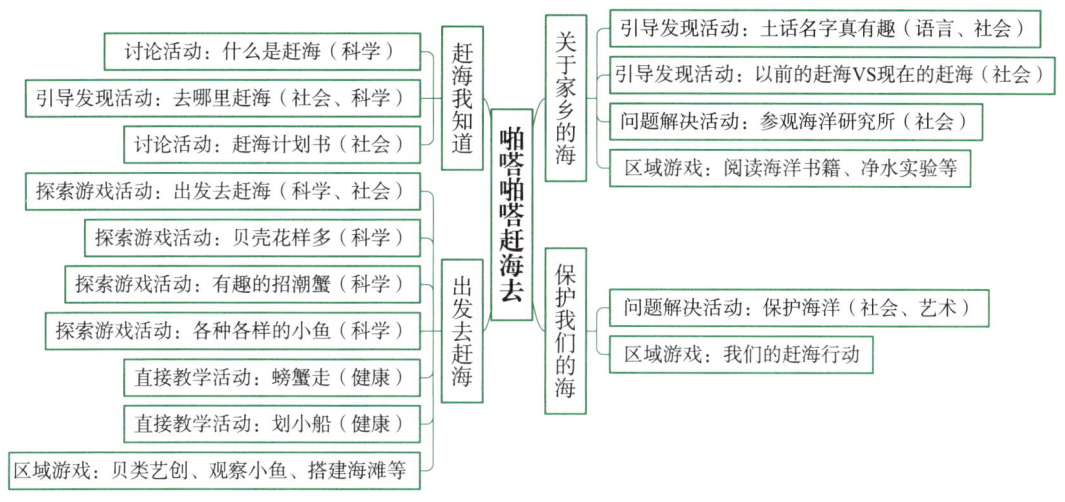

图4-1-2 大班"啪嗒啪嗒赶海去"主题网络图

（五）主题目标

（1）对赶海活动感兴趣，能够主动参与到活动中来，愿意和同伴分享赶海时候的探索与发现，梳理赶海的经验。

（2）认识并初步了解海滩上的常规生物，如贝类、虾蟹、鱼类等，感受家乡海滩物种的丰富性和多样性，并通过集体教学活动感受海滩生物的习性。

（3）感受海与人们生活的关系和重要性，萌发保护家乡资源的想法，产生对生命的敬畏之心。

 **什么是赶海**

活动形式 讨论活动　　　　　**涉及领域** 科学

活动目标

（1）能够主动和同伴分享经验，聆听他人并正向回应。

（2）通过对话了解赶海的意思、游戏内容和过程，对赶海活动产生兴趣。

活动准备

教师记录表。

活动实施

1. 引发话题

大家以圆形围坐在一起，由教师引出关于赶海的话题。

教师提问：你们有没有去过海滩？海滩边都有什么？

幼1：海滩边有沙子，里面藏了好多贝壳。

幼2：我在海滩上抓到过小螃蟹，特别特别小，只有手指甲那么大。

幼3:我家前面一点就是海滩,我爷爷带我去赶过海,爷爷放蟹笼,我在旁边拣芝麻螺。

2. 共同讨论

教师提出话题:什么是赶海呢?

幼1:赶海就是去海边抓海里的小动物。

幼2:赶海是捕鱼的意思,还有放蟹笼,抓上来的鱼去菜市场卖钱。

幼3:我爸爸也带我赶过海了,赶海要等到退潮的时候,露出海滩才能过去。

3. 经验分享

教师请有赶海经验的小朋友来分享一下,他是怎么去赶海的,发生了什么有趣的事情。幼儿大胆描述,并和同伴分享经验。

 **活动二** 　　　　　　　**去哪里赶海**

活动形式　　引导发现活动　　　　　　　　**涉及领域**　　社会、科学

活动目标

(1) 尝试通过调查构建经验,了解赶海的活动内容。

(2) 能够用简单的文字和符号记录自己的调查结果,并和同伴分享。

活动准备

记录表。

活动实施

1. 提出调查方向

通过前期讨论,教师引导幼儿共同提出调查方向。

问题1:我们去哪里赶海?

幼1:去我家那边赶海,我家离海边很近的,就在盘址。

幼2:我上次去的海边也有很多小螃蟹和贝壳,但是在哪里我不记得了。

幼3:要去安全一点的地方赶海,要有高高的堤坝。

问题2:我们要准备什么?

幼1:我觉得我们要穿雨鞋雨衣,这样衣服就不会弄脏了。

幼2:不行,雨鞋会拔不出来的,我妈妈说了穿拖鞋就行,还要带上水桶。

幼3:我觉得铲子也要带,这样就能更快地挖洞洞了。

幼4:还要带水和零食,我们还能在海边野餐。

2. 出示空白调查表

师:请你回家询问一下爸爸妈妈和爷爷奶奶、外公外婆,我们去哪里赶海和赶海需要准备什么,并用自己的方式记录下来。

 **活动三**　　　　　　　　**赶 海 计 划 书**

活动形式　讨论活动　　　　　　　**涉及领域**　社会

活动目标

（1）了解计划书的含义和基本要素,尝试自主绘制一份计划书,合理安排赶海活动的内容。

（2）能够和同伴共同讨论符号代表的意思,提高互相合作的能力。

活动准备

纸、画笔。

活动实施

1. 回顾经验

教师前期请幼儿对赶海进行了调查,现在可以请幼儿来分享一下自己的调查结果。幼儿自由分享调查表。

2. 解读计划书要素

（1）教师提问:赶海那么有趣,你们想不想去赶海呢? 如果我们要去赶海,需要考虑哪些事情呢?

幼1:我爷爷说退潮下午三四点的时候去最好,那我们能这个时间去赶海吗?

幼2:赶海要注意安全,因为海边很危险,要老师和爸爸妈妈一起去。

幼3:还要带水桶、铲子这些工具,用手很难挖开。

幼4:去海边的时候要跟紧老师,安全第一。

（2）根据幼儿回答,师幼提炼时间、地点、准备材料、赶海规则四要素。

（3）教师提问:我们说了那么多,你要怎么记住这些内容呢?

幼:我们可以把它画下来带着。

3. 幼儿绘制计划书

幼儿操作,根据四要素绘制计划书,教师巡回指导。

请幼儿交流自己绘制的计划书。

4. 活动延伸

师:小朋友们的计划书都画得很有意思,请你们保存好,在我们去赶海的时候按照计划书来开展我们的赶海活动,看看这个计划书有没有帮到你。

活动四　　　　　　　　**出 发 去 赶 海**

活动形式　探索游戏活动　　　　　　　**涉及领域**　科学、社会

活动目标

（1）合理借助多种工具和辅助材料来寻、挖、捉海滩上的生物，并且不伤害它们。

（2）遵守赶海的规则，能够按照自己设计的计划书开展相应的活动，积极与同伴合作交流。

（3）亲近并感受大自然的美好，萌发对家乡海洋资源的喜爱之情。

活动准备

赶海工具、下水服、拖鞋等。

活动实施

1. 感受海滩

（1）教师引导幼儿穿好下水服、拖鞋，并做好安全教育。

（2）和幼儿一起感受海风、海水、海滩。摸一摸软软的海滩，在海滩上走一走，感受如果小脚陷下去了要怎么起来。

（3）幼儿自主表达感受。

幼1：海风吹在我脸上凉凉的，把我的头发也吹飞了。

幼2：海水是咸的，因为海水里有盐分。

幼3：海滩上全是泥，踩下去特别软，像踩在棉花糖里一样。

幼4：走的时候要很慢很慢，不能在一个地方踩太久，不然脚就起不来了。

幼5：我不敢走，我先在上面硬硬的海滩上走。

2. 开展探究活动

（1）赶海实践。

根据计划书，幼儿选择适宜的工具，寻找海滩上的小洞洞，挖掘海滩上的小生物。

幼1：我发现湿湿的洞会藏小动物，干掉的洞里面没有的。

幼2：我在洞口用铲子敲一敲，有的小螃蟹自己就爬出来了。

幼3：那种很小很小的洞里面可能藏了螺蛳，一挖就出来了。

（2）引导观察。

当幼儿挖掘到小生物后，教师引导幼儿观察、发现小生物的名字和样子，与同伴分享自己发现的生物。

幼1：我挖到一条跳跳鱼，它可厉害了！会在海滩上蹦蹦跳跳的，我挖了很久才挖出来。

幼2：我桶里有两个小螃蟹，一个大一点一个小一点，我觉得大的会把小的吃掉。

幼3：我挖到几个不一样的螺，像螺蛳，还有个叫芝麻螺。

（3）引导幼儿思考。

教师请幼儿思考这些小动物的特征、习性以及在海滩中的生长情况。

3. 经验分享

（1）教师和幼儿在堤坝上围圈坐下，请幼儿分享自己挖到的是什么，是怎么挖到的，它有什么样的特点。

（2）鼓励幼儿继续观察，并提出自己感兴趣的问题。

幼1：海滩上有那么多种小动物，它们都生活在一起吗？

幼2：我的桶里有好多螃蟹，但是跟我们平常吃的螃蟹不一样，它特别小，是因为还没长大吗？

4. 拓展延伸

教师请幼儿将赶海的过程通过绘画等形式记录下来，展示在班级主题墙上。

活动五　贝壳花样多

| **活动形式**　探索游戏活动 | **涉及领域**　科学 |

活动目标

(1) 萌发探究贝类动物的兴趣，敢于大胆猜想并表达。

(2) 知道芝麻螺、猫眼螺、刺螺等贝壳类是动物的一种，初步知晓贝类动物的概念。

(3) 尝试运用多种感官进行探究，并学习简单的记录。

活动准备

视频、记录表、芝麻螺实物、各种贝类图片。

活动实施

1. 设疑导入

(1) 经验回顾：前几天我们一起去赶海，看到了许许多多的贝类动物，能说说你们都知道哪些吗？

(2) 幼儿自由表达。

(3) 切入问题：今天我也带来了一种贝类，我们一起来看看它是什么？（芝麻螺）

(4) 教师提问：你们觉得贝壳类的动物都有什么特点？

幼1：它们都有各种各样的贝壳，贝壳上还有花纹。

幼2：贝壳就像小房子一样在保护它。

幼3：它们的身体都是软软的。

(5) 引导观察：要想知道贝壳类动物都有什么特点，我们可以尝试研究一下，我这儿有张大图表，你们能看懂吗？

小结　第一步用眼睛看，把观察结果记录在后面的空格；第二步用手碰一碰、摸一摸，记录你的发现；第三步，用鼻子闻，同样进行记录。

2. 观察研究

(1) 幼儿分组观察芝麻螺。

教师提供人手一份记录表，请幼儿将自己观察到的信息填在相应的记录表里。

(2) 幼儿自由交流，鼓励幼儿和邻近的同伴交流自己的发现，教师可以倾听、收集幼儿之间分享的信息。

(3) 幼儿呈现信息，教师组织部分幼儿展示自己的观察记录表，用语言表达自己的观

察所得。

(4) 师幼共建信息,教师运用大表及图贴梳理幼儿刚刚分享的信息,帮助幼儿积累对芝麻螺的认知经验。

3. 猜想汲趣

师:芝麻螺头上的盖子和外壳有什么用?

师:芝麻螺需要硬硬的盖子、外壳来保护它的身体,我们猜一猜它的身体是什么样子的? 软的还是硬的?

教师出示挑出来的螺肉,印证幼儿的猜想。

师:芝麻螺是怎么让自己的身体动起来的?(教师出示视频,了解螺是用腹部走路的)

4. 初建概念

(1) 教师提问:我们再回想一下刚才的问题,贝壳类的动物都有哪些特点呢? 我们一起来看一看。

(2) 出示图片,引导幼儿理解贝壳类动物的特点:带有花纹的壳、柔软的身体、用腹部移动。

5. 拓展延伸

师:除了芝麻螺以外,我们在海滩上还带回来许多贝壳类的动物,有猫眼螺、刺螺等等,养在我们的植物角,请小朋友们利用休息的时间去观察和记录一下。

 **有趣的招潮蟹**

| 活动形式 | 探索游戏活动 | 涉及领域 | 科学 |

活动目标

(1) 认识招潮蟹的外形特征,能辨别雌雄。

(2) 了解招潮蟹的生活习性:横着走、吐泡泡、会打洞钻泥塘。

(3) 能用多种方式表达探索活动的发现,进一步了解海滩生物。

活动准备

螃蟹的视频和图片。

活动实施

1. 谈话导入

师:你有没有吃过招潮蟹? 说一说你吃的招潮蟹是什么样子的? 味道怎么样? 是从哪里来的?

师:上次我们去海边抓来的小螃蟹是什么样的? 我们一起来观察一下。

2. 观察认识招潮蟹

(1) 请幼儿仔细观察招潮蟹,并记录招潮蟹有哪些特征。(八只脚、蟹钳一只很大一只很小、有坚硬的壳、身体比一般的螃蟹要小)

(2) 幼儿分享观察后的发现。

（3）教师追问：壳是什么形状的？摸上去是什么感觉？

3. 认识招潮蟹的螯

（1）提问：你们发现招潮蟹的螯有没有什么特别的地方？

（2）幼儿第二次观察并记录。

幼1：这只招潮蟹两个螯都很小，这只招潮蟹一个很大一个很小。

师：请你用小木棍轻轻戳一戳招潮蟹的螯，看看它有什么反应。

幼2：有大螯的招潮蟹会把螯举起来夹小木棍，还会动来动去。

幼3：有小螯的招潮蟹也会动来动去，但是它的螯太小了夹不动小木棍。

小结　螃蟹也分雌雄，有大螯的是雄招潮蟹，小螯的是雌招潮蟹。

4. 对比发现招潮蟹的特点

出示梭子蟹的图片，教师提问：这是我们平时吃的螃蟹，和招潮蟹有什么不一样？

幼儿自由回答。

5. 观看招潮蟹的科普视频

小结　招潮蟹生活在海滩上，喜欢打洞生活，只有在潮间带的时候出来活动。因为它挥舞大螯的样子像是在召唤潮水，所以叫招潮蟹。

6. 活动延伸

教师将招潮蟹放在自然角，提供观察记录表，请幼儿在日常生活中观察并记录招潮蟹的特点。

　　**各种各样的小鱼**

| **活动形式** 探索游戏活动 | **涉及领域** 科学 |

活动目标

（1）了解鱼的基本特征，学习辨别鱼和非鱼。

（2）产生探索鱼类秘密的兴趣。

活动准备

调查表、海洋生物图片。

活动实施

1. 说一说：我收集的海洋动物

幼儿自主介绍收集到的资料。（引导幼儿从海洋动物的名称、颜色、外形特征等方面自由交流和个别介绍）

2. 看一看：了解鱼的基本特征

（1）引导幼儿把自己收集的海洋动物按照"鱼"和"非鱼"的方式进行归类。

讨论：你是怎么分的？为什么这样分？

（2）观察实物，了解鱼的基本特征。

交流:鱼生活在哪里?它是什么样的?它是怎么活动的?

(3)结合幼儿观察进行理解和梳理:鱼生活在水里,身上有鱼鳍、鱼鳃等。鱼用鱼鳍左右摆动使身体前进,用鱼鳃呼吸。

(4)观察海豚、鲸鱼等哺乳类动物图片,了解它们不是鱼。

交流:它们生活在哪里?它们是什么样的?它们是怎么活动的?

小结 哺乳动物生活在水里,身上有鱼鳍、肺等,用鱼鳍上下摆动使身体前进,用肺呼吸。

(5)纠正分类,在了解鱼的基本特征的基础上,对第一次分类错误进行纠正。

3. 想一想:它们都是鱼吗?

引导幼儿判断画面中的几种海洋动物(海豚、带鱼、海马、鲨鱼等),完成鱼或非鱼的判断。

4. 玩一玩:活动延伸

教师将海洋生物的图片投放在科探区,请幼儿在区域游戏中进行分类。

活动八 螃 蟹 走

活动形式 直接教学活动 **涉及领域** 健康

活动目标

(1)锻炼运球走路的协调能力,能够有初步的规则意识。

(2)同伴合作开展游戏,体验运动游戏的快乐。

活动准备

球、螃蟹头饰。

活动实施

1. 学螃蟹走路

师:前几天我们观察了招潮蟹,你们能不能学一学螃蟹是怎么走路的?

师幼共同佩戴头饰,一起学螃蟹走路。

2. 螃蟹运球走

教师讲述规则:

(1)两个小朋友为一组,学小螃蟹的姿势,背靠背夹住球,胳膊像大螯一样互相钳住,往前走到标志处再返回,把球放入框内,再回到队伍末尾。然后,下一组小朋友出发。

(2)两只"小螃蟹"一定要注意团结协作,球不要掉下来,如果掉了就要从头再来,走的时候注意安全。

3. 幼儿游戏并总结

幼儿开始游戏,玩过几轮后教师针对游戏情况引导幼儿讨论小螃蟹走路的特点,以及怎样才能走得更快更稳。

 **活动九**

划 小 船

活动形式 直接教学活动   **涉及领域** 健康

活动目标

（1）学习多人合作走的技能，发展身体的平衡能力。

（2）体验合作运动的快乐，乐于和同伴商量游戏的玩法。

活动实施

1.情境导入

师：我们去赶海的时候，看到海边停放着什么？（小船）

师：今天请小朋友们也来划一划小船。

2.热身运动

师：划船是什么样的姿势？

引导幼儿自编动作，教师带领互动热身。

3.划小船

（1）根据幼儿动作，教师引导后面的小朋友要跟紧前面的小朋友，抱住前面小朋友的腰蹲下向前走，步伐要一致。

（2）幼儿体验划小船，教师观察幼儿游戏情况并进行个别指导。

4.划船比赛

教师指导语：小船从起点出发划到终点，动作要整齐，不能掉队，最快划到的小组获胜。

5.整理放松活动

 **活动十**

土话名字真有趣

活动形式 引导发现活动   **涉及领域** 语言、社会

活动目标

（1）通过了解海滩生物的方言名字和普通话名字，感受方言名字的有趣及独特的含义。

（2）在念一念、学一学的过程中感受方言在人们生活中的运用，体味家乡人对方言的情感。

活动准备

海滩动物图示、记录表。

活动实施

1.图片导入，引题激趣

师：上次我们去赶海遇到的小动物你们还记得有哪些吗？（芝麻螺、猫眼螺、招潮蟹、

小章鱼、跳跳鱼等)

教师根据幼儿回答出示图片。

2. 情境创设,感受方言的特点

师:你们都认识这些海滩动物,今天早上老师去菜场的时候也看到了这些小动物,我们一起来看看。

(1)教师播放视频(用方言介绍动物的名字)。

(2)提问:你们有没有发现什么地方不一样了? 你们都会用方言说它们的名字吗?

3. 游戏体验,加深幼儿对方言的了解

4. 说一说:根据图片教师说普通话名称,请幼儿说出对应的方言

(1)猜一猜:为什么在方言中,它是这么叫的? 引导幼儿将自己的猜测画下来。

(2)聊一聊:幼儿交流自己的猜想。

(3)我懂啦:根据幼儿猜想,教师与幼儿分享方言的含义。

幼1:小章鱼——望潮,因为它总是出现在刚退潮的时候,像是在预告潮水一样。

幼2:跳跳鱼——弹涂,在路上弹来弹去的小鱼。

幼3:豆腐鱼——水潺,像潺潺流水一样的小鱼,身体很软很软。

……

小结 方言是一门很有趣的语言,在日常生活中经常会用到,而且有不同的含义,说方言还能让你很快知道,谁跟你是一个家乡的。

5. 活动延伸

师:你是什么地方的人? 其他地区的方言又是怎么说的? 在语言区用录音笔录下来聊一聊,说一说。

活动十一　以前的赶海 VS 现在的赶海

活动形式　引导发现活动　　　　**涉及领域**　社会

活动目标

(1)尝试设计采访表,能够大胆地提出问题,收集回应并记录反馈。

(2)通过采访发现海洋的变化,萌生保护海洋的初步意识。

活动准备

采访表、海报图。

活动实施

1. 讨论,提出采访主题

师:上次赶海的时候,听到有些老师和爸爸妈妈在说,他们以前小时候也赶海,你知道他们小时候赶海是什么样的吗? 跟现在有什么不一样吗?

2. 设计,根据主题绘制采访表

(1)提问:我们要怎样才能知道在采访表里需要记录哪些要素?

（2）幼儿自由回答，教师根据幼儿回答提炼要素：采访对象、采访时间、记录内容。

3. 准备，变身小记者

师：除了采访表以外，我们还需要哪些工具？

4. 采访，根据需要采访教师

幼儿采访园内的老师并及时记录，回班级后和同伴分享采访结果。

幼1：李老师说以前她小时候赶海，爸爸妈妈会去滩涂抓蛏子，她不敢去就在海滩上拣螺，有很多很多螺，低头就能拣，都不用找。

幼2：林老师说她家门口就是海滩，一到退潮的时候小螃蟹都冒出来了。但是小螃蟹很怕人，人一走过去就躲到洞里。所以她就蹲在海滩上不动，过一会儿螃蟹就都出来了，这时候再抓。

……

5. 对比，以前的赶海与现在的赶海

教师出示大海报，请幼儿描述以前的赶海和现在的赶海有什么不一样的地方。

6. 活动延伸

（1）提问：为什么会出现这么多不一样的地方？

（2）幼儿自由回答。

（3）教师设疑：这些问题我们都记下来，一起去问问海洋研究所里的老师们吧。

 活动十二　　　　**参观海洋研究所**

| 活动形式 | 问题解决活动 | 涉及领域 | 社会 |

活动目标

（1）在聆听介绍和对话的过程中了解海洋的现状，在心中萌发保护海洋的意识。

（2）开拓视野增长见识，在亲近自然的过程中感受人与自然和谐的重要性。

活动准备

提问单。

活动实施

1. 参观海洋研究所

幼儿和教师共同参观宁波大学海洋学院的海洋研究所，教师边参观边讲解展示内容。

2. 研究员讲座分享

教师邀请研究员从"海洋是怎么来的、海洋里面有什么、海洋对人类的重要性"三方面，用儿童化的形式举办讲座。

3. 提问单互动

幼儿通过提早设计的提问单向研究员提问和讨论。

幼1：梅山以前有很多很多海吗？为什么现在少了？

幼2:为什么以前的赶海有很多小动物,现在有点少了?

幼3:少了的小动物们都去哪里了?

幼4:怎么样才能保护我们的海洋呢?

4. 返程总结

在回幼儿园后,幼儿通过讲述、绘画等形式,记录本次参观活动的收获。

活动十三　　　保 护 海 洋

活动形式　问题解决活动　　　　　　**涉及领域**　社会、艺术

活动目标

(1) 回顾主题内容,乐意表达自己对海洋的了解。

(2) 在故事中感受海洋的现状,萌发保护海洋的情感。

活动准备

实景海洋图片、故事《大鱼小鱼生病了》。

活动实施

1. 经验回顾

(1) 提问:我们和海洋做了那么久的活动,你现在了解海洋了吗?

(2) 幼儿自由表述自己的了解。

小结　海洋里有很多有趣的小动物,它们也是我们喜欢的食物。同时海洋是我们家乡重要的一部分,很多爸爸妈妈的工作都和海洋分不开,它对于我们的生活来说必不可少。

2. 故事表演

(1) 教师出示实景图片,提问:海洋里怎么了?

(2) 幼儿听故事《大鱼小鱼生病了》。

提问:大鱼和小鱼怎么了? 它们生病的时候是什么样的? 为什么它们会生病?

3. 给小鱼的信

师:你觉得用什么样的方法可以让小鱼不再生病? 请你把自己的好方法画下来。

幼儿绘画并和同伴分享。

4. 保护海洋行动

(出示海滩实景图片)师:这是我们上次去过的海滩,你们发现了什么?

师:我们该做些什么来保护海滩呢?

5. 活动延伸

师:今天小朋友们想了那么多好方法,下次我们就一起去实践一下,做一次保护海滩行动。

◎区域游戏投放表

区域名称	游戏材料	可能学习的方向	引导重点
语言区	与主题相关的绘本、海洋图鉴、有声读物、图卡、赶海剧场（布偶手偶等）、人与赶海活动相关的照片	理解图书内容,专注阅读绘本	鼓励幼儿通过看书、读书,理解绘本中的内容,加深对海洋的经验和知识
		看图讲述	
		运用材料表达生活经验	引导幼儿用图书、人偶等材料,叙述生活经验,发展口语表达能力
美工区	各类贝壳、螺、沙子等材料	运用五官感受贝类不同花纹的美,发挥想象进行创作活动	引导幼儿欣赏贝类的花纹,延伸想象创作绘画组合等技能
建构区	泡沫积木、乐高动物模型	运用辅助材料进行海滩、海底世界等建构创作	引导幼儿使用泡沫积木、乐高模型进行搭建,创作场景及想象故事
科探区	净水实验材料	通过实验感受海洋净化的原理	引导幼儿通过操作和实践感受保护海洋的重要性
	各类海滩动物模型	观察并记录动物的特点	引导幼儿观察与发现动物特征,并进行分析和比较
	海滩藏宝图	整理海滩上的要素,锻炼记忆能力	了解海滩上的生物,并尝试开展速记游戏
表演区	与阅读区相关的角色装扮	创编演出与赶海相关的叙事表演	学习了解故事内容,鼓励幼儿叙述和表演故事

二、主题:棘螈那些事儿（大班）

（一）主题说明

棘螈又名镇海棘螈,是国家一级重点保护的极度濒危物种,与国宝"熊猫"同级别,目前北仑区的瑞岩寺森林公园是唯一的棘螈自然栖息地(这一物种的形象也已经成为中国女排的主场——北仑的吉祥物圆圆)。

幼儿园曾多次组织孩子们去瑞岩寺景区进行社会实践活动,大家在参观的过程中,对棘螈的这个自然物种有了极大的好奇心:它是一种怎样的动物呢? 它生活在什么地方呢? 它为什么会变成保护动物了呢? 它的亲戚都有谁? 我们应该怎样保护它呢? ……孩子们迸发出好多的想法。

看到幼儿对家乡这个重点保护物种如此感兴趣,幼儿园又能提供条件,支持幼儿的探索,让幼儿的兴趣与幼儿园的田园课程中的人文教育融合,在家乡资源的支持下,通过主题深化对生物特征的认识,感受自然环境与人类及动物的关系,从而激发幼儿保护大自然、爱护小动物的美好情感。因此,班级便开始了探寻棘螈的主题课程之旅。

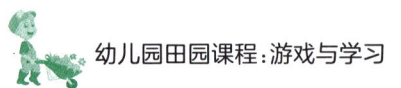
（二）幼儿的经验汇总

棘螈的栖息地瑞岩寺是北仑著名的风景旅游区,绿植丰富,风景优美,吸引了很多的游客前来观光,也是本地居民户外踏青的好去处,所以这里的孩子对这个森林公园都很熟悉。景区入口就有关于棘螈的科普宣传长廊,家长孩子都能看到,同时,在景区里面的森林小溪边,偶尔也能见到棘螈的身影,有一些孩子还见过活的棘螈。以下是我们对孩子关于棘螈的经验汇总。

东东:我去过北仑瑞岩寺,妈妈还跟我讲过棘螈的故事。

乐乐:棘螈有点像壁虎,我看到壁画上是这样画的。

天天:我看到壁画上它小时候像小蝌蚪一样,黑黑的。

可可:妈妈手机里有棘螈的照片,有四条腿,长长的尾巴。

丁丁:妈妈说棘螈是很稀少的动物,快灭绝了,它叫活化石。

六六:爸爸带我去小溪里找过,可是没找到,但是我爸爸说他小时候在这里抓到过活的。

橙子:为什么棘螈会越来越少了呢?

豆豆:棘螈是怎么来的? 它的妈妈是怎么生宝宝的呢?

科科:棘螈在哪里呢? 我们能不能把它养起来?

宇宇:它会不会像恐龙一样就这样最后消失了呢?

天天:棘螈是不是生活在水里? 那它是鱼吗?

七七:棘螈有没有天敌? 它会不会被天敌吃掉?

东东:棘螈的爸爸和妈妈长得一样吗?

乎乎:棘螈可以活几岁呢? 它能像乌龟一样活很久很久吗?

根据幼儿谈话,教师发现幼儿的兴趣多集中在棘螈的生物特征、生长环境等方面,经过梳理教师整理了幼儿的前期经验(图 4-1-3)。

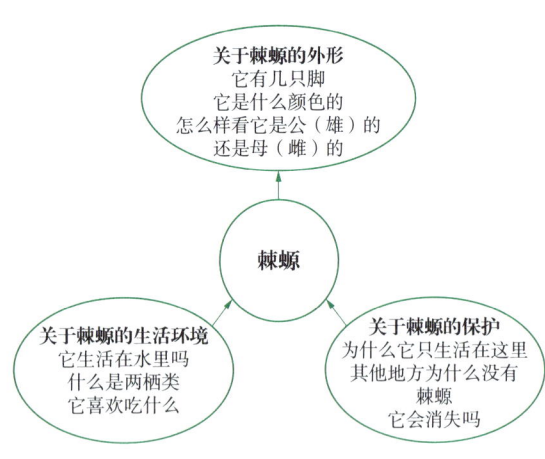

图 4-1-3　幼儿棘螈经验汇总图

（三）主题活动思考路径

"棘螈"这个极具地域特色且蕴含丰富文化、教育价值的资源,不仅有益于丰富幼儿园的教育内容,使主题内容本土化,引导幼儿身心和谐发展,激发幼儿对濒危动物、对家乡自然环境的热爱之情,传承爱护小动物的美好情感,还能提高教师的专业素养及能力,推动园本特色课程的开发。"棘螈"主题基于北仑的地域特点,在资源基础上怎样才能培养幼儿对家乡这个特殊物种的情感呢? 教师在对这个主题进行梳理后,进行了如下思考(见表 4-1-2):

表4-1-2 活动思考路径

收集旧经验	探索及体验新经验	整理新经验及感受
在社会实践中收集的零碎的关于棘螈的经验	去瑞岩寺森林公园棘螈繁育基地,近距离接触棘螈	① 有趣的棘螈科普活动 ② "5·22"国际生物多样性日活动

(四)主题网络图

从幼儿经验汇总中可以看出孩子们对棘螈有很多想法,非常好奇。基于幼儿兴趣和大班幼儿年龄特点与发展规律,以问题为导向,本次主题共进行寻找棘螈、认识棘螈、保护棘螈这三个探究内容(见图4-1-4)。

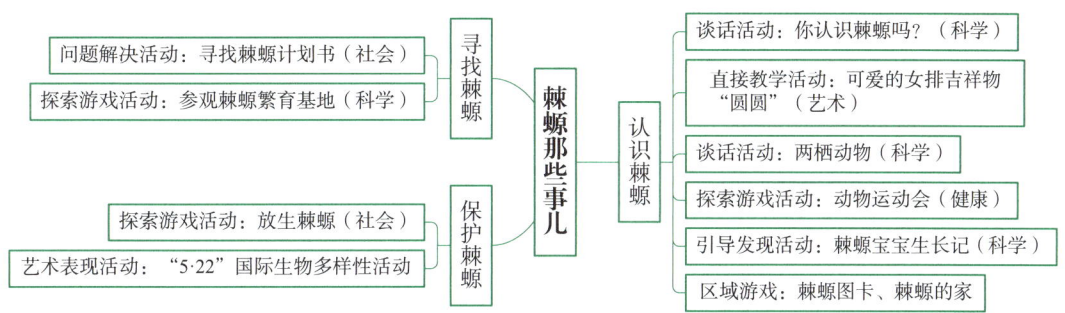

图4-1-4 大班"棘螈那些事儿"主题网络图

(五)主题目标

(1)认识棘螈的外形特征,了解其生长过程及两栖类动物的生活习性,感受生物的多样性。

(2)感受保护自然对动物和人类的重要性,萌发保护家乡自然环境的想法,产生对生命的敬畏之心。

(3)能用多种方法表达自己对棘螈及爱护自然的情感,发展想象力和创造力。

 活动一　　　　　　　　你认识棘螈吗?

活动形式　谈话活动　　　　**涉及领域**　科学

活动目标

(1)初步感知棘螈的外形特征和生活习性。

(2)知道棘螈是北仑独有的物种,是国家一级保护濒危动物。

活动准备

棘螈的图片、影像资料,棘螈生长过程图。

活动实施

1. 引发话题，回顾经验（出示孩子们关于去瑞岩寺活动的照片，鼓励孩子们分享自己对棘螈的理解）

大家围坐在一起，由教师引出关于棘螈的话题。

师：你们去过瑞岩寺吗？那里有一种可爱小动物，叫棘螈，你们知道它长什么样子吗？

幼1：我在书上见过，有四条腿。

幼2：它长得好像壁虎一样，会爬，也有一条尾巴。

幼3：我在瑞岩寺门口看到过介绍。

小结 棘螈是我们国家的一级濒危保护动物，它目前只生活在我们北仑的瑞岩寺森林公园一带，有些小朋友在书上看到过介绍，有些小朋友在瑞岩寺玩的时候看到过墙上的科普墙画，那它到底长什么样呢？我们来看看视频里是怎么说的。

2. 教师播放影像资料《镇海棘螈》，并提出问题

（1）棘螈生活在哪里？

（2）它为什么被叫做活化石？

（3）它的身体是什么样的？

（4）它喜欢吃什么？

（5）它一直生活在水里吗？

小结 棘螈是两栖类动物，小时候生活在山间的小溪里，成年了之后就在陆地上生活，再也不能回到水里了，它出现在地球上的时间比恐龙还要早，但是恐龙已经灭绝了这么多年了，它还生活在地球上，所以被叫作活化石。它的形体较小，长大以后也只有小朋友的手掌这么长，身体都是黑色的，只有肚子上有点红色，皮肤比较粗糙，有一条尾巴。

3. 了解棘螈的生长过程

师：棘螈是两栖类动物，它在成年之前一直生活在水里，那让我们来看看，它是怎么慢慢长大的呢？（出示图片）

靠近水边产卵——卵孵化——幼年进入水中生活——成年上岸——冬季冬眠——4月份繁殖。

4. 活动延伸

师：老师已经在图书区投放了关于棘螈的图书，大家可以自己去阅读，你也可以把你发现的新的关于棘螈的秘密跟大家分享。

 **活动二** # 可爱的女排吉祥物"圆圆"

活动形式 直接教学活动　　**涉及领域** 艺术

活动目标

（1）感受女排吉祥物"圆圆"的多种造型特点，知道其原型就是"棘螈"，体验对家乡的自豪感。

（2）学习运用油画棒、水彩笔、空气泥等材料，表现想象中的"圆圆"形象。

（3）大胆想象，体验自由创作的快乐。

活动准备

"圆圆"公仔、图片、笔、油画棒、空气泥、泥工板。

活动实施

1. 教师提问，引出中国女排吉祥物"圆圆"

师：大家知道"中国女排"吗？你们都知道哪些关于女排的事情？

师：女排经常会到我们北仑来参加训练和比赛，在北仑体艺中心，女排运动员们打败了很多国家的运动员，为我们中国争光。有一个小动物，就会出现在赛场上，为运动员们加油，你们知道是谁吗？（出示吉祥物"圆圆"）

师：你喜欢它吗？为什么？你知道它是按照哪种小动物创作出来的吗？（让孩子们感受到吉祥物是怎么样从棘螈这个外形变化而来的，为之后的设计提供方向）

2. "圆圆"变形记

教师出示棘螈的图片，与"圆圆"对比。

师：大家看看"圆圆"，哪里跟"棘螈"很像？哪些地方有变化？是怎么变的？

3. 幼儿创作，教师指导

幼儿用各种材料，有创造性地进行美工活动，鼓励幼儿大胆想象，进行创作。

4. 作品展示

师：说一说，你设计的"圆圆"是怎么样变出来的？

幼儿展示并讨论。

活动三   两 栖 动 物

活动形式　谈话活动　　　　　**涉及领域**　科学

活动目标

（1）知道棘螈是两栖动物，了解两栖动物的生长特点。

（2）能够用简单的文字和符号记录自己的发现，并和同伴分享。

活动准备

棘螈生长过程图。

活动实施

1. 回顾关于棘螈生长过程的经验

教师通过图片进行提问，帮助幼儿回顾经验：

（1）棘螈宝宝是怎么来的？小时候的棘螈生活在哪里？是通过什么来呼吸的？

（2）长大了以后，它变成什么样子了？生活在哪里？又是怎么呼吸的？

（3）它还会回到水里生活吗?

在讨论过程中教师适时引导幼儿调动原有经验,讨论棘螈水陆两地生活的时间和身体的变化,帮助孩子提炼两栖动物的生理特点。

小结 像棘螈这样,小时候生活在水里,像鱼一样用鳃呼吸,等长大了以后,可以在陆地上生活,用肺呼吸的动物就叫两栖动物。

2. 引导幼儿说一说,还有哪些动物也是跟棘螈一样的两栖动物

师:娃娃鱼、青蛙、蜥蜴它们是两栖动物吗? 为什么?

师:鳄鱼是不是两栖动物呢? 为什么不是呢?

3. 教师用图示帮孩子们提炼关于两栖类动物的特征

 **活动四** 动 物 运 动 会

活动形式 探索游戏活动 　　　　　**涉及领域** 健康

活动目标

（1）了解各种动物的动作,并能用飞、跑、爬、游等动作准确描述动物。

（2）培养幼儿热爱运动的习惯,感受运动带来的快乐。

活动准备

动物头饰、垫子、奖牌 4 个。

活动实施

1. 教师出示小动物图片,导入活动（在讨论过程中适时引导幼儿调动原有经验,讨论小动物们的本领）

师:今天小动物们在森林里要开运动会了,我们看看都有哪些动物参加了运动会。

小鸟有什么本领? 你们谁来学学看,怎么飞? 大家一起来飞飞看。

小狗在干吗? 你来试一试,大家学学看小狗怎么跑?

这是谁?（棘螈）它在干吗? 谁来模仿一下? 大家一起在垫子上试试看。

小兔有什么本领? 你来学一学,大家一起试一试。

2. 幼儿进行动物运动会

小鸟组:请 5 名小朋友戴上头饰,一起试试谁飞得快。

小狗组:请 5 名小朋友,用跑的动作通过。

棘螈组:请 5 名小朋友扮演爬行的动物通过。

小兔组:请 5 名小朋友扮演跳的动物通过。

3. 动物颁奖会

小结 小动物们都能发挥自己的特长,积极参加运动,我们小朋友也要多多运动才能增强体质,身体才会健康,让我们一起给小动物颁奖吧!

 **活动五** 　　　　　 # 棘螈宝宝生长记

活动形式　引导发现活动　　　　　　**涉及领域**　科学

活动目标

（1）了解棘螈生命的生长周期，能用自己的方式进行记录。

（2）知道棘螈是我国珍稀保护动物，培养爱护它的情感。

活动准备

棘螈生长过程图、照片、影像资料。

活动实施

1. 出示棘螈生长过程图

通过前期经验，教师引导幼儿关注棘螈宝宝是如何来的，提出卵生的概念，并通过影像资料，让幼儿了解棘螈最早出现于3亿多年前的上泥盆纪，是一种古老的物种，被称作活化石，目前只有极少量生活在瑞岩寺景区内。

2. 感受棘螈的生长周期

出生——生长发育——繁殖——死亡。

3. 师幼讨论如何保护棘螈

4. 了解人工繁育

（1）引导幼儿知道研究所里的工作人员用科学的方法，人工繁殖棘螈，以保证卵里面的小宝宝都能顺利出生。

（2）引导幼儿了解棘螈生长的过程，知道棘螈小时候是生活在水里的，长大后慢慢上岸。大家要保护水资源和森林，这样棘螈才能生活下去。

5. 了解保护棘螈的方法

师：如果继续破坏自然环境，棘螈将无法生存，就会像恐龙一样，永远消失。所以我们不能乱扔垃圾，不污染小溪和水库里的水，不破坏森林，多种树。

活动六 　　　　　 # 寻找棘螈计划书

活动形式　问题解决活动　　　　　　**涉及领域**　社会

活动目标

（1）了解计划书的含义和基本要素，尝试自主绘制一份计划书，合理安排寻找棘螈的内容。

（2）能够和同伴共同讨论符号代表的意思，提高互相合作的能力。

活动准备

白纸、水彩笔。

活动实施

1. 回顾经验

前期教师请幼儿回顾之前去瑞岩寺风景区旅游的经历,并请大家调查了棘螈的生活规律,并分享一下自己的调查结果。

幼儿自由分享调查表。

2. 解读计划书要素

(1)教师提问:寻找棘螈需要考虑哪些事情呢?

(2)根据幼儿回答,提炼时间、地点、准备材料、寻找的方法四要素。

(3)教师提问:我们说了那么多,你要怎么记住这些内容呢?

幼:我们可以画下来带着。

3. 幼儿绘制计划书

幼儿操作,根据四要素绘制计划书,教师巡回指导。

教师请幼儿交流自己绘制的计划书。

4. 活动延伸

师:小朋友们的计划书画得都很有意思,请你们保存好,在我们去寻找棘螈的时候就可以按照计划书来开展我们的活动了,看看这个计划书有没有帮到你。

活动七 参观棘螈繁育基地

| 活动形式 | 探索游戏活动 | 涉及领域 | 科学 |

活动目标

(1)近距离观察棘螈,获得对棘螈身体构造的直接经验。

(2)了解社会对棘螈的保护举措,感受人工培育技术对保护棘螈的重要作用。

活动准备

白纸、水彩笔。

活动实施

1. 参观前谈话(事先组织孩子们进行参观前的谈话,可以让孩子保持良好的参观秩序,并了解参观的重点)

师:今天我们要去棘螈繁育基地参观,你觉得我们要注意些什么?

幼1:排队参观,跟随老师不乱跑。

幼2:认真听工作人员介绍,记重点。

幼3:好好观察,不乱动东西。

2. 参观棘螈繁育基地

(1)引导孩子们观察棘螈的标本,了解棘螈的生长过程。

(2)观察正在孵化的卵,了解人工培育技术的神奇。

（3）听棘螈繁育中心人员集中讲解关于棘螈的知识，以及基地培育的成果。

参观时教师引导幼儿注意观察棘螈的身体特征，通过了解棘螈卵、幼苗和成年的身体变化，进一步丰富对两栖类动物特征的经验。

3. 棘螈知识大比拼

活动采用"你问我答"的形式，增加趣味性，满足孩子们的求知欲，丰富孩子们对棘螈这种生物生活习性的认知。由基地工作人员提问题，幼儿参与抢答，然后工作人员公布答案并讲解。问题举例：棘螈宝宝的爸爸妈妈是怎么生宝宝的？棘螈宝宝是怎么孵化出来的？棘螈什么时候开始离开水里，到岸上生活？棘螈长大后，还会不会再回到水里生活？

 活动八　　　　　放 生 棘 螈

活动形式　探索游戏活动　　　　　　　　**涉及领域**　社会

活动目标

（1）在工作人员的带领下，寻找合适的地点放生棘螈。

（2）萌发爱护小动物、保护环境的情感。

活动准备

提前联系好棘螈繁育中心的工作人员，确定放生活动。

活动实施

1. 了解放生的意义

在幼儿参观完棘螈繁育基地后，认真听取工作人员的介绍，了解让棘螈回归自然环境的意义。

2. 了解成年棘螈的生存环境

通过图像资料和工作人员的介绍，知道成年棘螈生活的环境要求以及环境对棘螈生存的影响。

3. 放生活动

引导幼儿跟随工作人员来到瑞岩寺森林公园，寻找合适的放生地点，在工作人员的示范下，小心翼翼地放生棘螈。

在放生时，可以让孩子们零距离观察棘螈，亲手触摸到棘螈的皮肤，激发兴趣，从而唤起孩子们想保护棘螈的愿望。

4. 祝福"棘螈"（大家一起交流想法，鼓励孩子们大胆表述）

师：棘螈回到了它原来的家，你们都有哪些美好的祝福送给它们吗？我们要怎么保护棘螈的家呢？可以把你们的想法画下来。

幼儿为棘螈祈福，将美好的祝愿画下来，制作成心愿卡。

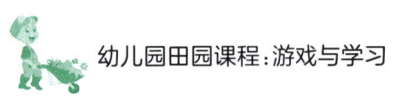 **活动九** "5.22"国际生物多样性活动

活动形式　艺术表现活动　　　　　　**涉及领域**　艺术

活动目标

(1) 宣传保护自然、促进生物多样的观念。

(2) 能用多种形式表达自己的想法和感受。

活动准备

宣讲员事先准备好宣讲内容、大地画画布、宣传画布展、视频。

活动实施

1. 参观"生物多样爱一样"的主题画展

通过观看画展激发幼儿关爱地球上的动植物,从而萌发他们保护生态环境,营造美丽和谐的绿色家园的意识,并且了解地球上多样的生物,知道生命的意义。

2. 勇做小小宣讲员

教师组织孩子们积极上台宣讲,用自己的语言和行动表达爱护地球、爱护动植物的决心。

3. 观看视频

通过看视频,引导幼儿了解保护生物多样性的重要性。

小结　保护动物和植物就是在保护我们自己,保护我们的家园。

4. 用大地画画"我们的地球妈妈"

让孩子们在画布上画下自己对地球妈妈的美好愿望。

5. 学习儿歌"地球妈妈"

◎**区域游戏投放表**

区域名称	游戏材料	可能学习的方向	引导重点
语言区	与主题相关的绘本、两栖类图鉴、有声读物、图卡	理解图书内容,专注阅读绘本	鼓励幼儿通过看书、读书,理解绘本中的内容,加深对棘螈及两栖类动物的经验和知识
		看图讲述	
		运用材料表达生活经验	引导幼儿用图书、纸偶等材料,叙述生活经验,发展口语表达能力
美工区	各类石头、太空泥、画、纸、木块、树枝等材料	运用五官感受棘螈身体花纹的美,发挥想象进行创作活动,以及对女排吉祥物"圆圆"进行艺术再加工	引导幼儿欣赏并表现不同生长时期的棘螈外形特征,延伸想象、创作、设计等技能

课程形式	一级指标	二级指标		评分
建构区	石块、插塑积木、仿真苔藓、木块等	运用辅助材料进行森林、小溪等场景的建构创作	引导幼儿使用各种积木进行搭建，创作场景及想象故事	
科探区	棘螈标本	通过观察了解棘螈的外形特征	引导幼儿通过观察，了解棘螈身体发育的变化特点	
	小蝌蚪、青蛙	观察并记录动物的特点	引导幼儿观察与发现小蝌蚪和青蛙的身体变化特点，从而初步了解两栖动物，并进行分析和比较	
	森林生态图	了解森林里生物的不同生长环境	了解森林里的野生物种的生活地区的特点，了解它们的习性，萌发保护自然生态环境的愿望	

三、主题：白花花欤哒哒（大班）

（一）主题说明

自古以来，在人类的生产生活中盐是不可或缺的一种必需品。1958年3月，宁波市委决定创建梅山盐场，在梅山盐场建成后的近五十年岁月中，梅山盐场人用他们钢铁般的意志，坚韧顽强的工作作风，潮退人进，潮来人退，完成了一项项不可能完成的任务，创造了一个个晒盐奇迹。为了使新一代的梅山人能传承发扬盐场人艰苦奋斗的创业精神，并了解传播乡土的盐文化，幼儿园的"白花花欤哒哒"文化课程活动应势开展。

（二）幼儿的经验汇总

为了触发幼儿的兴趣点，了解他们对于盐的认知程度，教师进行了课程的前期准备。通过谈话、聊天的方式自然地引发幼儿的交流讨论，再现个体的生活经验。由此教师收集和汇总了幼儿的一系列讨论与猜测，以下就是对幼儿的对话记录：

泽泽：我知道梅山盐场，妈妈带我去过了，可是那里现在都是码头了。

祯洋：我爷爷以前在盐场里工作的，他说那盐白花花的，一堆一堆地放着，可好看了。

柠柠：盐，我家厨房里有呀，奶奶做菜时要放的。

晓豪：盐是白白的，一粒一粒的，和糖很像的。

洋洋：听我爷爷说，以前晒盐可苦了，每个人都会被晒得黑黑的。

汝汝：有这么多盐，是不是要卖到超市里去呀？

程宇：我看到过了，超市里的盐是一包一包放着的。

晓舟：哈，我家的小弟弟不吃盐，他只喝奶粉。

瑶瑶：我奶奶在腌菜的时候要放好多好多的盐，为什么要放这么多盐呢？

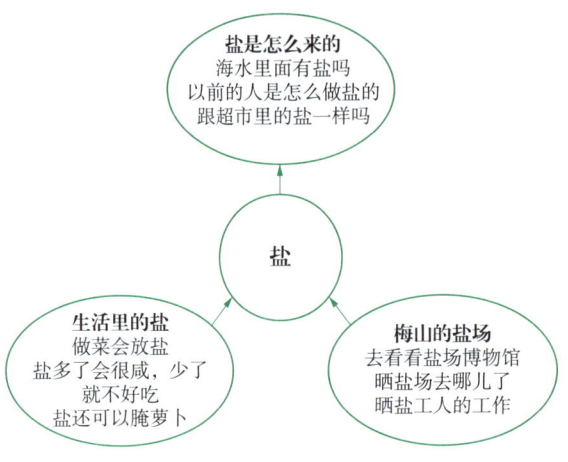

图4-1-5 幼儿盐经验汇总图

晓妤：我上次喉咙疼，奶奶弄了点盐水让我漱口。

基于幼儿的对话，教师可以看出幼儿对于盐的知识产生了许多的兴趣。教师梳理了他们的问题并提取了其中的关键词，形成了一张有关于盐主题的幼儿经验图（见图4-1-5）。

（三）主题活动思考路径

依据幼儿经验，教师梳理发现幼儿对盐已经有初步的认知，部分幼儿对梅山的盐场有些许印象，在思考活动的过程中，主题将围绕梅山的盐文化展开（见表4-1-3）。

表4-1-3 活动思考路径

收集旧经验	探索及体验新经验	整理新经验及感受
① 身边人们对梅山盐场的记忆 ② 梅山盐场博物馆 ③ 幼儿对盐的认知	① 收集人们对梅山盐场的印象以及曾经发生过的有趣故事 ② 参观梅山盐场博物馆 ③ 有关于盐的各种教学活动	① 了解本土盐文化，体会制盐人的辛苦 ② 知道盐的重要性及海盐制作过程 ③ 感受盐的神奇之处并懂得珍惜它

（四）主题网络图

大班孩子对于盐的想法有四个方面，包括他们对梅山盐场的兴趣，对盐本身特性的兴趣，交流盐所带来的一些妙用和方法，对于盐的去处的猜想。基于幼儿兴趣和所呈现的年龄特点，本次主题包括"我们知道的盐场""盐是怎么来的""盐有哪些用处""盐的搬运"四个内容（见图4-1-6）。

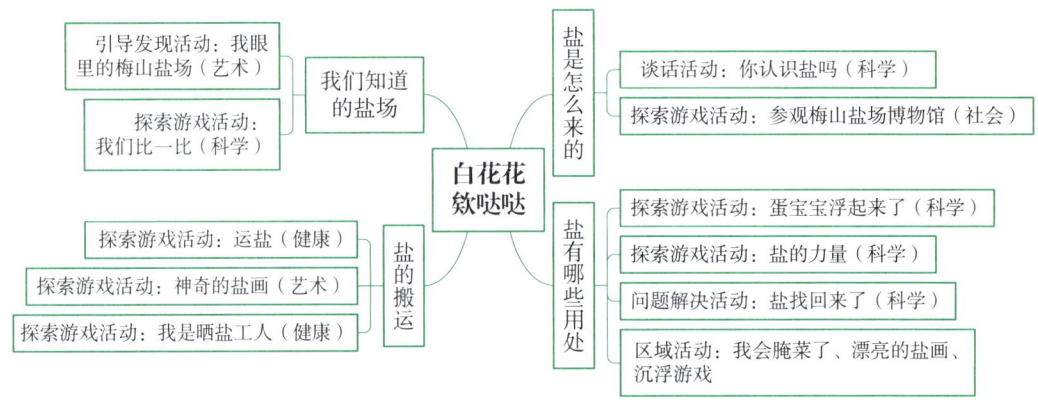

图4-1-6 大班"白花花欬哒哒"主题网络图

（五）主题目标

（1）在玩盐游戏中，积累有关盐的特性（白色、颗粒状的结晶、咸味、有吸水性、能溶解等）的感性经验。

（2）借助梅山博物馆平台，让幼儿更好地了解盐文化，知道盐的来之不易，体会晒盐人的艰辛，培养热爱家乡的情感。

（3）了解盐与人类的关系，知道盐在人们生产生活中的重要性以及使用的广泛性。

 你认识盐吗

| 活动形式 | 谈话活动 | 涉及领域 | 科学 |

活动目标

（1）通过绘本故事知道盐的外观、味道和用处。

（2）从故事中了解了晒盐、制盐的方法。

（3）感知盐和人类的密切关系，懂得盐的宝贵。

活动准备

绘本、晒盐图片。

活动实施

1. 了解盐与人类的密切关系

（1）幼儿看绘本书，了解盐的特征。

（2）幼儿讲述盐与人类的密切关系。

教师引导幼儿讨论：

① 如果没有盐或缺盐会怎样？

② 我们幼儿园里哪里有盐，为什么有盐？

③ 盐有什么用？

2. 了解晒盐、制盐的方法

幼儿观察图片，教师引导幼儿了解晒盐、制盐的方法。

3. 盐的用途

教师出示图片，启发幼儿表达自己的想法。

知道了制盐的不易后，引导幼儿讨论：如何合理地使用盐？

4. 活动延伸

师：梅山以前就有很多晒盐的盐场，下次我们可以一起去看一看，梅山人是怎么晒盐的。

 参观梅山盐场博物馆

| 活动形式 | 探索游戏活动 | 涉及领域 | 社会 |

活动目标

（1）结合课程主题，实地参观梅山盐场博物馆，观赏博物馆具有当地特色的海岛建筑风格。

（2）了解简单的制盐过程，知道盐的重要性及晒盐人劳动的艰辛。

（3）观看展品，了解梅山盐场历史的发展历程，激发幼儿爱家乡的自豪感。

活动准备

（1）关于梅山盐场博物馆的介绍、图片。

（2）联系博物馆讲解员进行讲解。

活动实施

1. 展示梅山盐场博物馆的图片并介绍

（1）提问：小朋友们，你们知道图片上的地方是哪里吗？

（2）教师具体介绍博物馆，包括设计风格、展馆分布等。

2. 教师交代出发参观的注意事项，幼儿整队出发

师：我们刚才大概了解了关于梅山盐场博物馆的资料，接下来我们就要去博物馆里参观了，在出发前，有三点注意事项需要大家注意：

① 博物馆内温度常年约为 20 摄氏度，请注意衣着适宜；

② 进入博物馆请维护安静、有序的参观环境；

③ 不可以高声谈笑、追逐嬉戏，不可以随地吐痰、抛弃纸屑杂物，不可以在休息的座椅上躺卧。

教师带领幼儿整队出发。

3. 参观梅山博物馆，合影留念

（1）全体幼儿在博物馆门口合影。

（2）由博物馆讲解员带领进入展馆，幼儿一边听讲解一边参观展品。

4. 参观结束，返程

 活动三　　　　　　　　　　**我眼里的梅山盐场**

活动形式　　引导发现活动　　　　　　　**涉及领域**　　艺术

活动目标

（1）知道自己家乡的特点，激发爱家乡的情感。

（2）发展动手能力，培养对美的表现力。

（3）通过认识家乡，能画出自己喜欢的家乡的某一特点。

（4）培养观察、操作、表达能力，提高审美情趣及创新意识。

活动准备

梅山盐场的图片、画纸、彩笔、排笔、水粉颜料、颜料盘、桶。

活动实施

1. 谈话导入，引起幼儿学习的兴趣

师：小朋友，这些画面美不美？

师：你喜欢这些晒盐的画面吗？

师：为什么？

师：你最喜欢哪里？

2. 幼儿讲述

幼儿讲述自己的想法，说说盐场的特点与喜欢盐场的什么地方。

3. 幼儿绘画，教师巡回指导

提醒幼儿想好后再下笔，注意画面的构图安排，注意颜色的搭配。

4. 作品评析

教师组织幼儿互相欣赏作品，可以采取自评和互评的方式说说作品的优缺点。

 我们比一比

活动形式	探索游戏活动	涉及领域	科学

活动目标

（1）通过观察和实验，知道糖和盐的名称、特点。

（2）能比较出糖和盐的简单相同点和不同点。

活动准备

糖、盐、杯子。

活动实施

1. 导入活动，引起兴趣

（1）出示两杯水引发幼儿兴趣。

师：小朋友们看一看，这两杯水里已经放了一些东西，你们猜猜看，这两个杯子里会放什么呢？

（2）教师请个别幼儿上来尝一尝，并说一说杯子里放的是什么。

2. 观察糖和盐

（1）请幼儿根据自己的生活经验，说说糖和盐的区别。

师：你知道盐是什么样子的吗？那糖又是什么样的呢？

（2）辨认糖与盐。

① 请幼儿打开包装袋，看看袋里装的是什么。

② 让幼儿想想可以用什么样的办法知道。

③ 幼儿辨认：哪一袋是糖？哪一袋是盐？

④ 说一说：糖是什么样子的？盐是什么样子的？

⑤ 让幼儿用自己的方法试一试。

（3）具体操作。

幼儿将糖和盐倒在水里,用筷子轻轻搅拌,待糖和盐溶解后,教师提问:糖和盐到哪里去了?

3. 比较糖和盐

师:糖和盐有哪些地方是一样的? 什么地方是不一样的?

4. 了解糖和盐的用途

师:你们知道糖和盐有什么用吗?

小结 糖和盐都是白色的,一颗一颗亮晶晶的,它们都能溶解在水里,它们都是人们生活中不可缺少的东西。糖和盐的味道是不同的,因此它们的用途也是不一样的。

 活动五　**蛋宝宝浮起来了**

活动形式　探索游戏活动　　　　**涉及领域**　科学

活动目标

（1）通过实验,使幼儿知道盐可以增加水的浮力,并发展幼儿的动手观察力和操作能力。

（2）培养幼儿对事物的好奇心,乐于大胆探究和实验。

（3）体验和了解盐的作用真奇妙,让幼儿感受生活中盐的作用。

活动准备

经验准备:幼儿有关于物体沉浮、溶解的初步经验。

物质准备:

教师:一个装有水的透明杯子、一个鸡蛋、一支搅拌棒、一杯盐、视频《死海的秘密》。

幼儿:装有水的透明杯子、鸡蛋、小勺子人手一份,盐每组一份,毛巾每组一条。

活动实施

1. 教师演示魔术"蛋宝宝浮起来了",激发幼儿兴趣

（1）教师出示各种材料,幼儿观察鸡蛋在水里的沉浮状态。

师:孩子们,老师这里有一杯水,现在鸡蛋宝宝要去水里游泳了,你看,它会游泳吗?

（2）教师演示魔术"蛋宝宝浮起来了"。

师:今天,老师要为你们表演一个小小的魔术,这个魔术能让蛋宝宝在水中浮上来,你们信不信? 看,这里有一把魔术粉,现在我要把它倒进杯子里,用魔术棒搅一搅,你们睁大眼睛仔细瞧!

师:蛋宝宝怎样了?(浮起来了)

2. 猜测蛋宝宝浮起来的原因

师:是什么样的魔术粉让蛋宝宝浮起来了?(引发幼儿猜想与假设)

（1）幼儿猜测，魔术粉到底是什么。

师：你觉得我的魔术粉是什么？

（2）教师设置悬念，激发幼儿探索欲望。

师：刚才有的小朋友猜是盐，有的猜是糖，有的猜是味精，其实你们每组的桌子上都有一份魔术粉呢！等会儿请你们自己去看一看，或用手指点取尝一尝，到底是什么？

3. 幼儿实验，让"蛋宝宝浮起来"

（1）交代实验要求。

师：每组桌子中间都有一份魔术粉，每个小朋友的位子上都有一杯水和一个鸡蛋，请小朋友将鸡蛋轻轻放入杯子中，再用勺子将魔术粉舀入杯子，轻轻搅拌，注意魔术粉要放得足够多才会成功。

（2）教师巡回指导。

指导重点：观察指导幼儿轻轻搅拌，注意魔术粉的用量。引导幼儿间相互观察、交流实验的结果，感受新奇发现的乐趣。

4. 交流实验结果

（1）揭示魔术粉的真实身份。

师：说一说，水里加入什么魔术粉使蛋宝宝很快浮上来呢？

（2）引发幼儿对盐溶解于水增加水的浮力的思考。

师：我们知道盐加入水里会溶解，为什么盐在水里溶解了，鸡蛋宝宝就能很快浮上来呢？

（3）介绍词语：浮力。

师：那是因为盐溶解在水里，增加了水的浮力，浮力增大了，鸡蛋就能浮上来了。

5. 知识迁移

（1）介绍"死海的秘密"。

师：地球上有一个神奇海洋叫"死海"。很久以前有个将军抓了一群士兵，想把他们放到死海里淹死，可是士兵都浮在海面上，没有沉下去，结果一个都没淹死。

（2）幼儿观看视频《死海的秘密》。

（3）知识迁移。

提问：在死海里的人为什么沉不下去呢？ 你发现了死海的秘密了吗？

教师与幼儿总结：原来，盐可以增加水的浮力，才能使沉在水下的蛋宝宝浮上来。同样，死海的海水里含有大量的盐，所以士兵们都浮上来了，没有淹死。

 活动六　　　　　　　　　盐 的 力 量

活动形式　探索游戏活动　　　　　　　　**涉及领域**　科学

活动目标

（1）了解盐的作用，知道盐可以溶解。

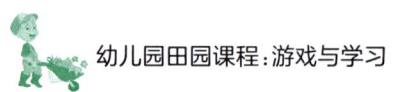

（2）观察撒上盐的白菜有什么变化。

（3）让幼儿学会初步的记录方法。

（4）能大胆进行实践操作活动，并用完整的语言表达自己的意见。

活动准备

视频《盐的力量》、盐、白菜、一盆盐水。

活动实施

1. 谈话导入

教师提问，幼儿自由回答：

（1）你们有喝咸的东西后口渴的经历吗？

（2）吃过哪些东西后会口渴呢？

（3）为什么吃过咸的东西会想喝水呢？

（4）咸的东西里面有什么呢？

（5）盐是从哪里出来的？

（6）我们身体里也有盐吗？

2. 观看视频《盐的力量》，说一说实验目标、准备的物品和实验顺序

教师提问：

（1）今天我们要做的实验叫什么？

（2）做实验的时候都需要哪些东西呢？

（3）盐有怎样的力量呢？

（4）一起来看一看实验顺序：

① 观察盐；

② 观察白菜；

③ 把白菜腌在盐水里；

④ 撒上盐后等待。

3. 用感官观察盐和白菜

教师提问：

（1）盐、白菜是什么颜色？

（2）摸一摸盐和白菜，说说是什么感觉？

（3）盐和白菜的味道怎么样？

（4）用鼻子闻一闻腌白菜，它有什么味道？

（5）咀嚼一下白菜会发出什么声音呢？

4. 教师把白菜腌在盐水里，再撒上盐，放置一天

师：盐水和撒上盐的白菜都有什么变化？

5. 幼儿观察腌了一天的白菜，教师提问

（1）白菜变得怎么样了？

（2）为什么会这样呢？

活动七　盐找回来了

活动形式　问题解决活动　　　　　　　**涉及领域**　科学

活动目标

（1）通过亲自观察、比较、品尝、实验，认识盐的颜色、形状、味道等。

（2）初步了解盐的用途，知道盐是怎么来的。

（3）了解盐的特性（遇水可溶解，受热又可从水中分离出来）。

（4）能认真倾听同伴发言，且能独立地进行操作活动。

（5）培养乐意在众人面前大胆发言的习惯。

活动准备

（1）装满盐的罐子一个，盘子一个，装有糖的盘子一个，装满水的水盆一个，找一个幼儿扮演"文文"，能操作的蝴蝶模型一个。

（2）铁锅一个、电炉一个。

（3）每名幼儿一小匙盐，一个装满水的小水杯。

（4）海水制盐的视频。

（5）晒盐图片一张。

活动实施

1. 认识盐

（1）教师出示装有盐的盘子，请幼儿观察：

① 盐是什么颜色的？

② 盐看起来像什么？

③ 盐是什么形状的？

（2）尝尝盐的味道。

每个幼儿轻轻在装盐的盘子里蘸一下手指，放在嘴里舔一下，尝尝盐的味道；幼儿告诉老师盐是什么味道的；幼儿再尝一尝糖，通过糖和盐的对比，肯定盐的味道是咸的。

2. 表演：文文的故事

一只蝴蝶飞到文文的面前，文文忙去捉蝴蝶。他跑呀跑，没想到蝴蝶没捉到，却碰翻了盐罐，雪白的盐全撒到了水盆里。

3. 请幼儿观察落到了水盆里的盐的变化

教师用手搅水盆里的水，请幼儿观察盐慢慢溶解到水中的现象。用匙子轻轻搅动水杯，观察盐的变化，然后尝尝水的味道有什么变化。

4. 把盐找回来

（1）师：我们大家来帮文文把盐找回来吧。

（2）师幼实验，让盐水蒸发分离出盐。

① 教师把盆里的水倒进锅里，烧沸，让水不断蒸发直到水全烧干，显出锅底的盐来。

② 把幼儿小水杯里的水全倒进锅里,让幼儿亲自进行一遍实验。

小结 盐能够溶解在水里,使水变咸。盐水受热蒸发,水全干了之后,盐又会重新出现,从水中分离出来。

5. 盐从哪里来

(1) 幼儿观看海水制盐的视频。

(2) 幼儿讨论:盐是怎么来的?

(3) 重放一遍视频,教师总结海水制造盐的原理。海水很咸,它含有大量的盐。盐水遇热蒸发变干后,会分离出盐来,所以人们便用海水来制盐,大家平时吃的盐大都是海盐。

6. 展示盐的其他来源

教师请幼儿看梅山盐场晒盐的照片。

小结 世界上的盐除了海水制的盐外,还有天然盐矿和盐湖,那是很多很多年以前的大海晒干后变成的。

活动八 　　　　运　盐

| **活动形式** 探索游戏活动 | **涉及领域** 健康 |

活动目标

(1) 学习用合适的方法搬动物品走过障碍物,发展平衡及快速奔跑能力。

(2) 与同伴合作搬运盐,提高身体的负重能力。

活动准备

(1) 在中、小型编织袋中装上小石头,用塑料绳勒紧袋口作盐包,数量略多于幼儿人数,扁担若干根。

(2) 场地布置图。从盐田到堆盐场的路上,有障碍物:细又长的小田埂(平衡木)、石板桥(用若干把椅子拼起来)、路过的盐堆场(路障代替)等。

活动实施

1. 创设情境,激发幼儿参与活动的兴趣

师:今天晒盐工人邀请我们小朋友帮忙搬动盐包,你们愿意吗?

幼儿听口令做准备工作,活动身体。

2. 探索搬运方法

师:看见盐包了吗? 怎么运呢?(此环节中,让幼儿各自充分自由地玩一玩,鼓励他们大胆尝试各种运盐方法:背、扛、挑、顶、拎等。)

师幼交流运盐的方法。(教师有意识地选择幼儿使用的几种搬运方法,引导全体幼儿学一学。如果需调整幼儿的活动强度,可请幼儿坐在盐包上休息一会儿。)

幼儿尝试两两合作运盐。

3. 接力运盐比赛

第一次搬运,将幼儿分成人数相等的两组去搬运盐田里数量相同的"盐"。

比赛规则:把盐田里的盐运到堆盐场上,要走过小田埂,走过石板桥,绕过路上的堆盐场,每组的运法自定,但必须以接力的形式。最后,比一比哪一组先搬完。

比赛后师幼交流:想一想,为什么会领先? 说一说,用了什么好方法?

第二次搬运,两两合作接力赛。(其他规则同前,看哪组运得快)

4. 结束活动

做放松动作,整理场地。

 **活动九**　　　　　　　**神 奇 的 盐 画**

活动形式　　探索游戏活动　　　　　　**涉及领域**　　艺术

活动目标

(1)可以用蜡笔简单地勾勒出物体的图像。

(2)尝试在湿式绘画方法中用盐绘画,并感受其产生的奇妙纹理效果。

(3)体验色彩的乐趣。

(4)能发展出丰富的想象力,大胆而自信地向同伴介绍自己的作品。

(5)培养欣赏能力。

活动准备

排笔、水粉颜料、水、盐、纸、桶、抹布。

活动实施

1. 导入主题

(1)师:夏天到了,许多动物宝宝出来玩游戏了,猜猜会有谁呢?

(2)师:你想和哪个宝宝玩,就把它画出来吧!

教师巡回指导,找出画得好的作品作范例。

2. 讲解示范

师:(出示范画)我也找到了一个动物宝宝做朋友。瞧,它玩得多开心呀!

师:宝宝们玩得真开心。可是天气太热了,宝宝们全身都是汗,我们一起帮它们洗个凉水澡吧。

师:洗完澡可得赶紧穿上衣服。想一想,你准备给它穿什么颜色的衣服呢? 动作要快,不然宝宝会着凉的! ——上色。

师:为了让宝宝更舒服些,我们最后再给它撒点"爽身粉"吧! ——撒盐法。

师:"爽身粉"是什么呀? ——盐。

师:原来我们平时厨房里用的盐也可以拿来作画。这种用盐作画的方法就叫"撒盐法"。

师:那撒盐法的效果是怎样的呢? 会发生什么事儿呢? 画面干了以后就可以看出来了。

教师展示一幅已完成的撒盐画,引导幼儿观察:盐撒过的地方有什么变化? 像什么? 为什么会这样?

3. 幼儿创作,教师巡回指导

(1) 正确使用排笔,控制好水分。

(2) 上色动作快,注意色彩的衔接。

(3) 撒盐要均匀。

4. 欣赏交流作品

教师把幼儿作品平铺在一块大垫子上展示,请幼儿说说喜欢哪个宝宝以及原因。

 活动十　　　　　　　　　　**我是晒盐工人**

活动形式　　探索游戏活动　　　　　　　　　　**涉及领域**　　健康

活动目标

(1) 在活动中注意保护盐包的完整性,体验做晒盐工人的辛劳和自豪。

(2) 提高平衡能力,养成勇敢的品质。

活动准备

奶酪块、长板凳、垫子及障碍物若干。

活动实施

1. 准备活动

幼儿进行踏步、扭头、扩胸、踢腿等准备活动。

2. 翻越小坡、钻山洞

教师引导幼儿把散落的奶酪块收集起来,搬运着它跨过长凳(翻越小山),从长凳下钻过(钻山洞)。

3. 桥上行走

(1) 将长凳连在一起,分成两组摆放,幼儿扮晒盐工人从长凳的一端走到另一端。

(2) 在长凳处放置障碍物,鼓励幼儿跨过障碍物后走到另一端。(障碍物可由低变高)

(3) 将长凳布置成各种形状,鼓励幼儿自由选择游戏。

4. 放松活动

◎区域游戏投放表

区域名称	游戏材料	可能学习的方向	引导重点
图书角	关于盐的绘本故事、介绍梅山本地乡土的书籍	了解盐的外观、味道、用处及晒盐、制盐的方法　感知盐和人类的密切关系	鼓励幼儿阅读关于盐的书籍,引导其从中理解书里面的内容,或讲述生活经验,发展幼儿口语表达能力
建构区	梅山盐场博物馆、堆盐场、晒盐滩等照片	借鉴图片中的内容,运用各类建构材料进行创建活动	引导幼儿搭建本地景观或结合主题给幼儿提供多元化材料进行建构,享受创作的乐趣

续表

课程形式	一级指标	二级指标		评分
表演区	晒盐工人的衣服、帽子、鞋子等衣物及类似的工具道具	借用人物的造型道具,体验和创作晒盐工人劳动的情景	配合主题提供多元化材料,引导幼儿观察发现,透过服装、乐器、声音创作,享受创作的乐趣	
科学区	"蛋宝宝浮起来""盐的力量""盐和糖"等实验材料	利用各种实验材料进行有目标的、有序的实验操作	具体感知盐的特征和特性,发现其中有趣的现象,引发幼儿思考,感受到盐所带来的乐趣	
美工区	盐、水粉颜料、桶、清水、排笔、水彩笔、蜡笔等	运用各类材质的材料进行创作	配合主题提供情境及素材(如有关梅山盐场的各种图片),鼓励幼儿利用材料的不同,进行有目标的具体形象创作	

第二节　人文田园游戏活动实例

人文田园游戏是幼儿与南瓜乐园中一切的资源进行互动和游戏的过程。例如:娃娃家、菜场都是幼儿对生活的还原;在自然的环境中幼儿更乐意表现自己,选择合适的材料装饰自己并将学习的本领搬上舞台在天地间自由地表达;幼儿能够从偶然的发现中寻找创作的灵感和学习的技能。南瓜乐园就这样为幼儿提供着四季丰富的资源。

一、农家菜飘香

(一)游戏缘起

田园娃娃家游戏开始的时候,幼儿习惯性地把室内娃娃家的游戏经验搬到了这里,人物角色也只有"爸爸""妈妈""宝宝"还有其他的一些家人,孩子们在这里一起用砖块垒灶台、搭家具、做家务,然后一家人围着灶台准备饭菜,其乐融融。接着他们发现"家里"的东西实在太少了,于是开始慢慢从周围的自然环境中去寻找新的材料。如捡来的树枝变成了筷子,废弃的小木片被做成了牛排,竹叶子装一盘就是新鲜的蔬菜,等等。在最初的几次游戏中,他们只是就近取材,那些菜叶、树枝、石头就成了他们最早的选择,但是随着游戏的深入,新的游戏情境的出现,给了孩子们更多的想象空间。

(二)游戏实施

1. 怎样才能打一面"不漏风的墙"呢?

这是孩子们的第一次游戏,晔晔先走进了三角形的小棚屋,她前后左右不断地瞧着,好像发现了什么。只见她走出了屋外,看到了一个石墩,搬了搬,没搬动,又去搬另一个,结果还是没能搬动。最后她把目光落在了一块块散落在房子四周的轻砖上,然后她开始搬起一块长方体轻砖(见图4-2-1),靠着屋子边缘的角落摆了起来(见图4-2-2)。她试了试不同的摆法，先是竖着摆好，但随后发现拿来的第二块是个方砖，它的长度与长方体的宽度是一样的，于是把第一块长方体的轻砖横着放起来，接着她又一块一块地把轻砖运到了屋里。

图4-2-1　搬石墩

图4-2-2　垒石墩

她的搬砖行为吸引了其他小朋友的目光。没一会儿洛洛、洋洋一起加入到搬砖的行列中，大家合力到处收集，搬了不少石砖，把屋边的空地都占满了。晔晔把众人搬来的砖块一块块地垒起来，不一会儿，就把第一层的墙给垒好了，看起来错落有致。

洛洛："你在搭什么呢？"

晔晔："我家的房子破了，风会吹进来，我给它搭个墙。"

洛洛："那我也过来帮忙。"

晔晔："好啊，那我们一起吧！"

洛洛说完，就走过去帮忙，只见他们两个人，一个在外面把石砖递进去，一个在屋里把石砖垒整齐（见图4-2-3）。垒着垒着就发现第二层后面的空隙不足以放一块长方体石砖，而手边剩下的也只有长方体的石砖。晔晔拿起来，试了试，一看放不进去，就空着那一块，紧接着搭起了第三层（见图4-2-4），等第三层垒到一半的时候，洋洋就进来了，他立马发现了这个空缺。

图4-2-3　我们一起来搭墙

图4-2-4　开始搭第三层

洋洋："这里怎么有个洞，风都吹进来了，下雨也要淋湿了。"

晔晔："这个砖太长了，放不下。"

洋洋："那我去找个东西把这个洞洞填满吧。"

说话间,她就找来了一个竹筒,往上一放。

这个竹筒是圆柱体的,和旁边的砖块衔接不起来,怎么放都不合适,于是她把竹筒扔在了一旁。而这时洋洋不小心碰到了石墙,石砖墙摇晃了一下,有一块砖直接掉了下来,他被吓了一跳,赶紧把第三层给拿掉了。这些拆下来的砖被放在房子边上。晔晔看了看

图 4-2-5 不透风的墙搭好了

自己搭的那两层高的墙,又看了看这里,然后开始动手拆除第二层的墙体,拆完后,她又开始重新搭,只见她先放了长长的砖,把小方砖都留在了最后,这下,墙上的洞就不见了,刚好整整齐齐地能摆下,然后,她看了看,把最前面的长砖拿下来,换成了两块方形的,接着,她又如法炮制,换掉了其他的几块长砖,就这样,在她的一通操作后,每块砖都无缝地联接在了一起,一堵两层高的石墙整齐又好看地出现在了眼前,孩子们非常高兴,不用再担心这房子会"漏风"了。一家人开心地在房子里玩了起来(见图 4-2-5)。

教师的评价与反思 **尊重幼儿游戏过程,帮助幼儿解决问题**

(1)游戏初体验,生活经验再现

游戏是孩子们现实生活的再现,在他们的印象中,家里的房子应该是个遮风挡雨的地方。所以晔晔才会想出要打造一堵不"漏风"的墙。在寻找材料的时候,孩子们找了很多的材料如石墩、石砖,甚至竹筒。经过逐一筛选才用了石砖这一材料。因为石墩太重搬不动,竹筒太圆不能完全契合在墙里,而石砖四四方方,与建构区的积木相似,刚好符合孩子们搭墙的需求。

(2)在不断尝试中,克服困难,形成新经验

在孩子打造墙壁的过程中,首先发现石砖的形状不一样,一种是长方体,另一种是正方体。在搭墙的过程中,第二层的最后出现了一个空缺,当长方体石砖摆不下的时候,孩子们首先想到的是用其他物体来填补,虽然后来因为形状不合适被舍弃了,但是能看出,孩子们已经能以物代物,创造性地进行游戏了。当搭好的墙面发生危险时,孩子们果断地去掉了第三层的建筑,接着把剩下的材料进行重新建构,在操作中,晔晔又发现了两块方砖拼在一起,刚好可以变成一块长砖的秘密,不断调整后,最后终于完成了"不透风的墙"的打造。可以说,在大家坚持不懈的努力下,他们心目中温暖的家的雏形就呈现出来了。

2. 我能造个菜场吗?

田园游戏开始了,在农家小院游戏的孩子们又开始忙活起来,萱萱和晶晶从旁边的菜地里摘了一些菜叶子,然后加了点地上的石子,放了满满一大锅,接着又拿了盘子装了起来,一盘、两盘、三盘……每盘都是一样的菜品,放了满满一桌子,小宇和琳琳坐下来要吃了,可是没有筷子,于是他们在旁边的小竹林里找来了

树枝,两根差不多长的放一起就变成筷子(见图4-2-6)。

晶晶见教师过去了,就邀请教师一起去吃(见图4-2-7)。

图4-2-6　我找到了一双筷子　　　　图4-2-7　满满一桌饭,开吃咯

老师:"今天做了什么菜呢?"

晶晶:"有海鲜、青菜、肉。"

老师:"可是我看到盘子里的菜都一模一样的,而且脏脏的,在家里妈妈煮的菜是这样的吗?"

萱萱:"不是的,我们家里的菜,螃蟹装的是一盘,青菜也是一盘,都是干干净净的,没有混在一起,而且每个菜都是不一样的呢。"

晶晶:"可是,这里又没有螃蟹和青菜。奶奶都是从菜场里把菜买回家做的,可好吃了。"

萱萱:"要是我们能去外面的菜场就好了。"

老师:"我们也可以自己造一个菜场啊。"

"造菜场?"孩子们都惊讶地张大了嘴巴。

老师:"是呀,我们南瓜乐园的蔬菜这么多,正好可以拿到菜场去卖啊。"

乐乐:"那太好了,我想去卖菜。"

"那我们要做些什么事呢,我们要商量一下。"

于是,大家伙就坐在院里的小桌子上一起商量了起来。首先,菜场该造在哪里呢?

晶晶:"菜场要离家近一点,我们买菜可以方便点。"

乐乐:"菜场要大一点,要放好多菜。"

子萱:"菜场有台子,菜放在上面。菜场外面卖的菜都是放在地上的。"

老师:"对的,那叫地摊,你观察得真仔细。"

乐乐:"买菜还要准备塑料袋,不然没有办法拿。"

晶晶:"还要准备很多菜,还有海鲜。"

孩子们七嘴八舌地讨论了起来,教师请小朋友把自己的想法都用画笔记录了下来,并带回教室和大家一起分享。在讨论菜场选址的环节,大家展开了激烈的讨论,最终讨论出三个地方:一个是南瓜屋,一个是大树下,还有一个是竹林边的果汁铺。大家意见不统一,所以就进行了投票表决,最后决定把竹林边的果汁铺改造成菜场。同时根据大家讨论的内容,做了改造清单。这样,大家开始为下一次的游戏做准备了。

教师的评价与反思　助推幼儿新游戏经验的生发

（1）得天独厚的自然条件,为孩子游戏提供丰富的材料

南瓜乐园既是种植园地,又是孩子们的游戏乐园,田间自主游戏是幼儿在自然中生发的游戏内容。依托南瓜乐园的物质条件,幼儿在游戏环境中根据自己的兴趣和需要,自由选择游戏内容和材料,全身心投入于游戏中。孩子们用石头、青菜做菜,用树枝做筷子,孩子们在寻找替代物的过程中借形想象,通过自然联想,迸发灵感,从而调动感官,促进经验的迁移,更好地推动了游戏的发展。

（2）调动已有生活经验,帮助幼儿拓展思路,开辟游戏的新空间

教师要有一双善于发现的眼睛,能关注到游戏中出现的教育契机,有效介入,发展游戏的新情节。在案例中,当教师发现孩子们做的菜都是一模一样的,菜叶和石头混在一起就变成了一盘菜,所谓的海鲜、青菜等都是孩子们自己想象出来的,教师就适时引导孩子们回忆现实生活情况,从而帮助孩子提升游戏水平。在孩子们想到了菜场买菜的情节后,又给孩子们搭建支架,组织孩子们进行讨论,为游戏提供无限可能,从而引发了孩子们的深度思考,并衍生了"菜场"这一全新的游戏情节。

3. 菜场里面能卖什么?

改造菜场的工程开始了,今天菜场有三个工作人员,分别是睿睿、思晨和瞳瞳。在游戏前的讨论中,三个人已经达成了共识,并进行了分工,思晨负责卖菜,瞳瞳和睿睿负责准备菜。游戏开始了,只见他们先给桌子铺上了蓝色的花布,又把一些竹箩筐拿过来,作为放菜的工具(见4-2-8),之前因为大家都喜欢吃海鲜,班级区域里就有一些贝壳、螃蟹壳,这些也被孩子们搬到了菜场的台面上。他们看了看空空的篮子,睿睿说:"我们去地里拔点蔬菜吧。"于是他们就从地里拔了两个萝卜(见图4-2-9),放在盛菜的篮子里,思晨

图4-2-8　布置菜场

图4-2-9　拔萝卜

看到新鲜的萝卜上架了,就马上吆喝起来了:"新鲜的萝卜,快来买啊。"旁边娃娃家的"爸爸"听到了,就马上跑过去说:"我要买两个萝卜和青菜。"思晨就拿了一个购物袋,把萝卜装了起来。"咦,这个萝卜好多泥啊,太脏了。"瞳瞳听见了,马上把萝卜接了过来,去旁边的水龙头那里清洗干净,又给"爸爸"送了过来,说:"这下洗干净了。""爸爸"又说:"我还要买一些青菜,可是这里没有啊,那怎么办?"思晨说:"你等下再来买吧。"接着睿睿和瞳瞳又去田间忙活了起来,去拔了青菜,又摘了几个橘子,还挖了几个红薯,加上一些"海鲜",菜场的摊位上已经摆满了各种各样的菜品。

"爸爸"把萝卜和青菜带回家后,"妈妈"已经开始做饭了,她看了看买回来的菜,有点不高兴。

"妈妈"说:"宝宝喜欢吃鱼,你怎么没有买回来呢?"

"爸爸"一听,就又跑去菜场了,他对菜场的工作人员说:"我要买一条鱼,要新鲜一点的。"

思晨看了看摊位上的一些菜:"哪里有鱼呢?"

她就愣在了那里,说:"鱼还没有送来,你等下再来吧?"这个时候,旁边的瞳瞳就拿起地上掉的一片大树叶。

瞳瞳说:"这条鱼给你,刚刚从河里抓来的。""爸爸"满意地拿着鱼回家了。然后瞳瞳把捡来的叶子,都给了思晨。

思晨说:"这些都是鱼,都可以卖。"

思晨说:"还是有点不太像。"

老师说:"那怎么样才能让鱼变得更像一点呢?"

思晨说:"如果能加上鱼的眼睛和鱼鳞,再有个尾巴就更像了。"

于是瞳瞳就拿了笔,给鱼画上了眼睛和鱼鳞,并用双面胶在"鱼尾"处贴上了一片小树叶,这样栩栩如生的鱼就出现了,思晨也来帮忙,转眼,一篮子鱼就出现在了菜场的台面上。

"爸爸"把鱼带回家后,"妈妈"已经把菜都做好了,一家人坐在一起,有说有笑,还吸引了旁边小舞台的小演员们,她们拿着邀请卡,请大家去看演出。

一个演员说:"我们也想来你家吃饭。"

"妈妈"客气地说:"好的,欢迎你们来吃饭"。

可是篮子里的菜已经用完了,又要去买菜,"爸爸"有点不开心。

"爸爸"说:"我都去了三次菜场了,我不想去了。"

"妈妈"也不想去,她只喜欢做菜。

老师说:"今天'爸爸'买的菜真新鲜,'妈妈'做的菜也很好吃,我能不能也一起过来吃啊?"

"妈妈"说:"没有人去买菜了。"教师就问"爸爸"为什么不想去菜场,

"爸爸"说:"我不知道要买什么菜,而且买回来了,大家不爱吃怎么办呢?"

教师建议他们去问问客人想吃什么菜,然后画成菜单,"爸爸"和"妈妈"也可以一起去买菜,这样就能买更多的菜了,他们接受了教师的建议,去问了小演员,然后回来画了简单的菜单(见图 4-2-10),然后"爸爸"和"妈妈"两个人有商有量地拎着个大篮子带着这份菜单去菜场买菜了。

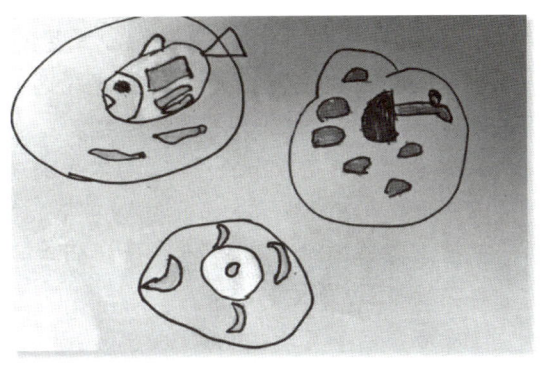

a　　　　　　　　　　　　　　b

图 4‑2‑10　画好菜单了

教师的评价与反思　　鼓励游戏行为，提高角色意识

（1）有效迁移生活经验，提高幼儿的角色意识

在游戏开展前，幼儿开展了充分的讨论，他们需要了解菜场的经营模式，首先当然是生活经验的迁移，菜场的摊位是怎么样的，需要准备些什么，菜从哪里来，工作人员怎么分工合作。只有把这些问题抛给幼儿，他们才能有清晰的角色意识，才能明确自己的任务。

（2）鼓励幼儿以物代物的游戏行为，为幼儿提供支持和帮助

当菜场的食材品种不齐全，甚至没有最常见的"鱼"的时候，思晨犯了难，她用了缓兵之计，说是鱼还没有送来，让娃娃家的"爸爸"等下再过来，而旁边的瞳瞳，想到了用跟鱼身体相似的树叶作为替代物，而且也成功让"爸爸"把"树叶鱼"买回了家。老师支持孩子的这个高质量的游戏行为，并引导孩子们在借物想象的基础上，再进行加工，使树叶这个自然材料更加接近"鱼"的外形特征，并给了孩子们更多的想象空间，如果再遇到类似的情况，相信孩子们也能举一反三。

（3）鼓励幼儿在游戏中自主决定，互相协商

在游戏中，"爸爸"这个角色在跑了三次菜场后，他有点厌倦了，不想再去买菜，老师介入了解"爸爸"的顾虑后，引导他们可以征求大家的用餐意见，通过绘制菜单的方式，了解大家的需求，并鼓励"爸爸"和"妈妈"要好好商量，一起解决问题。

4. 萝卜青菜多少钱？

蔬果铺里摆上了青菜、萝卜、还有橘子，两个小摊贩（乐乐和玲玲）朝着娃娃家大声地吆喝。

乐乐、玲玲："快来买呀，新鲜的蔬菜。"正在看表演的俊俊跑了过来。

俊俊："我要买这个萝卜。"

乐乐："一块钱一个。"

玲玲："这么大的萝卜，要三块钱。"

乐乐："那就三块钱吧。"

163

乐乐同意了玲玲的看法。俊俊听他们这么说,就有点生气,

图 4-2-11　蔬果铺摆摊

俊俊:"一会儿一块钱,一会儿三块钱,我不要买了。"说完就跑走了。看着跑远的俊俊,玲玲和乐乐两个人有点难过起来。

玲玲:"是不是萝卜太贵了,要不我们还是卖一块钱吧。"

乐乐:"好的吧。"旁边的果汁铺的东东来要买橘子,玲玲又问乐乐。

玲玲:"橘子几块钱呢?"

乐乐:"5 块钱。"

玲玲:"太多钱了,3 块。"就这样,东东拿走了一个橘子(见图 4-2-11)。

老师:"我也想买一些蔬菜,我要买萝卜和橘子,一共要几块钱呢?"

两个小朋友你看看我,我看看你,然后乐乐随口说:"两块钱吧。"

老师:"你们的菜价总是变来变去的,买菜的人也不知道要给多少钱了。有可能别人就不要买了,那该怎么办呢?"

乐乐:"那我们要把价格定下来,几块钱就是几块钱。"

老师:"那怎么定呢? 你们有什么好方法呢?"

最后在两个人的商量和合作下,她们拿来了水彩笔和纸,商量了价格后,制作了价目牌,用胶水贴在了相应的蔬菜篮里。果汁铺的东东也学了他们的方法,在果汁杯上做了价目牌。

娃娃家的"爸爸"来买菜了,只见他拎了个篮子,走到蔬果铺旁边。

"爸爸"说:"我要买萝卜和青菜。"

乐乐看了看价目牌就说:"两个都是一块钱,一共两块钱。"说完就拿了一个大袋子,把萝卜和青菜都放了进去。

"爸爸"说:"给你。""爸爸"做了一个假装给钱的动作,就拿着菜回去了。

看到这,老师就走过去了。

老师:"今天菜场生意好不好啊,卖了几块钱啊。"

乐乐:"他们都过来买菜了,可是钱都是假装一下而已。"

说完两个人就笑了起来。

老师:"啊,那不是亏本了啊。不过看得出来,你们还是很开心的。"

乐乐:"如果有钱就更开心了,不过小孩子都没有钱的,妈妈也不会让我们带钱。"

玲玲:"我们自己做点钱吧。"

乐乐:"我又不会画钱。"

老师:"那我们看看南瓜乐园里有什么,我们可以用这些东西来代替钱啊。"

乐乐:"幼儿园的小石头很像硬币,一个石头就是一块钱。"

教师表示赞同她们,然后她们拿了一个袋子,画上了"石头"的标记,来买菜的顾客,她

们都会通知带上"钱"来买菜,等老师第二次过去的时候,她们的钱袋里已经有不少的"钱"了,而且两个"小财迷"过一会儿就会去数数钱袋里的小石子,算算今天赚了多少钱。在游戏结束后,教师和孩子们在一起讨论。

老师:"买菜需不需要钱?钱用什么来做?"孩子们讨论非常积极,他们很多人都发表了自己的看法。

月月:"可以用叶子,南瓜乐园里有很多叶子。"

多多:"石头的方法也很好。"

天天:"现在买菜的人都不带钱,用手机扫下二维码也可以。"

讨论后,老师请他们把这些好方法都画下来,做成白板块,供大家游戏的时候参考(见图4-2-12)。

图4-2-12　关于"钱"的讨论

教师的评价与反思　帮助梳理游戏经验,推动游戏的可持续性发展

(1)菜价、货币不统一,对孩子游戏的干扰

在第一个游戏情境中,我们可以观察到,乐乐和玲玲在售卖蔬菜的时候,两个人作为摊主并没有在售卖前制定好物价,便匆匆开张了,在买卖进行时,俊俊因摊主的意见不统一对萝卜价格上涨表示不满,于是终止了这场买卖。游戏就因菜价不统一的原因戛然而止。在第二个游戏情境中,"爸爸"来买萝卜和青菜,买完以后,付钱的方式比较单一且枯燥(假装给钱),导致买卖的过程不够丰富深入,缺少了货币交易的情境化和游戏化。

(2)老师的有效介入,提问引导,帮助孩子们找到突破点

菜场刚开业,孩子们的游戏经验相对不足,在没有统一菜价的情况下,孩子们经历了挫折。这个时候老师的及时出现,让孩子们找到了问题的症结,并通过针对性的引导提问,给了幼儿思考的方向。让幼儿带着游戏中遇到的困难,再根据幼儿平时和爸爸妈妈在菜场的经验,找到突破点,解决了菜价不统一的问题。后来乐乐和玲玲定

好了蔬菜的价目表,却因为没有真实的付款情境,导致孩子们获得真实收款的游戏体验打了折扣。这时也是教师及时有效介入,并提出引导性的问题,让幼儿对货币有了初步的讨论与制定,激发幼儿的兴趣点,也逐渐丰富了游戏的情境性,更好地将幼儿原有的生活经验进行了迁移与运用。

(3) 分享同伴间的"买卖"经验,助推幼儿在游戏中的学习和发展

游戏结束后,大家一起进行了关于"买菜需不需要用钱,钱用什么来做"的讨论,分享同伴在游戏过程中的经验,让已经有买卖经验的一部分幼儿带动在娃娃家其他区域游戏的幼儿,做了一个经验的互通与交流。这样一来,在娃娃家游戏的全部幼儿都会得到经验的丰富与升华。其次,在交流过程中,常常会再现游戏场景,从而让教师更全面、深入地把握幼儿的游戏状况,了解幼儿的经验水平,为下次娃娃家的田园游戏做更好的梳理、引导和介入,助推幼儿在游戏中的学习与发展。

(三) 游戏总结

从一个简单的摆摊行为到后期完整的菜场游戏,幼儿在游戏中获得社会性发展,从表象的游戏行为走向更深层的游戏发展,通过同伴互助、教师支持,制定了完整的游戏规则,并将菜场游戏联动其他各区游戏,带动整体自主游戏的发展。幼儿在这个过程中真正成为了游戏的设计者、实施者。

二、拔萝卜

(一) 游戏缘起

图 4-2-13 幼儿一起拔萝卜

餐后散步,孩子们来到了南瓜乐园。佳怡说:"哇! 好大的萝卜啊!"等等说:"这么大的萝卜谁拔得动?"旁边的熙熙见状就说:"我来帮忙一起拔。"小朋友们纷纷要过来帮忙。大家唱起歌来:"拔萝卜,拔萝卜,嘿呦嘿呦,拔萝卜……"(见图 4-2-13)《拔萝卜》是孩子们耳熟能详的故事,在小班就学过儿歌,对于拔萝卜的情节烂熟于心。拔萝卜庆丰收的实践体验也让孩子们记忆犹新。

阿雨:"萝卜成熟了,我们可以在舞台上表演拔萝卜呀!"大家都拍手叫道:"好呀好呀!"

小朋友们纷纷开始给自己安排角色。

清清:"我要来当小姑娘。"

跳跳:"我想当第一个拔萝卜的人,我来叫你们。"

苗苗:"我想当小花猫。"

……

当孩子们正在商量演什么的时候,几个大班的哥哥姐姐看见这一幕也被吸引了过来。于是大家决定下次的田园游戏就玩舞台表演《拔萝卜》。

(二)游戏实施

1. 自主表演乱糟糟怎么办?

下午田园游戏开始啦!之前商量过的孩子们都如约选择了南瓜小剧场。

等等(大班)说:"我们表演拔萝卜还需要几个萝卜。"

一一(大班)说:"我去把萝卜拔过来。"

冠宇(中班):"我去帮忙,我去帮忙。"说完立马跑了过去。

航航(大班):"我也去帮忙。"

不一会萝卜就位,孩子们自己也分配好了角色,表演开始了(见图4-2-14)。等等(大班)把萝卜叶放在头顶演大萝卜,冉冉(中班)来到舞台上做出拔萝卜的样子,"拔不动啦,快来帮忙啊!"这时,小花狗"跳跳"说:"我来啦!"边说边跑到舞台上,抱住了冉冉的腰开始一起拉。眼看把人都拉倒了。

等等(大班)说:"你轻点,假装一下就好了。"

图4-2-14　自主表演拔萝卜

冉冉继续说:"嘿呦嘿呦,拔不动啦!"

小花猫"苗苗"(中班)说:"我来啦!"说着,就赶紧跑了上去,抱在了跳跳后面,他使劲往后拉,一用劲儿,等等和跳跳都倒了。

等等(大班)说:"苗苗,你轻点,你看,我们都摔倒了。"

扮演"老婆婆"的满满跑了上来:"我也一起来帮忙拔萝卜。"然后一屁股坐在了苗苗的后面。

等等(大班)起来说:"不是一开始就坐下的,不是这样表演的,我们应该重新拔,然后拔不动了再摔倒。"

听完等等的指导。苗苗(中班)说:"我们再来演一次。"于是大家都回到了舞台的四周就位。

"哎哟哎哟,拔不动,老婆婆,快快来,快来帮我拔萝卜。"

"老婆婆"听到冉冉吆喝的声音后,就赶紧上来了,等等继续说,接着"小花狗""小花猫""小姑娘"也都一个接着一个上来了,整首儿歌说完,表演就结束了。

跳跳(中班)说:"等等,你唱得太快了,我还没演好!"

苗苗(中班)说:"萝卜叶子一拉就断了,所以我们都不敢用力。"

表演游戏结束后,教师组织幼儿进行了讨论。

老师:"你们刚才演得怎么样啊?"

等等(大班):"不好。"

老师:"为什么不好?"

苗苗（中班）："太乱了，没意思。"

满满（中班）："我还没玩就结束了。"

跳跳（中班）："说来说去都是一样的话，一点不好玩。"

等等（大班）："我也不知道该说什么了啊。"

老师："那我们应该怎么解决这个问题呢？"

清清（中班）："演之前，大家得商量一下。排好队，一个一个出来。"

熙熙（大班）："我们应该有个剧本，大家可以照着演。"

……

教师的评价与反思 聚焦问题发生，引导自我解决

（1）尊重幼儿自主选择，体现幼儿主体地位

孩子们对于《拔萝卜》的故事非常熟悉，都知道故事里面有哪些人物角色，而且孩子们会根据自己喜好，选择自己喜欢的角色。比如，等等演老公公，跳跳演小花狗，满满演老太婆，苗苗当小花猫，各个角色的出场顺序也是他们自己商量好的，并没有完全按照故事的顺序表演。在表演过程中孩子们对摔倒很"着迷"，像满满小朋友一上去就一屁股坐在了"小花猫"苗苗的后面，逗得孩子们都笑了。孩子们这次表演还从萝卜地里拔来了一颗大萝卜作为道具。

（2）引导幼儿自我反思，聚焦问题核心尝试解决

第一次游戏结束后，教师引导参加表演的几个小朋友进行了自我反思。等等小朋友注意到了故事内容和实际表演出来的差距，后面的几个小演员一直摔倒，但是故事里面不是这样的。于是大家决定再次游戏，第二次游戏的时候等等的"导演"地位逐渐突出，他按照儿歌内容说下来，然后演员们依次出场。但拔萝卜儿歌内容很短，等等照着念一会就结束了，这时跳跳埋怨说太快了，他还没表演好就结束了。同时，苗苗注意到了萝卜虽然用的是真实材料，可萝卜就放在那里，他们也不敢用力拉，表演起来不太真实，觉得没意思。

（3）抓住时机组织幼儿讨论反思，唤醒经验尝试解决游戏难题

幼儿缺乏表演经验，表演目的性不强，比较随意，孩子的两次歌曲表演只停留在了唱歌上面，而没有任何表演的目的性，所以导致演唱不能长时间持续。教师提问"今天演得怎么样"，引发幼儿聚焦问题并主动思考如何解决。通过讨论幼儿自己发现这样乱哄哄的不行，"没意思"，因而萌发了"大家得商量""应该有一个剧本"这样的关键想法，为接下来的游戏预设了方向。

2. 剧本内容包括什么？

（1）场景一：剧本研讨之角色

在确定要有剧本后，教师组织幼儿围绕"故事中都有谁""他们是什么样子的"等话题展开了讨论（见图4-2-15）。

老师："你们想演故事中的谁？他们应该是什么样子的？"

等等（大班）："我要演老公公,他是弯着腰的,走路需要拄个拐杖,年纪大了,怕摔倒。"

波波（中班）："拐杖可以用粗一点的树枝当,南瓜乐园那里有。"

老师："那老婆婆呢? 她可能会是什么样子?"

熙熙（大班）："我要演老婆婆。她应该是穿着围裙的,头上包着一块毛巾。"

等等（大班）："围裙南瓜乐园也有,可以用画画的围裙,我觉得头上包的布可以用树叶做成的帽子。"

图4-2-15　幼儿讨论解决问题

老师："那你们表演的时候还是用真的萝卜吗?"

跳跳（中班）："我觉得还是扮的萝卜好。"

航航（大班）："真萝卜放在那里一动不动,小朋友扮演的萝卜会做动作,还会和我们互动。"

波波（大班）："扮演萝卜的人可以多一点,所有的萝卜一起说一样的话、做一样的动作就可以啦。"

……

经过讨论,大家把故事中的角色以及角色可以做哪些事情、可以怎么装扮都大致确定下来了。经过讨论、修改、定稿,最终形成了老爷爷种萝卜——大家一起团结合作拔萝卜的剧本,人物有老公公、老婆婆、小姑娘、小花狗、小花猫、大萝卜、众萝卜。在之后表演中,孩子们的个人角色表现都有了比较明显的提升,但是整体的表现并不如人意,有的快、有的慢,需要人提醒。而且过程有点乱糟糟的,特别是在衔接的时候总是需要"导演"的提醒。

熙熙（大班）："老公公上来的时间太快了,我们还没有准备好。"

等等（大班）："小姑娘表演的时候还要和别人说话,都轮到她了还没有过来。是我提醒她的。"

老师："那你们觉得一边表演一边提醒别人合适吗? 谁来提醒比较合适?"

跳跳（中班）："我觉得有一个导演就好。"

航航（大班）："是的,要有一个导演提醒我们。就像我们表演节目的时候也是有一个人会提醒我们的,还要让大家都排好队,不要讲话。"

波波（大班）："大家都说话我们都听不见了,要是有话筒提醒大家就更好了。"

老师："我们需要的这个人叫作旁白,他可以把我们的故事内容都串起来,这样在表演的时候就会更加完整和顺畅了。我们在表演的时候每个人说什么话也都是要记住的,大家一起说的时候还需要整齐一些。"

（2）场景二:剧本研讨之台词

为了解决孩子们在表演中的不整齐和不顺畅的问题,我们增加并研讨了每一位角色

图4-2-16 幼儿记录台词

需要说的话,但并没有规定所有角色都必须怎么样说。单独的角色可以根据自己的理解进行表演,群体的台词因为需要一致性,所以大家说的都是一样的,相对而言比较好记、说起来朗朗上口(见图4-2-16)。

第一场:老爷爷种萝卜

旁白:"从前,有一位老公公,他在地里种了些萝卜。"(老公公拖着沉重的步伐向舞台走去)

老公公:"今天的天气真正好,我到地里种萝卜,种下萝卜真高兴,萝卜萝卜快长大。"(边说边做擦汗的动作)

众萝卜上场,站成正方形。

众萝卜:"阳光照,雨水笑,萝卜萝卜长得好!"(集体跳萝卜舞后蹲下)

(趴在地上的"大萝卜"伸伸懒腰站起来。)

大萝卜:"我是一个大萝卜,你们看我长得多大多甜呀!"

第二场:团结合作拔萝卜

旁白:"过了一段时间,老公公又来到地里,看他种的萝卜。"

老公公:"长呀,长呀,萝卜呀长得大呀!(用手轻轻抚摸大萝卜)长呀,长呀,萝卜呀长得甜啊! 今天,我就来拔萝卜喽!"

老公公(唱):"拔萝卜,拔萝卜,哎哟哟,哎哟哟,哎哟哎哟拔不动! 哎哟哎哟拔不动!"(边唱边身体跟着前后摇晃,表现拔不动的样子)

老公公(单手做喇叭状喊):"老婆婆,快快来,快来帮我拔萝卜!"

老婆婆:"哎! 来啦! 来啦! 老公公拔不动萝卜,我去帮他拔萝卜! 来了,来了!"

老公公:"预备——拔!"

众人(齐唱):"拔萝卜,拔萝卜,哎哟哟,哎哟哟,哎哟哎哟拔不动! 哎哟哎哟拔不动! 小姑娘,快快来,快来帮我们拔萝卜!"

老婆婆:"小姑娘,快快来,快来帮我们拔萝卜!"

小姑娘:"哎! 来啦! 来啦! 老婆婆他们拔不动萝卜,我来帮他们拔萝卜! 哎! 来啦! 来啦!"

老公公:"预备——拔!"

众人(齐唱):"拔萝卜,拔萝卜,哎哟哟,哎哟哟,哎哟哎哟拔不动! 哎哟哎哟拔不动! 小花狗,快快来,快来帮我们拔萝卜!"

小姑娘:"小花狗,快快来,快来帮我们拔萝卜!"

小花狗:"汪! 汪! 汪! 来啦,来啦!(边叫边跳上场)小姑娘他们拔不动萝卜,我去帮她们拔萝卜! 汪汪,汪汪,来啦,来啦!"

老公公:"预备——拔!"

众人(齐唱):"拔萝卜,拔萝卜,哎哟哟,哎哟哟,哎哟哎哟拔不动! 哎哟哎哟拔不动!

小花猫,快快来,快来帮我们拔萝卜!"

小花狗:"小花猫,快快来,快来帮我们拔萝卜!"

小花猫:"喵! 喵! 来啦,来啦!（双手打开放在脸颊旁)小花狗他们拔不动萝卜,我来帮他们拔萝卜! 喵! 喵! 来啦,来啦!"

老公公:"预备——拔!"

众人(齐唱):"拔萝卜,拔萝卜,哎哟哟,哎哟哟,哎哟哎哟拔不动! 哎哟哎哟拔不动!"

小姑娘:"哎呀! 萝卜怎么还是拔不出来呀!"

众人(齐):"是呀! 是呀!"

老婆婆:"孩子们,别着急! 我们一齐数,一、二、三,使劲往外拔!"

众人(齐):"好! 好!"

老公公:"预备——拔!"

众人(齐):"一、二、三,哎哟! 萝卜拔出来啦! 萝卜拔出来啦!

众人(齐):"萝卜,萝卜,真漂亮! 又大又甜,真好吃,我们一起拔萝卜,拔起萝卜真开心!"

(3) 场景三:剧本研讨之服装、道具

大家对表演和角色基本了解了之后,开始想可以怎么装扮自己,随后就来到南瓜乐园开始寻找材料了。熙熙找来了一根藤条和一块斑点布,她用藤条弯了两个三角形的形状,把猫耳朵粘在了自己的发箍上,接着用花瓣装饰猫耳朵,装饰好后发现花瓣太少了,她又去找了一圈,找来找去都没有找到,于是她来到了田园创作区,问小朋友借了黄色颜料,把藤条涂成了黄色,让它看起来更像尾巴(见图4-2-17)。

图4-2-17　幼儿用自然物装扮角色

波波把南瓜乐园地上掉下的叶子都捡了来,还拿了一根藤条来,他让老师帮忙把藤条绑在身上绕一圈,留了短短一节当尾巴,接着他在叶子上粘好双面胶,把叶子一片片粘在了腰周围一圈,肩膀上也粘了几片,这样狗狗的衣服也做好了,他还照了照镜子,对于自己的造型很满意。等等从大树旁边找来了一节粗树枝,然后又拿来了玉米须、棉花,他把树枝当拐杖,然后在下巴那里粘了一条双面胶,把玉米须粘上去当了胡须。

教师的评价与反思 逐个突破,善用材料

（1）引导幼儿寻找问题根源,逐个解决突破

统一表演的动作台词,寻找材料、制作道具的过程,也是幼儿与材料和同伴互动的过程。幼儿在互动的过程中,会碰到各种各样的问题,在解决问题时幼儿会通过相互协商、积极讨论,寻求解决问题的办法。"问题"是幼儿学习的契机,可以帮助幼儿形成多种经验的综合建构,促进幼儿的整体性发展。教师指导幼儿聚焦问题核心逐个突破。

通过发现问题、解决问题,将问题与对应解决办法罗列出来并张贴在表演板上,不仅提升了幼儿主人翁的感觉,也帮助幼儿建构新经验,提高表演能力。

（2）巧用田园材料,妙扮剧本角色

经过前段时间的研讨和练习,现在的孩子对自己扮演的角色和表演的内容都比较熟悉了。大致讨论过后,大家就开始抓紧时间利用一切随手可得的自然资源和材料装扮自己了。有的孩子重做新的装扮,有的孩子在原有的基础上进行了一些加工。扮演萝卜的孩子都很可爱,每人摘了一片萝卜的叶子把它们用夹子固定在头发上;等等从大树旁边找来了上次使用过的一节粗树枝,然后又拿来了玉米须、棉花,他把树枝当拐杖,然后在下巴那里粘上了用一条双面胶、玉米须制作的胡须;"老婆婆"用了一片大叶子围在胸前做围兜;"小姑娘"用番薯的藤条围绕着自己一圈做了一条漂亮的裙子;波波捡了一段柱子的枯枝放在腰的后面当尾巴,接着他在叶子上粘好双面胶,把叶子一片片粘在了腰围成一圈,肩膀上也粘了几片。孩子们装扮完毕后争先恐后地照了照镜子,对于自己的造型很满意。

3. 表演火爆,观众太多怎么办?

（1）第一场:老爷爷种萝卜

旁白:"从前,有一位老公公,他在地里种了些萝卜。"（老公公拖着沉重的步伐向舞台走去）。

图 4 - 2 - 18　节目火热排练中

在这里为了烘托氛围,我们和孩子一起选择了一个入场的音乐《十面埋伏》,音乐响起,孩子们停止了喧哗,注意力都集中在舞台表演的"老公公"身上。

老公公:"今天的天气真正好,我到地里种萝卜,种下萝卜真高兴,萝卜萝卜快长大。"（边说边做擦汗的动作）

在这里我们添加了一个入场的音乐《欢天喜地》,配合群演大萝卜们的群舞《萝卜之舞》（见图 4 - 2 - 18）。

众萝卜:"阳光照,雨水笑,萝卜萝卜

长得好!"(集体跳萝卜舞后蹲下)

(趴在地上的"大萝卜"伸伸懒腰站起来。)

大萝卜:"我是一个大萝卜,你们看我长得多大多甜呀!"

(2)第二场:团结合作拔萝卜

旁白:"过了一段时间,老公公又来到地里,看他种的萝卜。"

老公公:"长呀,长呀,萝卜呀长得大呀!(用手轻轻抚摸大萝卜)长呀,长呀,萝卜呀长得甜啊! 今天,我就来拔萝卜喽!"

老公公(唱):"拔萝卜,拔萝卜,哎哟哟,哎哟哟,哎哟哎哟拔不动! 哎哟哎哟拔不动!(边唱边身体跟着前后摇晃,表现拔不动的样子)"

老公公(单手做喇叭状喊):"老婆婆,快快来,快来帮我拔萝卜!"

老婆婆:"哎! 来啦! 来啦! 老公公拔不动萝卜,我去帮他拔萝卜! 来了,来了!"

老公公:"预备——拔!"

众人(齐唱):"拔萝卜,拔萝卜,哎哟哟,哎哟哟,哎哟哎哟拔不动! 哎哟哎哟拔不动! 小姑娘,快快来,快来帮我们拔萝卜!"……

接着按照故事的顺序,小姑娘、小花狗、小花猫分别上场表演。孩子们的顺序和节奏都把握得很好,偶尔需要老师的提醒。结尾处增加了音乐《欢天喜地》,最后众人齐唱:"一、二、三,哎哟! 萝卜拔出来啦! 萝卜拔出来啦! 萝卜,萝卜,真漂亮! 又大又甜,真好吃,我们一齐拔萝卜,拔起萝卜真开心!"大家完美结束演出。

这边热火朝天的干劲和一阵阵开心的笑声很快就吸引了其他区域游戏的孩子们。他们纷纷向南瓜小剧场围拢了过来,围在舞台周围开始看起了表演。原本给小观众坐着的小台阶已经不够用,大家有了你推我挤的现象。有些人都挤到了舞台的旁边,"导演"有点着急了,让大家不要走来走去。

老师:"你们的表演太精彩了,大家都来看是挺好的,但是人实在是太多。怎么办啊?"

等等(大班)对着大家说:"大家都坐好,不要挤到舞台的边上。"

茜茜(大班):"我们可以卖票,大家有票的可以看,没有票的可以等下一场表演的时候再来买票观看。"

跳跳(中班):"我们用什么东西当票呢?"

熙熙(大班):"我们可以用树叶当票。"

等等(大班):"是的,我们用不一样的树叶代表不同的位置,黄色代表一排、绿色代表一排。"

老师:"这个办法实在是太好了,那你们准备起来吧。"

不一会新的一场演出就开始了,陆续有孩子来买票观看演出。孩子们用石子、木块、花瓣等购买观看演出的树叶票。演员和观众们都井然有序、和谐有趣,就像是在观看真正的演出一样(见图4-2-19)。

图4-2-19　观众买票看演出

教师的评价与反思　发散思维·联动创新

（1）教师及时介入，做孩子游戏的引路人

当孩子的活动存在着安全隐患的时候，教师需要及时介入帮助孩子们做好安全保障工作。例如：孩子看演出的时候你争我抢和拥挤可能会产生安全事故，教师需要及时介入。只有在保证安全的前提下，才能够更好地进行游戏活动。当孩子们的游戏遇到瓶颈，出现困难的时候教师需要介入，还需要提供合适的解决办法，帮助幼儿提升表演的能力，提升孩子们的游戏水平。

（2）有效利用材料，一物多用发散思维

幼儿能自主选择自己喜欢的、适合自己发展水平的材料。比如幼儿的观看门票，教师可以提供笔和树叶，让能力较弱的幼儿在树叶上添画制作门票，能力较强的幼儿可以让他自己去寻找他觉得南瓜乐园里面可以当门票的材料，像石头、短小的树枝等，这些方便传递、易收集的材料都可以用来表征。使用低结构的表演材料能激发幼儿长久、广泛的兴趣，也能提升幼儿的想象与创造能力。

（3）链接《指南》意见，环创引发实践

《指南》中指出："要珍视游戏和生活的独特价值，创设丰富的教育环境。"梅山幼儿园有着丰富的自然资源——南瓜乐园，为贯彻"课程游戏化"的理念，我们在南瓜乐园创设了一系列户外游戏内容，其中"田园大舞台"相比于室内表演区在空间和材料上的局限性，更能激发孩子们的表演兴趣和表演潜能。自然材料具有随手可得、可塑性强的特点，利用各种南瓜乐园现有的自然资源，我们启发幼儿就地取材，引导幼儿想象创造。通过加工和制作，这些看起来简单的自然材料成为既受幼儿喜爱又能激发幼儿表演兴趣的游戏材料。

（三）游戏总结

幼儿天生喜欢表演。"田园大舞台"正因为处在南瓜乐园，才给幼儿提供了更加宽松、愉悦的游戏空间。幼儿园本着"儿童本位"的教育理念，积极创设户外表演游戏环境，让幼儿不受空间限制，在自由快乐的表演游戏中，在南瓜乐园美妙的自然环境中，在教师适度、有效的引导下，让幼儿尽情表演、爱上表演，从而使其各方面的能力得到发展。

三、春天的花手帕

（一）游戏缘起

刚下完雨，太阳出来了，餐后，教师带着孩子们来到南瓜乐园里散步，突然小瑜不小心摔了一跤，她白色的裤子沾染上了青草的印记，变得绿绿的了。孩子们都很奇怪，"这是怎么回事呢？""裤子为什么会变绿呢？"……这个有趣的现象立即吸引了孩子们的兴趣，激发了他们探索的欲望。

中国著名教育家陈鹤琴先生曾提出"大自然、大社会都是活教材"的概念，学前儿童是在周围环境中学习的，因此应该以大自然、大社会为中心组织课程。而南瓜乐园的艺术创作活动就是通过对各种自然物的加工,制作出各种独特的艺术作品。于是,教师跟随着孩子们的想法,让幼儿在幼儿园独有的南瓜乐园里探索,开启了一场奇妙的花手帕之旅。

(二)游戏实施

1. 我们遇到的问题——裤子上一抹绿是怎么来的?

为什么白色的裤子沾染青草的印记,变得绿绿的了呢? 孩子们都很奇怪,他们就这一情况进行了讨论,有的说这是小草的影子,有的说这是露水沾了颜料染上了,有的说这是小草里面的水把小瑜的裤子弄湿了⋯⋯孩子们的想法五花八门,但是都对别人的想法提出异议,认为自己的才是正确的,大家谁也不服谁。

大班的幼儿对于生活已经有了一定经验,从小班开始孩子们就不定时地会来南瓜乐园里玩,平时他们并没有注意到这个点,今天他们突然发现了青草把裤子染绿了,于是,他们对这一现象产生了浓厚的兴趣,并进行了激烈的讨论。最后孩子们把目光看向了教师,希望老师来做他们的裁判。

老师:"小瑜发生了什么事,才让裤子上有绿色的印记?"

婧婧:"她摔了一跤。"

老师:"我这里有一块白手帕,你们试试把它摔到青草上会怎么样呢?"

孩子们点了点头,接着把手帕扔到草地上,只见手帕轻轻地飘落在草地上,什么印记都没有。孩子们跑了过来说:"老师,什么都没有。"教师问他们是怎么摔的? 他们一边用动作来演示刚才扔的方法,一边嘴里还念着是这样扔的(见图4-2-20)。

图4-2-20　扔手帕

老师:"刚才小瑜摔在草地上,也是这样轻飘飘的吗?"

珊珊摇了摇头,说:"不是,小瑜摔得可重了。可是,我们试了几次,不管我们怎么扔,手帕总是轻轻地落下来,老师,你能帮我们想想办法吗?"

老师:"你们想一想,如果我们只是把裤子扔在青草地,它会重重地摔在那里吗?"

珊珊:"不知道。"

老师:"那为什么裤子会变重呢?"

波波:"老师,我知道了,因为小瑜穿着裤子,裤子就变重了,我们可以找一块石头,把它包在手帕里面,手帕就会变重了。"

教师请孩子们自己去试一试(见图4-2-21)。很快,孩子们用手帕包好石头,然后拿起白手帕往青草上使劲地扔,孩子们发现白色的手帕沾染上了绿色的印记(见图4-2-22)。

孩子们都惊奇地说,原来真的是小草里面的水。接着,孩子们又问:"老师,小草是绿色的,它里面的水也是绿色的,那红色的花,里面的水是不是也是红色的呀?"教师说:"老师也没有试过,你们可以自己试试。"于是,一场关于自然物拓印的游戏就此拉开了序幕。

图 4 - 2 - 21　波波包石头

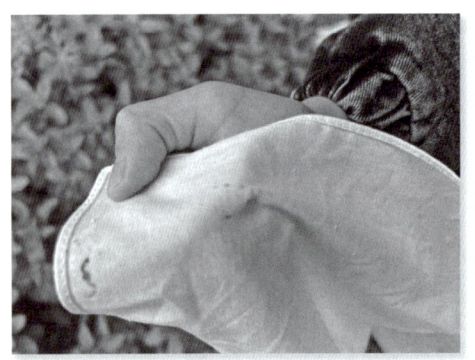

图 4 - 2 - 22　手帕上的印记

教师的评价与反思　发现游戏价值，创造支持条件

（1）善于发现游戏中的教育价值，适时介入

幼儿的兴趣是学习的出发点，没有兴趣孩子们就没有探索知识的欲望，而孩子的一句话、一个问题或者一件小事都能生成一个课程，从而激发孩子主动探索和学习的兴趣，本次活动教师通过幼儿一次偶然的裤子染色出发，引导幼儿去研究为什么裤子会染上颜色，激发幼儿的兴趣点，把握时机，积极引导，从而推进课程探索，引发幼儿主动探索拓印的脚步。

（2）创造条件支持引导，促使幼儿全面发展

孩子们在讨论、操作的过程中，各方面的能力都得到了发展。例如：在讨论的过程中，他们需要把自己的想法说出来，需要思考别人的想法是否合适，从中发展了他们的语言表达能力、逻辑思维能力等。在讨论后，他们还对自己的想法进行了操作、验证，从中发展了他们的动手操作能力、独立思考能力等。

2. 我们遇到的问题——如何选择拓印的植物？

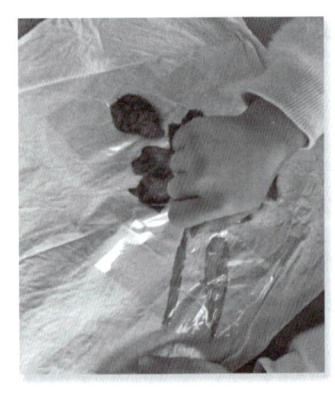

图 4 - 2 - 23　干枯的竹叶

孩子们拿着篮筐和剪刀，在南瓜乐园里寻找自己喜欢的花花草草，然后放在手帕上用透明胶固定住，使劲地用石头敲呀敲。很快，里面的汁水出来了。孩子们兴奋地跑到教师面前，举着手帕说："老师，你看，颜色出来了。真的是红色的花里面的水是红色的，黄色的花是黄色的。"孩子们三五成群围在一起，互相欣赏着自己敲出来的颜色。忽然，婧婧举着手中的手帕问："老师，为什么我的手帕里没有颜色呀？"原来她的手帕上贴着的是一片竹叶，还是一片枯萎的竹叶（见图 4 - 2 - 23）。

听着婧婧的问题，教师请小朋友坐了下来，把这个问题抛给小朋友，请小朋友一起讨论原因，并请他们把自己猜测

的原因记录了下来,让他们自主选择合作伙伴和一种猜测的原因,一起去验证是不是真的如他们所想的原因造成的这些问题。

孩子们积极行动起来,根据自己选择的办法,去寻找材料进行验证(见 4－2－24)。只见他们先摘了几片青菜叶子、芹菜叶和茎,用透明胶固定了之后,用石头使劲地敲了敲,很快就有汁水出来了。接着,他们又找来了竹叶、樟树叶,用同样的方法进行操作。结果很快出来了,通过验证,小朋友发现虽然都是叶子,但是蔬菜叶子的汁水多,树的叶子汁水少,有些干枯的叶子一点汁水都没有。孩子们知道了造成这些问题的原因。那么如何解决这些问题呢? 孩子们又

图 4－2－24　孩子进行创造

展开了激烈的讨论,最后他们想出了一些解决问题的办法:在挑选材料时,尽可能地挑选南瓜乐园里的蔬菜,如果喜欢树叶的形状,那可以先摘一片,折一下,看看会不会有汁水出来,如果有汁水,这个材料适合,如果没有汁水,那这种材料就不要了。选择花的时候,也是如此,可以先摘一朵敲一敲,看看会不会出汁水,会出的可以用,不会出的就不要用。

教师的评价与反思　聚焦核心,发现特性

(1) 丰富、拓展幼儿的认知

中国著名教育家陈鹤琴先生曾提出"大自然、大社会都是活教材"的概念,学前儿童是在周围的环境中学习,应该以大自然、大社会为中心组织课程。孩子们的很多认知就是通过生活中的操作而获得的。在本次活动中,由于孩子们对竹叶的认知不够,他们不知道竹叶是那种水分较少的叶子,在敲打之下很少有汁水出来,而婧婧的这片枯萎的叶子是没有水分的,因此,不管她怎么敲,都没有颜色出来。但是他们却认为只要是叶子、花瓣都能打出汁水来。小朋友的这种认知导致他们在选择材料时只选择自己喜欢的,而不是出汁水高的植物,也就出现了婧婧碰到的这种情况。

(2) 鼓励幼儿合作协商、聚焦问题

在游戏的过程中,孩子们总会碰到各种的问题,而教师不会时时刻刻都在身边。因此,我们就要发展幼儿的合作解决能力。就如这次的游戏,孩子们碰到问题之后,通过讨论,将自己的想法与他人碰撞,然后确定确实可行的方法,并通过实际操作进行验证,孩子们在解决问题的同时,还发展了他们的能力。

3. 如何选择最合适的拓印工具?

有了上一次的经验,这一次寻找游戏材料时孩子们都选择了会出汁水的叶子和花瓣。

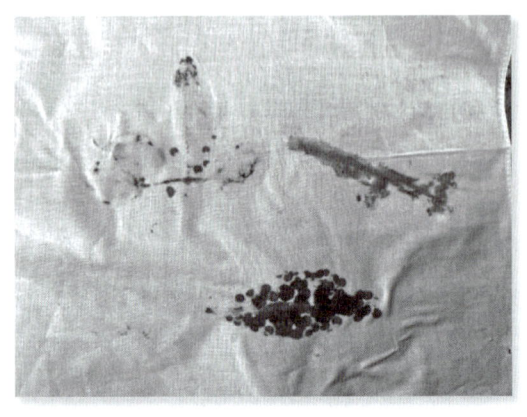

图4-2-25　用手帕拓印的作品

孩子们非常开心地把这些材料放在手帕上，用透明胶固定之后，他们有的拿石头使劲地敲，有的拿记号笔使劲地压（见图4-2-25）。游戏快结束了，孩子们坐在一起互相欣赏着作品，还小声地讨论着在游戏时碰到的问题。只有婧婧一个人还在使劲地敲着她的叶子。

涵涵："为什么我敲出来的颜色是一点一点的？"

媛媛："笔太小了，滚着滚着就掉了，如果大一点就好了。"

俊俊："我用石头敲了之后，看不出叶子原来的样子。"

珊珊："我用笔滚的时候，叶子只印出了中间的叶脉，如果都能印出来就好了。"

扬扬："记号笔上面有一个笔扣，滚的时候总会卡住，不能一滚到底。"（见图4-2-26）

听了孩子们所提出的这么多问题，教师请小朋友一起来想想怎么办。

波波："老师，我们可以用大一点的笔或者粗粗的棍子滚，这样就能抓住，不会掉了。"

俊俊："老师，我们用包饺子的棍子吧，我家有，就是擀面杖，我妈妈包饺子的时候用它，很快就把饺子皮弄平了。"

老师："这是一个好办法，你们在下次游戏时可以试试。"

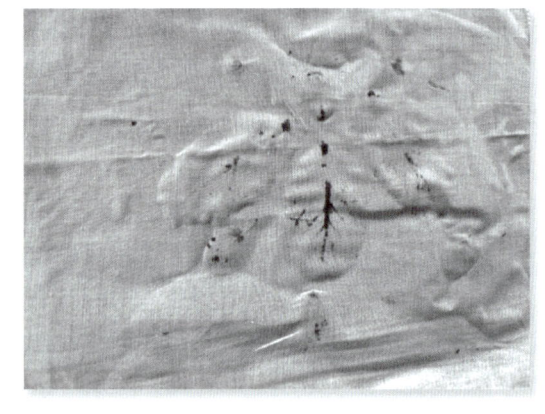

图4-2-26　用记号笔拓印的作品

接着，教师请婧婧把她的作品拿过来，说说她碰到的困难，请小朋友一起来想想如何解决她时间不够的问题。不知是谁看着作品说了一句，"好多叶子呀"。马上孩子们就七嘴八舌地议论开了。

珊珊："她摘叶子的时间太多了，我们都已经摘回来了，她还在摘。"

俊俊："她摆叶子花了很多时间，我们都快敲好了，她还在摆。"

总的说来，就是她材料收集得太多，导致每一步都比别人慢。最后，孩子们帮忙想出来的办法是：不要一下子摘很多，可以先摘一些来摆放，如果不够再去摘，这样既不会浪费时间（完不成作品），也不会浪费材料（摘下来的叶子和花，时间放久了就不能用了）。听了孩子们的建议，婧婧点了点头，表示下一次会注意的。

　融入自然，感受自然之美

（1）及时关注幼儿表现，介入指导

在整个活动中，教师以观察者、引导者的身份参与其中。大班孩子的思考能力、动手创造能力都已经发展得很好，能尝试着独立解决碰到的问题。因此，在游戏中，如果小朋友碰到了困难，教师不要急于介入，而是要先用观察者的身份观察幼儿，看看他们是否有能力自己来解决问题。如果不能解决，教师再以引导者的身份引导幼儿解决问题，并借此机会，发展幼儿解决问题的能力。在每一次的游戏中，当孩子们碰到了困难，教师都会请他们把问题用绘画的方式记录下来，然后请他们一起讨论造成问题的原因以及解决的办法，还会让他们验证自己所想到的方法是不是正确的，这样，不但增强了幼儿探索真相的欲望，发展了他们的动手操作能力，还积累了孩子们的各种经验，也为他们以后的发展奠定了基础。当孩子们所想的办法无法做到时，教师也不会直接反对，而是采用追问的方式，引导他们思考、判断，必要时进行尝试。这样，孩子们就会更加愿意自己动脑想办法，而不是一味地依靠教师。

（2）以发展的眼光看待幼儿的进步，支持鼓励

在这一次游戏中，我们不难看出孩子们的进步，他们不但在材料的选择上有了进步（选的材料都是出汁水较高的叶子、花等自然物），在操作的方法上也进行了改变，由原来的用石头敲出一点一点到现在用笔滚的方法拓印（受压面更大）。虽然效果没有我们所希望的那么好，但他们都在进行探究、发展。在整个活动中，孩子们对于自己的失败不气馁，一遍一遍地去尝试，寻找失败的原因以及解决的方法。因此，我们要用积极的态度来看待，并积极鼓励他们，让他们有更多的热情投入到拓印的探索中。

（3）游戏活动融入自然，生态和谐

孩子们喜欢一切美的事物，他们对喜欢的东西的表现往往是将它占为己有，在游戏中也是如此。婧婧喜欢漂亮的花花草草，在收集材料时，她就不停地摘摘剪剪，别的小朋友都收集完了，她还在收集，这样的操作导致她不仅浪费了采摘来的植物，还没法在游戏时间内完成作品。因此，我们要对这一现象及时进行讨论、教育。让幼儿懂得不仅是食物上不能浪费，还有水、玩具、操作材料等都不能浪费，培养幼儿节约的良好习惯。

4. 拓印植物如何构图摆放

游戏结束后，孩子们拿着作品兴高采烈地回到教室，请同伴一起欣赏。看着看着，忽然祥祥说了一句："一点都不好看，我都看不出是什么东西。"听他这么一说，很多孩子们也表示不好看。真的，手帕上只有一块一块的颜色，还东一块、西一块的。但是，也有小朋友觉得手帕上的颜色很漂亮，有绿色、红色、黄色。对于这个印染过的手帕到底漂不漂亮，孩子们还展开了激烈的辩论，大家谁也不让谁。

看到孩子们僵持不下，教师出示了一幅简单的蜡笔画，上面有黄色、红色的花朵，绿色

的小树、草地,漂亮的小房子,并请小朋友说一说,这幅画漂亮吗? 为什么? 这次,孩子们的意见统一了,他们都觉得漂亮。因为上面的颜色很漂亮,还能清楚地看出上面画的房子、小树、花朵等。看到孩子们都喜欢这样的画,教师又问了一句:"那能不能我们在手帕上也拓印出一幅图画呢?"

俊俊:"老师,我们只有花、菜叶子可以印染,怎么弄出小房子呢?"

萱萱:"我们的芹菜太长了,手帕都放不下了。"

珊珊:"老师,我有办法了,我们可以像纸贴画一样,用小剪刀把叶子、花瓣剪出我们需要的形状,然后把它们拼在一起,再用棍子把它们的汁水滚出来,这样就能变成一幅漂亮的图画了。"

听了珊珊的想法,孩子们纷纷觉得这个办法不错。教师说:"这个说不定是个好办法,大家可以在下次游戏的时候试一试,看看能不能拓印出一幅漂亮的图画。"

时间很快,田园游戏的时间又到了。与上次一样,孩子们很快就收集好了自己需要的材料,拿到艺创小屋之后,孩子们开始设计自己手帕上的图案,有的小朋友把芹菜的茎和叶子当成小树的树干、树枝和树叶;有的小朋友把青菜的叶子剪成小花的叶子和茎,摆放在小花的下面;有的小朋友用花瓣和菜叶,拼剪出小房子;还有的小朋友把红色花瓣剪成了圆形,把它当作太阳。设计完之后,他们请教师帮他们用透明胶固定住叶子和花瓣,嘴里还念着:"老师,你小心一点,别把我的花和叶子弄坏了。"等教师粘贴好,他们就急不可待地用擀面杖用力在上面滚来滚去,然后小心翼翼地翻过来看看手帕上是否拓印出了颜色。他们会因为拓印上了颜色而高兴,也会因为颜色不够明显而继续努力。当孩子们把透明胶撕掉,露出漂亮的图案的时候,孩子们都兴奋极了,嘴里还嚷嚷着:"成功了,老师你快来看,我们成功了。"(见图 4-2-27)当然,也有一些孩子失败了,当他们看到别人成功的作品,神情不由地有点失落。为了让这些小朋友也能获得成功,教师请成功的小朋友来介绍自己是怎么做的,以便失败的小朋友自己对照,找出失败的原因。通过交流,孩子们发现在拓印时,要用力,这样才能把汁水挤压出来,才能拓印出成功的作品。同时,教师还采用结对帮助的办法,请成功的小朋友与失败的小朋友结对,帮助他们找出失败的原因,并告诉他们正确的方法,使他们获得成功。在一次次的操作中,每个孩子们不但能获得成功的喜悦,还能创造出一幅幅美轮美奂的作品。

图 4-2-27　小朋友设计的图案

在介绍自己作品的时候,婧婧拿着自己的作品说道:"我的作品是一个好听的故事,它的题目叫《丛林的故事》……"孩子们的兴趣一下子就出来了,原来只是简单介绍自己作品的小朋友也纷纷举手,表示自己的作品也是一个故事,想上来把这个故事讲给大家听(见图4-2-28)。

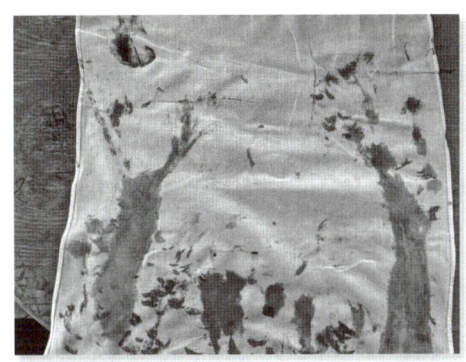

图4-2-28　作品《丛林的故事》

媛媛:"我的手帕里讲的是《小兔子的故事》,里面有一只可爱的小兔子……"

珊珊:"我手帕里故事的题目叫《春天的小树林》,春天到了,树林里的花开了,小树长出了嫩绿的叶子……"

小瑜:"我手帕里的故事讲的是春天到了,花儿开了,我在很开心地摘花……"

通过这一次的作品分享,孩子们在再次进行拓印游戏时,不再像以前那样只是简单地摆放,而是代入情节,通过一幅画来表示一个故事,他们对植物拓印的兴趣也越来越浓。分享结束后,有的孩子把作品留在了艺创小屋,有的孩子把作品带回了教室,还有的小朋友把作品带回了家。

教师的评价与反思　重视游戏过程,肯定幼儿创作

(1)重游戏过程轻结果,促进幼儿个体全面发展

本次的艺创活动来源于幼儿在散步时的发生的偶然事件,从而引起了幼儿对自然色素的兴趣,利用植物本身存在的色素,在一次次的游戏、验证过程中,通过敲打、擀压等方式使其沾染在白色的手帕中,形成一幅漂亮的作品。在游戏的过程中,孩子们不但学到了科学知识,还激发了探究兴趣,学习了发现问题、分析问题、解决问题的方法,同时发展了感受美、欣赏美、创造美的能力。

在整个活动中幼儿成为了组织者和参与者,他们的知识和经验为活动的开展奠定了基础。随着经验的慢慢累加,兴趣慢慢拓展衍生,他们成了自己学习的主人。同时,教师引导幼儿以亲身经历的实践为基础,层层递进、深化、拓展活动。

(2)强化点评分享,提高幼儿学习能力

点评不但能够激发孩子学习、游戏的动力,还能让他们明确自己的不足和努力的

方向，也是让幼儿提升学习能力的有效手段之一。在游戏结束之前，教师会对孩子的游戏情况进行点评，让他们明确在今天的游戏中他们哪些方面很好，哪些方面不足，在下一次的游戏中应该怎么改进，等等，使孩子们更加愿意参与到这一游戏中来。

（3）美化作品呈现，支持肯定幼儿创作

幼儿作品的处理方式多种多样，在处理时，要让孩子感受到老师对作品的重视，这样他们就更加愿意去创造作品。例如：我们可以把孩子的作品展示在创意小屋或教室里，这样不但装饰了环境，让艺创小屋和教室更加美丽，还可以让其他小朋友欣赏到漂亮的作品。进行创作的小朋友在把自己的作品介绍给别人时，不但发展了语言表达能力、社会交往能力，同时还产生了自豪感。孩子们的艺创作品也可作为礼物送给家人或好朋友等，这样不但可以让亲朋好友欣赏到孩子们的作品，还能与他们分享自己创作成功的喜悦。总之，要使幼儿的努力与创造体现出相应的价值。

（三）游戏总结

大自然里蕴含着许多神奇的颜色，这些颜色有些呈现在表象，有些藏匿在深处，幼儿一次意外的发现，生成了颜色拓印的游戏。在过程中幼儿发现了植物多汁的特性，尝试用多种工具提取植物色素，并通过艺术创作活动感受到了自然之美。

第五章 田园节庆活动

"一枝一叶皆生命,一粟一黍本天然。生命构成大自然,生命体验即教育。我们全身心地浸润在田园之中,让生命之花自然绽放。植入希望,感恩收获;舒心欢笑,快乐游戏;健康成长,祝福未来。从春耕到夏耘,从秋收到冬藏。我们在田园大地的怀抱中挥洒下汗水,自由、真挚,为童年涂抹绚丽的色彩。"这是梅山幼儿园一直在追求的理想画面。

第 一 节 春耕开锄

"春耕深一寸,可顶一遍粪。春耕不肯忙,秋后脸饿黄。"开锄,意味着一年劳动的开始;举办开锄节,是人们期盼通过一年的辛勤劳动,希望收获快乐、健康、和谐与幸福。同时,春日里的清明节是我国传统节日,幼儿园举办系列活动让幼儿了解清明节的意义、来历及风俗习惯。春游,也是春日里孩子们非常期待的一个活动,春暖花开,孩子们可以在春日里嬉戏,感受春天带来的美好。

一、节庆活动:春分开锄,播种希望

(一)活动背景

"春种一粒粟,秋收万颗子",春天是播种的季节,也是万物复苏的开始。为了田园课程的扎实落地,梅山幼儿园开展田园节日之"开锄节"。春分之后是播种的好时节,将二十四节气的教育意义蕴含在耕种活动中,可以让幼儿感受春耕的劳动氛围,体验劳动带来的快乐,传承二十四节气文化。

(二)活动目标

1. 通过收集种子、了解农具的演变进而了解传统农耕文化,对春耕开锄有初步的认识。

2. 乐意亲身参与开锄种植活动,与同伴合作完成翻地、播种、栽种秧苗的任务,体验植物生长的奇妙。

(三)活动时间

惊蛰前后。

（四）活动准备

（1）收集各种各样的种子。

（2）收集各种各样的农具。

（3）各种秧苗。

（五）活动思考路径

以幼儿兴趣为依据进行活动审议,我们收集了幼儿关于锄具及种植的原有经验,链接《指南》和核心经验,基于各年龄段的学习目标、学习方式,形成活动思考路径(见表5-1-1)。

表5-1-1　活动思考路径

收集旧经验	探索及体验新经验	整理新经验及感受
① 生活中认识常见种子及锄具的经验 ② 生活中参与植物角种植的经验	① 收集各种种子、农具 ② 参与开锄种植活动	① 了解农具的演变 ② 知道开锄种植的步骤 ③ 感受植物生长的奇妙

（六）活动思维导图

活动开始前我们通过提问了解了幼儿对于开锄节的前期经验,例如:什么是开锄节?为什么要举办开锄节? 开锄节要做哪些事? 在活动进行时我们根据幼儿年龄特点进行了分年龄段活动:小班幼儿收集各种各样的种子后进行展览;中班幼儿收集各种各样的农具并进行展览;大班幼儿举行了田园主题的画展。根据开锄节开展的活动,形成了思维导图(见图5-1-1)。

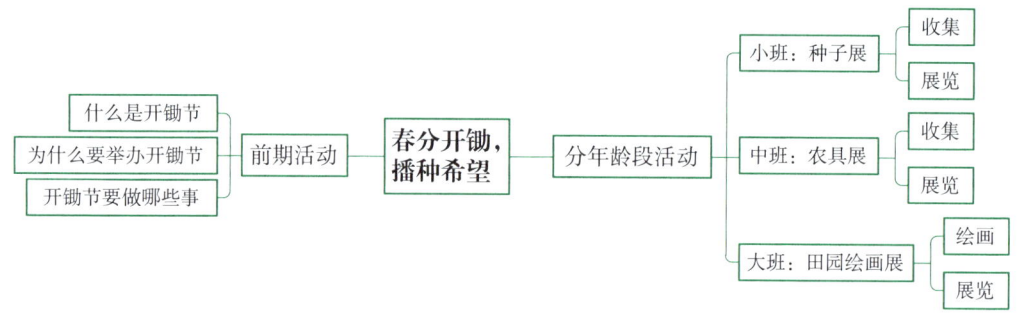

图5-1-1　开锄节的思维导图

（七）活动内容

在万物复苏的春天,为了让孩子们体验劳动的乐趣、尊重劳动成果,梅山幼儿园如期举行开锄节。孩子们通过认识种子、了解农具、亲身体验等环节,感受着春耕的劳动氛围,体验着劳动带来的快乐。

老师:幼儿园的春天真美啊(见图5-1-2)。我们马上就要迎来开锄节啦! 你们知道什么是开锄节吗? 为什么要举办开锄节? 开锄节要做哪些事情呢?

幼1:我们可以种种子啦!

　　　　　a　　　　　　　　　　　　　b　　　　　　　　　　　　　c

图 5-1-2　春天各种美丽的花朵

　　幼 2：需要铲子、铁锹等工具来帮助我们。

　　幼 3：我想种西瓜、五颜六色的豆子！……

　　孩子们你一言我一语，对开锄节的活动充满了期许，你瞧！这是什么种子？（见图 5-1-3）孩子们对种子产生了好奇，看一看、摸一摸，原来种子是这样子的，在小小介绍员的讲解下才认识了它，知道它们的名字。

　　　　　a　　　　　　　　　　　　　b　　　　　　　　　　　　　c

图 5-1-3　小朋友认识幼苗

　　幼 1：你看，这是葫芦的苗，它喜欢有阳光的温暖环境，害怕冻着。

　　幼 2：这是花生，它有一层薄薄的壳，里面是白乎乎的身子（见图 5-1-4）。

　　认识了种子宝宝后，孩子们十分期待种子开花结果，可是又该怎么播种呢？

　　小朋友提出要找农具来帮忙，如锄头、铁锹、水壶等等，有些是认识的，可有些是从来也没见过的，他们看一看、摸一摸、猜一猜，一点点探索农具的使用方法，感受着劳动工具的变化（见图 5-1-5）。

图 5-1-4　小朋友认识花生

a

b

c

图 5-1-5　小朋友认识各种工具

穿上"装备",带上农具,"小农民们"兴致昂扬,跟着春姑娘来到南瓜乐园里拔草、松土(见图 5-1-6),一个个都非常能干! 不一会儿,土地就大变样了!

a

b

图 5-1-6　小朋友们亲手种植

接着,孩子们用小铁锹在泥土里挖出一个个小洞,将手里的种子小心翼翼地放进去,轻轻地盖上土,拍了拍。再拿出小水壶给种子浇水,希望在水的滋润下,小种子能快快发芽。

春意盎然的梅山幼儿园百花盛开、美不胜收,孩子们希望能将这美丽的春天通通留下来。小画家们纷纷拿起画笔、颜料,勾画出一张张绚丽的画卷(见图 5-1-7)。还有的小朋友们用各种材料,制作各种春天的手工,装点着幼儿园。

a

b

c

图 5-1-7　小朋友们在画画

孩子们完成的一幅幅画作被摆在南瓜乐园前展览,孩子们都看得迈不开腿,和同伴一起驻足观赏(见图5-1-8)。

a   b

图5-1-8 画作在南瓜乐园里展览

在这生机勃勃的春天里,孩子们在梅山幼儿园里快乐地嬉戏……梅山幼儿园每年都如期开展田园节日"开锄节",让孩子们在南瓜乐园里亲近自然、接触自然、认识自然。希望"小种子们"都能在我们的期待中,悄然发芽、茁壮成长!

二、节庆活动:"欢乐吃青",认知清明

(一)活动背景

"寒食青团店,春低杨柳枝。酒香留客在,莺语和人诗。"清明时节,小小的青团在手,吃的是江南味,品的是缅怀情。阴历4月4日是我国的传统节日清明节,在清明节即将来临之际,梅山幼儿园为了让幼儿了解清明节的意义、由来及风俗习惯,开展了"欢乐吃青"活动。

(二)活动目标

(1)了解清明节的相关食俗,能大致区分艾青与其他野菜的区别。
(2)学习制作艾青饺、艾青团等食物,感受当地传统的风俗。

(三)活动时间

清明节。

(四)活动准备

1. 场地准备(见图5-1-9)

2. 材料准备

摘青——艾青、箩筐2组,一组放摘好的青,一组放垃圾。

洗青——摘好的艾青,清洗艾青的盆、水、箩筐。

打青——砧板、西餐刀、手动榨汁机、装渣和汁的容器。

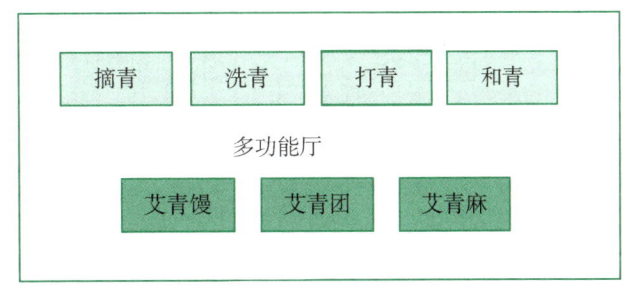

图5-1-9 场地准备图

和青——面粉、水、艾青汁、艾青渣、和面粉的盆。

艾青馒头——砧板、西餐刀、米筛。

艾青团子——砧板、红豆馅、米筛、糯米、保鲜膜。

艾青麻糬——砧板、芝麻馅、白糖、月饼印、米筛、松花粉。

艾青饺子——擀面杖、咸菜豆干馅、笋瘦肉馅、米筛。

（五）活动思考路径

为了触发幼儿的兴趣点，了解幼儿对于艾青团、艾青饺的认知程度，我们进行了活动前的准备，收集了幼儿的原有经验，整理了幼儿获得新经验的途径以及活动后整理获得的新经验，形成了活动思考路径（见表5-1-2）。

表5-1-2　活动思考路径表

收集旧经验	探索及体验新经验	整理新经验及感受
吃过艾青团、艾青饺的经验	① 观看绘本、视频 ② 多感官通道对比观察 ③ 动手制作艾青饺、艾青团	① 制作艾青饺、艾青团的经验 ② 了解当地清明节习俗的经验

（六）活动思维导图

活动开展前我们和孩子一起了解了清明节的时间、习俗、来历、历史渊源等，从幼儿的经验汇总中可以看出，幼儿对于清明节的习俗和食俗特别感兴趣，基于幼儿的年龄特点和学习方式，我们形成了活动思维导图（见图5-1-10）。

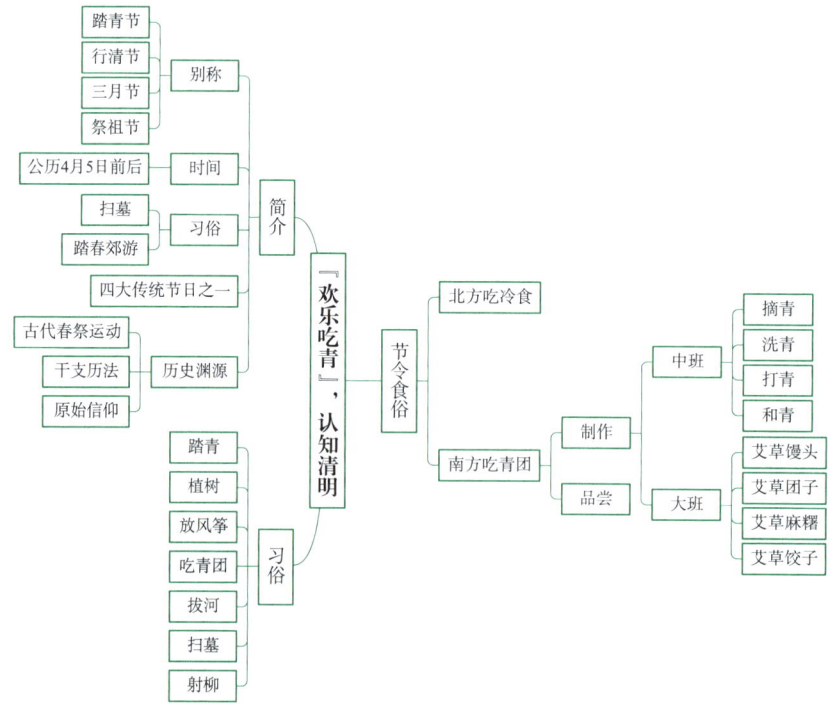

图5-1-10　清明节活动思维导图

（七）活动内容

活动前一天,幼儿园的老师趁着孩子们午睡之际,驱车来到了郊外,寻找着一处处绿色可人的艾青。寻找艾青还真不容易,由于采摘的人多,艾青的身影都藏匿于青青绿草中,需要大家细心地扒开草丛用剪刀轻轻地从根部剪下。人多力量大,通过不懈努力,老师们采集了大量的艾青。当嫩绿的叶子铺开来后,足足摊满了两大圆桌。中、大班的孩子们在老师的带领下,剔除了草叶上的杂质、枯叶,并把它们清洗干净后进行分装。随后,另一组孩子在教师的组织下,进行榨汁工作并冷藏,以备第二天使用(见图5-1-11)。

图5-1-11　采摘艾青、准备材料

清明节当天,中、大班的小朋友们来到了三楼大厅,这里已准备了齐全的材料和工具:有鹅黄色的松花、白色的糯米粉、黑白分明的芝麻白糖、亮闪闪的食用油、内白外绿的饺子皮、色彩缤纷的肉馅……这一份份一桌桌,顿时引起了孩子们的制作欲望,黑亮的眼睛寻找着自己喜欢的制作材料。随着一声"活动开始啦",一双双小手已迫不及待地开动起来,跟着家长义工的指导步骤,经过掐、捏、裹、团、印等动作,一只只青团、水饺、糕点已初具模样(见图5-1-12)。那碧绿的色泽和青草的香气好像让沉睡了一整个冬天的食欲蠢蠢欲动起来,咬上一口,就好像感受到扑面而来的春天气息。

图5-1-12　制作青团、饺子、糕点

孩子们一边用小手制作着青团,一边听着奶奶讲着青团在各地还有不同的叫法。上

图5-1-13 幼儿享用艾青大餐

海、宁波叫青团，苏州叫青团子，杭州叫青团子或清明团子，南京称清明团或春团，温州叫清明饼儿，金华叫清明果儿。这么多叫法让孩子们更觉得新奇与好玩。在场的每一个孩子和大人，都感受着节日的浓浓气氛。一盘盘青团、一组组水饺、一锅锅糕点组成了一桌桌形态各异的美食。小班的孩子们也来到了三楼，不仅参观了美观可口的食品，而且观看了妈妈们的创意制作，小小的脑袋里立马产生了许多的问题。"这是用什么东西做的呀？""是不是很好吃呀！""这个圆圆的饼怎么做出来的？"这一声声稚嫩的声音引得在场妈妈义工们喜笑颜开，妈妈们亲切又耐心地解答着。下午，全园的孩子们尽情地享用了一次艾青大餐（见图5-1-13）。

清明节是中华民族几千年来传承积淀下来的宝贵历史遗产之一，中国的传统节日是弘扬中华民族优秀文化和传承中华美德的重要载体，传统节日中蕴含着丰富的、宝贵的教育资源。所以幼儿园以传统节日作为教育幼儿的载体，让幼儿从小接受传统文化的熏陶，在润物无声中了解中华文化的深刻内涵，不仅有利于传承与发扬民族文化，对幼儿自身的个体成长与发展也起到了非常有益的作用。

三、节庆活动：春光融融，共享韶光

（一）活动背景

阳光灿烂、春暖花开，又是春游的好季节。为了开拓孩子们的视野，感受春天的美好，激发孩子们热爱大自然的情感，同时也让孩子们在集体活动中增进彼此间的情感交流，幼儿园以年级组为单位，开启了春游活动。

（二）活动目标

（1）让幼儿亲近大自然，欣赏春天的景色，感受春天的气息，感知春天的特征。

（2）通过探究、艺创、游戏、实践等多种形式，在春天游戏，感受春天的快乐。

（3）通过开展生活实践活动，参观梅山进出口，扩展幼儿生活和学习空间，同时增进彼此间的情感交流，激发幼儿爱家乡的情感。

（4）提高幼儿团队意识、环保意识及安全防护意识，从而提高幼儿的社会实践能力。

（三）活动时间

春天里。

（四）活动准备

（1）给幼儿穿舒适的鞋子和园服，戴上遮阳帽。

（2）每个幼儿带一个小书包，里面装上水、适量零食、纸/湿巾、垃圾袋，包内无危险物品。

（3）车辆联络、安全应急准备由后勤老师负责。

（4）班级春游活动准备由班级教师负责。

（5）通讯报道由通讯组教师负责。

（五）活动思考路径

基于幼儿的兴趣点，我们进行了活动前准备，收集了幼儿的原有经验，整理了幼儿获得新经验的途径以及活动后获得的新经验，形成了活动思考路径（见表 5-1-3）。

表 5-1-3　活动思考路径表

收集旧经验	探索及体验新经验	整理新经验及感受
① 幼儿有过户外游戏的经验 ② 幼儿和同伴一起春游的经验	① 体验购物、走秀、绘画及各种游戏 ② 多感官感受春天	① 感知春天的特征、欣赏春天的景色 ② 通过多样化游戏感受春天给人带来的快乐

（六）活动思维导图

春游活动是分年龄段开展的，活动前我们对每个年龄段的活动进行了预设，小班幼儿开展了快乐春天、多彩的春天、春之秀三方面的游戏；中班幼儿活动前，教师和幼儿共同梳理了春游的经验，活动主要从百灵鸟演唱会、留住春天、放飞春天三方面展开；大班幼儿的春游活动主要从社会实践和畅想春天两方面展开。基于幼儿的年龄特点和学习方式，我们形成了活动思维导图（见图 5-1-14）。

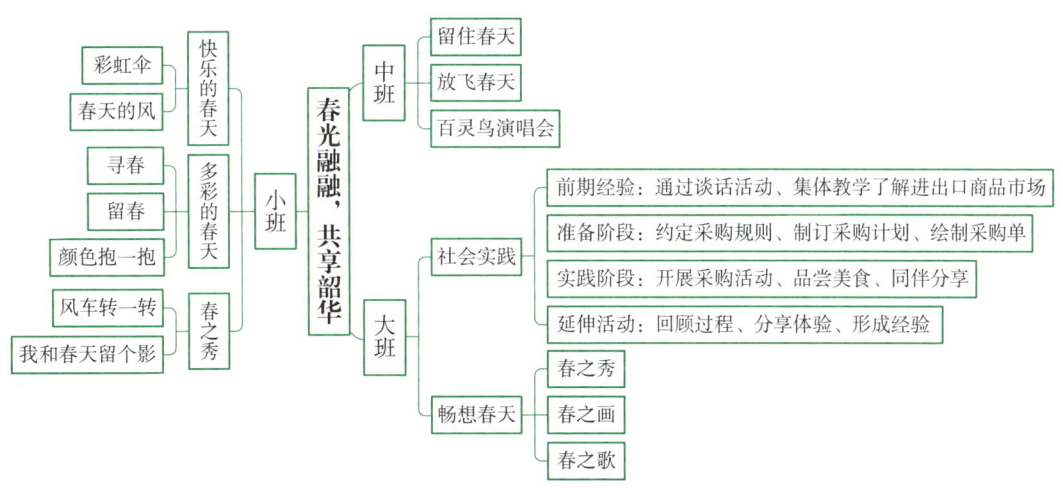

图 5-1-14　春游活动思维导图

（七）活动内容

在这阳光明媚的春日里，孩子们和春天来了一场"特别的约会"（见图 5-1-15），他们在这个春日里是如何玩转春天的呢？

a   b

图 5-1-15　春游场地布置图

春游是一次特别的社会实践活动,大班的孩子们通过讨论调查、制作购物清单、分组采购等方式,在超市独立完成了一次购物活动(见图 5-1-16),为自己的春游准备零食,收获更多惊喜和成就感。

a   b   c

图 5-1-16　幼儿购物活动

哇哦!一群大一班的春日"时装达人"正在向我们走来,快看!原来是梅山幼儿园的宝贝们正在展示自己用各种废旧物品、自然物等材料制作的"新衣"(见图 5-1-17)。

a   b   c

图 5-1-17　幼儿走秀

大二班的孩子们感受着春意的时光,用蜡笔、颜料、太空泥等材料进行创作,通过画一画、捏一捏、涂一涂记录下春天的色彩(见图5-1-18)。

a　　　　　　　　b　　　　　　　　c

图5-1-18　幼儿绘画春天

大三班以拉歌赛的形式进行歌唱活动,歌曲内容分为三部分:歌唱春天的歌、歌唱祖国的歌、歌唱动物的歌,最后以唱园歌作为活动的结尾。

中班幼儿的春游活动从春日探究、春日表演、春日游戏、春日艺术、春日分享、春日记忆这六方面展开(见图5-1-19)。

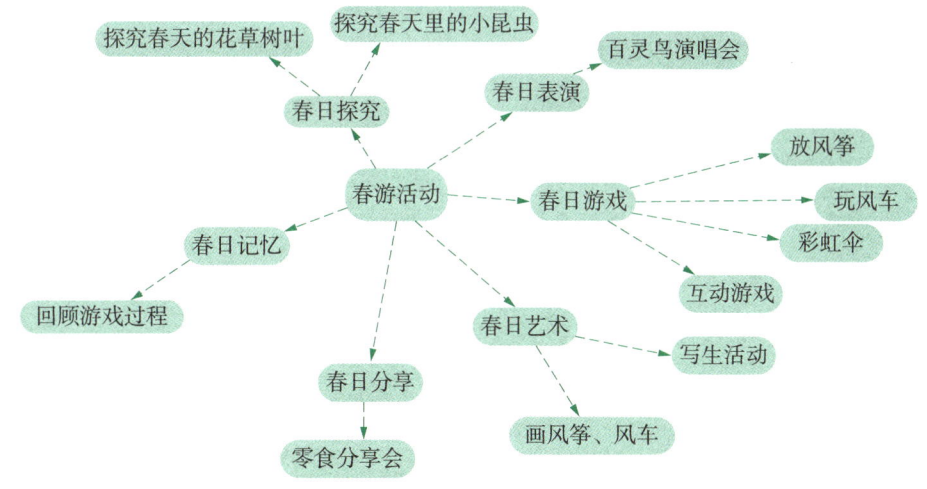

图5-1-19　中班幼儿春游活动思维导图

中一班的孩子们自发讨论决定了演唱会的节目,并进行排练与准备。先由主持人开场,然后孩子们以独唱、小组唱、合唱、走秀等形式呈现演出。百灵鸟演唱会开始啦!

中二班的幼儿在教师带领下实地观察欣赏,随后幼儿面向选择的景色,铺好垫子席地而坐,将写生板放在腿上进行写生,教师指导幼儿选景的角度以及如何表现等,画完后交流一下在户外写生的感受和想法。

中三班幼儿制作风车,用各种材料进行绘画,最后在教师的组织下放风车(见图5-1-20)。

图 5-1-20　幼儿放风筝

图 5-1-21　幼儿玩彩虹伞

瞧！小班的幼儿正在玩各种有趣的游戏呢！小一班幼儿沿着彩虹伞的边围成两个大圆圈，然后将掉落的树叶放在彩虹伞的中心，随着教师指令发出，大家一起合作把春天的树叶、花瓣等抖向天空，让幼儿学会集体合作，并提高身体的协调能力（见图5-1-21）。除此之外，教师还准备了一些彩色气球、彩绳，带幼儿感受户外风吹的感觉，并引导他们利用风来做游戏，让他们学着像放风筝一样放气球。

图 5-1-22　幼儿玩风车转转

小二班的幼儿带上老师们提前准备好的镂空的纸，放在春天的各种美景上，瞧！这些剪纸穿上了漂亮的春天衣服。之后孩子们还玩了颜色抱一抱的游戏，教师请每个孩子说一说找到的春天是什么颜色的，再给予对应颜色的贴纸让幼儿贴在胸前，然后开始玩："找一个朋友抱一抱，找一个朋友抱一抱，什么颜色？""红色、黄色……"

小三班的幼儿带上用纸杯做好的小风车，和好朋友一起做游戏，感受春风吹拂、万物生长的春意（见图5-1-22）。小朋友还寻找了春天的景物，用自己找到的树叶、落花制作的相框留住春天。

游戏过后，孩子们也要休息休息，补充能量啦，"啊呜啊呜"大口吃，争做光盘小达人，食物们看起来可真美味啊（见图5-1-23）！

a

b

c

图 5-1-23　幼儿吃美食

第二节　夏耘采摘

立夏是二十四节气之一,预示着季节的转换,表示盛夏时节正式开始,是农作物进入旺季生长的一个重要节气,同时也寄托了人们丰收的祈求和美好的愿望。夏天到了,气温回升,降雨量明显增加,幼儿园南瓜乐园里面的辣椒、茄子、梅豆、黄瓜等瓜果蔬菜垂在枝头,等候孩子们的到来,这一切都那么富有生机。采摘节作为梅山幼儿园田园节日的一部分,让孩子们感受着采摘成果的乐趣和收获的喜悦。春耕夏耘,我们感恩自然,感恩土地,感恩身边的一切。同时,为了让孩子们更好地了解传统习俗,推广我国的传统文化,加深对传统习俗的认识和体验,激发对传统文化的热爱,随着一年一度的端午节的如期而至,幼儿园开展了各种体验活动,让幼儿感受中华文化,增强爱国情感。

一、节庆活动:传承文化,喜迎立夏

(一)活动背景

春去夏来,春天的脚步未曾停留,夏天就要到来。关于入夏,宁波人有很多风俗习惯,老话说"立夏吃只蛋,石板会踏烂"。孩子们对"立夏"的记忆就是从"挂蛋"游戏和一只只五彩缤纷的蛋套形成的。除此之外,宁波人还会"吃脚骨笋""称重"等等,各种风俗都意味着不同的含义,为了让孩子们更好地体会宁波老底子的文化,我们安排了本次立夏节活动。

(二)活动目标

(1)知道立夏的来历、意义,感知不同地方节日风俗及其代表的意思。
(2)感受节日的乐趣,体验中华传统文化的魅力。

(三)活动时间

立夏。

(四)活动准备

(1)每人一个鸡蛋,五彩蚕豆饭的原材料。
(2)提前通知家长准备蛋套。
(3)大的称重材料。
(4)五彩绳。

(五)活动思考路径

基于幼儿的兴趣点,为了了解幼儿对于立夏的认知程度,我们进行了活动前的准备,收集了幼儿的原有经验,整理了幼儿获得新经验的途径以及活动后获得的新经验,形成了活动思考路径(见表5-2-1)。

表5-2-1 活动思维路径图

收集旧经验	探索及体验新经验	整理新经验及感受
立夏可以吃茶叶蛋,可以斗蛋	① 看视频、绘本了解立夏来历 ② 通过体验了解立夏的习俗	① 通过亲身体验了解制作花纹蛋、蚕豆糯米饭的方法 ② 感受节日带来的乐趣

(六)活动思维导图

立夏是传统节日之一,汇集幼儿关于立夏的各种想法,基于幼儿的兴趣和各年龄段幼儿的年龄特点与发展规律,本次活动从信息、物候、习俗三方面展开,其中习俗方面是幼儿最感兴趣的,整个活动的思维导图如图5-2-1所示。

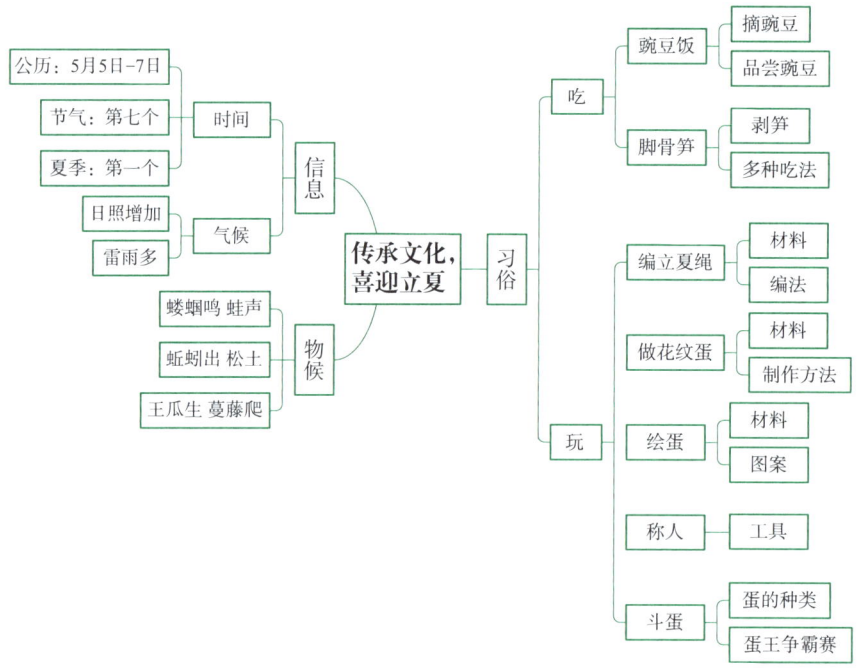

图5-2-1 立夏思维导图

图5-2-2 立夏节活动

(七)活动内容

立夏是二十四节气之一,从立夏开始,意味着春天结束,夏季开始。为了让孩子们更好地了解传统习俗,加深对传统习俗的认识和体验,激发对传统文化的热爱,梅山幼儿园开展了立夏节活动(见图5-2-2)。

立夏时,可以称重、吃蚕豆糯米饭、斗蛋……中、大班的孩子们早早地来到幼儿园制作花纹蛋,叶子在壳上移动摆放,蛋壳上呈现出一幅幅美妙童趣的画作,展现出独一无二的花纹蛋(见图5-2-3)。

| a | b | c |

图5-2-3　小朋友们在制作花纹蛋

小班孩子开始剥蚕豆、豌豆和笋啦,他们认真严肃、小手灵活,豆子被一颗颗放入碗中。午餐时间,当小朋友们品尝到用自己亲手采摘、剥开的食材(见图5-2-4)做成的糯米饭时,个个开心不已,食欲大增。

| a | b | c |

图5-2-4　小朋友在剥蚕豆、豌豆和笋

孩子们相互帮忙,尝试用五色丝线编织"立夏绳",系在自己的手腕等处,寓意消灾祈福,表达消除暑气的愿望(见图5-2-5)。

| a | b | c |

图5-2-5　小朋友在编五彩绳

孩子们还会在蛋上绘画，有的画了可爱的企鹅，有的画了冰墩墩，还有的画了百变的哆啦A梦……蛋宝宝大变身，孩子们将自己喜欢的事物，用彩笔、颜料等材料画了上去（见图5－2－6），有趣极了。

a   b   c

图5－2－6 小朋友在绘蛋

接下来的活动从称重开始，过去人们在村口或家门里挂起一杆大木秤，秤钩变成一张凳子，大家轮流坐到凳子上面称重。司秤人一面打秤花，一面讲着吉利话，立夏"称重"会给人带来福气，今天，孩子们也玩了一把"称重"（见图5－2－7）。只见一个个稚嫩可爱的小宝贝自觉地跳进箩筐里，手扶绳子坐稳，工作人员抬箩筐的抬箩筐，打秤的打秤，在一声声念体重声中感受着童年的美好。

a   b

图5－2－7 孩子们体验称重

除此之外，还举办了"鸵鸟蛋大PK"活动（见图5－2－8），获胜的小朋友参加了砸金蛋获惊喜的游戏。

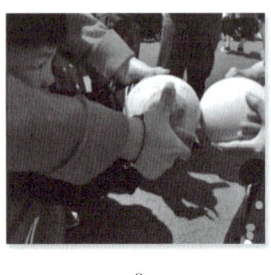

a   b   c

图5－2－8 砸金蛋游戏

此次立夏活动的体验不仅给孩子们带来了欢乐,而且使中国传统文化得到了传承。同时幼儿园的田园课程也因为传统元素的注入而变得更为丰富和生动,让孩子们在轻松愉快的活动中了解传统文化,体验快乐。

二、节庆活动:夏日恰采摘,义卖献爱心

(一)活动背景

南瓜乐园里面的果蔬成熟啦!每当孩子们散步就会想到去南瓜乐园看一看、闻一闻、尝一尝美味的果蔬。为了给孩子们创造亲力亲为的动手实践机会,让其感受采摘成果的乐趣和收获的喜悦,从小培养乐于助人的品质,在实践中学会感恩,懂得合作,让爱与温暖在心中萌发生长,我们举行了采摘节活动。

(二)活动目标

(1)了解采摘节的意义,培养热爱自然、热爱家乡的情感。
(2)锻炼爱劳动的品质,体验采摘的快乐和售卖的乐趣,乐意大胆与人交往。

(三)活动时间

七月份。

(四)活动准备

(1)采摘工具:手套、箩筐、剪刀等。
(2)果蔬采摘后存放至食堂。
(3)采摘后板块制作(采摘节介绍、班级采摘活动过程展示、蔬果介绍牌)。
(4)幼儿穿班级彩色 T 恤,教师穿白色园服。
(5)制作价格牌(后勤定价)、收款牌。
(6)7 月 1 日宣传组发布活动邀请函,参与现场售卖的幼儿 6 月 29 日签订安全同意书。

(五)活动思考路径

基于幼儿的兴趣点,为了了解幼儿对于采摘与售卖的认知程度,我们进行了活动前准备,收集了幼儿的原有经验,整理了幼儿获得新经验的途径以及活动后获得的新经验,形成了活动思考路径(见表 5-2-2)。

表 5-2-2　活动思维路径图

收集旧经验	探索及体验新经验	整理新经验及感受
摘下来的菜去菜场卖掉	① 观察与示范不同果蔬的不同采摘方法 ② 示范并学习售卖果蔬的方式	① 通过亲身体验、实际操作了解摘不同果蔬的方法 ② 体验采摘的快乐和售卖的乐趣

(六)活动思维导图

采摘节是孩子们非常期待的活动,在活动前教师和孩子们一起进行了经验回顾,制订

了采摘计划。根据幼儿年龄特点安排了不同年龄段幼儿采摘不同的果蔬,采摘好后我们派班级代表去参加了售卖活动,以下是采摘节系列活动的思维导图(见图5-2-9)。

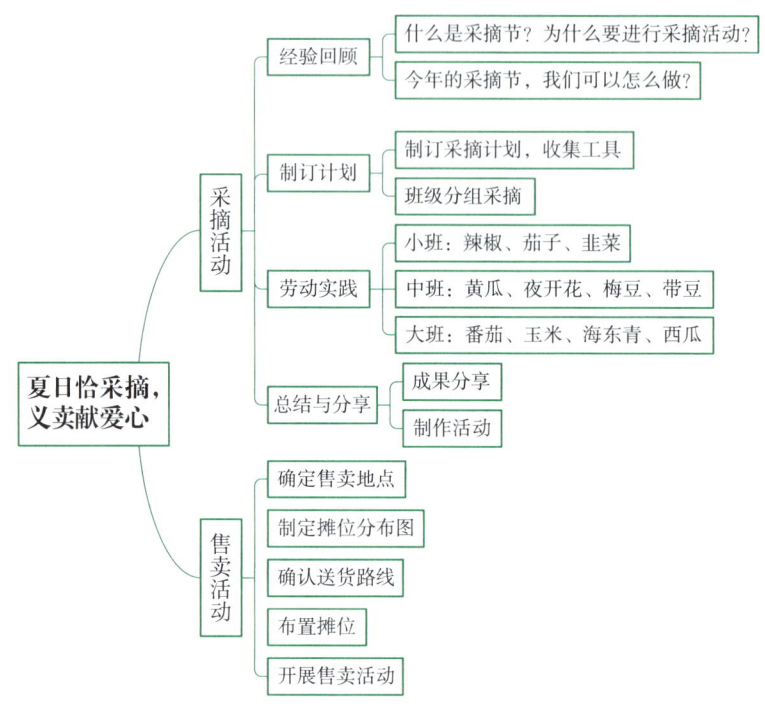

图5-2-9 采摘节系列活动思维导图

(七)活动内容

夏日融融,蔬果飘香,又到了一年一度的采摘节,南瓜乐园里已经果实累累,正等着孩子们一起采摘。

图5-2-10 师幼谈话

采摘前老师和孩子们进行了谈话(见图5-2-10)。

老师:你们知道什么是采摘节吗?

幼1:就是采摘蔬菜、水果。

幼2:会有很多的人。

老师:那我们可以用什么工具进行采摘呢?

幼3:我们可以用铲子。

幼4:还有剪刀……

幼5:那么多蔬菜我们可以把它卖掉。

幼6:是的,那些卖掉的钱可以捐给有需要的人……

孩子们激烈讨论,对于采摘节兴致满满,并通过绘画将采摘节需要准备的东西一一绘制并记录下来(见图5-2-11)。一切已经准备就绪,孩子们也马上行动起来,在南瓜乐园里忙碌着，同时收获着采摘的快乐，留下了辛勤的汗水（见图5-2-12）。

a　　　　　　　　　　　　　　　b

图5-2-11　孩子们在为义卖做准备

a　　　　　　　　　b　　　　　　　　　c

图5-2-12　南瓜乐园里忙碌的孩子们

采摘结束后，孩子们收获满满，随之而来的新问题又让孩子们犯了难：那么多的蔬菜可怎么办呀？我们可以把它卖出去吗？那我们要做哪些准备呢……

幼1：我们要把桌子搬出去，用来放菜。

幼2：我们要准备一个收钱的二维码，这样买的人扫一扫就可以付钱了。

幼3：我们要提前把蔬菜洗干净，不然看起来脏脏的，卖不掉。

幼4：我们要给蔬菜都贴好价格，像水果店一样。

幼5：我们还要准备大大小小的袋子，买的多的给装大袋子，买的少的装小袋子。

幼6：我们要带一个计算机，用来算钱。

孩子们把要准备的东西都画了出来（见图5-2-13），原来义卖要准备这么多东西呀，我们赶紧行动起来吧！

图5-2-13　义卖物品绘画

孩子们洗一洗、挑一挑，将蔬果送给食堂的叔叔阿姨（见图5-2-14）。

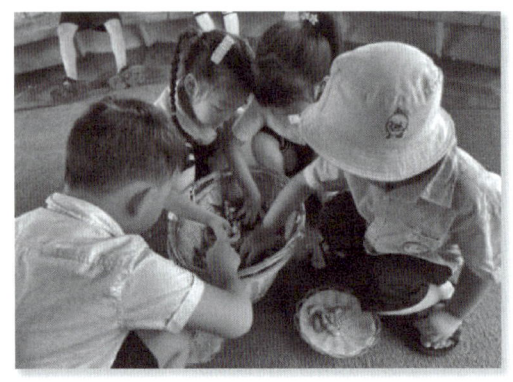

a　　　　　　　　　　　　　　　b

图5-2-14　送蔬果给阿姨

孩子们将自己采摘来的蔬果简单包装后放在摊位架上进行售卖，"快来买呀，新鲜美味的蔬菜好吃极了"。孩子们的吆喝声吸引了来来往往的行人，不一会儿所有的蔬果都被抢购一空。孩子们用自己的劳动成果换来了八百多元的"爱心基金"款（见图5-2-15），虽然不多，却承载了孩子们满满的汗水与爱心，幼儿园会将这笔钱存入爱心基金中，下学期一同捐给那些需要帮助的人，给他们送去一份温暖和关爱。

a　　　　　　　　　b　　　　　　　　　c

图5-2-15　小朋友们在义卖

通过此次采摘节活动，不仅让孩子们感受采摘成果的乐趣和收获的喜悦，也通过义卖活动献出自己的一份爱心，让孩子们在亲身实践中学会感恩、懂得合作，让爱与温暖在幼儿内心萌发生长。

三、节庆活动：浓情端午　老少同乐

（一）活动背景

"千载悠悠，成习俗，天中端午。逢佳节，粼粼波上，百舟争渡。万户家中缠米粽，辞微文约传千古。"农历五月初五是中华民族的传统节日——端午节。为了让幼儿更好地感受

端午节丰富的文化内涵,了解端午节的各种习俗,幼儿园与梅中村进行社区共建,邀请村里面的老人们与孩子们一起共度端午,开展了丰富多彩的端午节日活动,让村里的老人感受浓浓的祖孙关怀,弘扬传统节日的文化习俗。

(二)活动目标

(1)知道农历五月初五是端午节,了解端午节有吃五黄、挂五端、包粽子、制香包、赛龙舟、挂艾草等习俗。

(2)乐于参加包粽子、制香包、编五彩绳、绑艾草等活动。

(3)乐意向老人们表达节日祝福,关怀老人,共同体验中国传统节日。

(三)活动时间

五月初。

(四)活动准备

1. 幼儿经验准备

(1)了解的端午节来历及相关风俗。

(2)与梅中村联系好参与活动的老人。

2. 物质准备

(1)南瓜乐园场地布置、操场帐篷搭建。

(2)活动背景、摊位架、音响。

(3)包粽子的糯米、苇叶、艾叶。

(4)香包、中药、编五彩绳的五彩线等。

(5)报道、摄影。

(五)活动思考路径

基于孩子的兴趣和活动需要,我们在活动前进行了关于端午节的经验收集,并思考孩子在活动中获得经验的各种方式,以及活动后孩子获得的新经验,我们形成了活动思考路径(见表 5 - 2 - 3)。

表 5 - 2 - 3　活动思考路径

收集旧经验	探索及体验新经验	整理新经验及感受
端午节可以吃粽子	① 通过绘本、视频了解端午节的由来及习俗 ② 通过各种活动体验端午节习俗	① 知道端午节的习俗 ② 感受中国传统文化

(六)活动思维导图

通过谈话,幼儿对端午节有了初步的认知,基于幼儿的兴趣和年龄段特点,我们从端午节的简介、起源、习俗这三方面展开,重点是习俗方面,让幼儿通过各种活动感受传统节日的浓厚氛围,以下就是整个端午活动的思维导图(见图 5 - 2 - 16)。

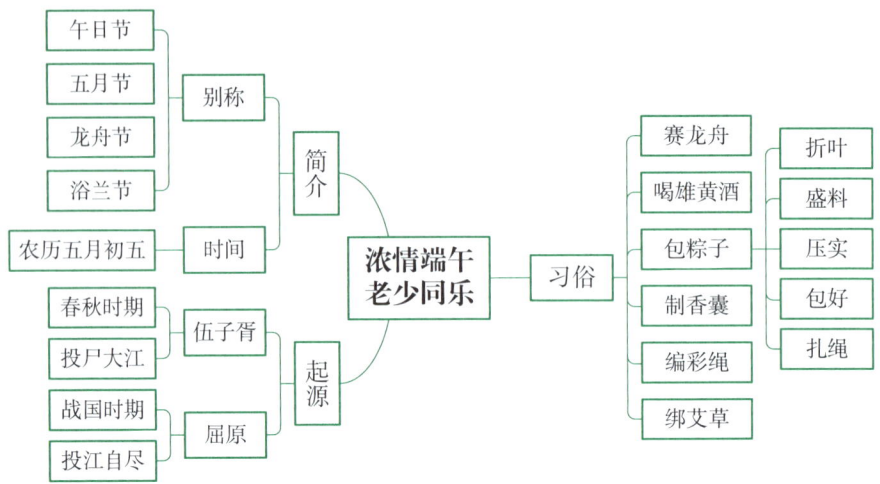

图 5 - 2 - 16　端午节思维导图

（七）活动内容

> 五月五,是端阳。
>
> 门插艾,香满堂。
>
> 吃粽子,撒白糖,
>
> 龙舟下水喜洋洋。

一年一度的端午节如期而至,为了解传统节日,弘扬中华文化,增强爱国情感,6月7日,梅山幼儿园小朋友邀请梅中村社区的老人们,开展"浓情端午,老少同乐"传统节日进社区主题活动(见图5-2-17)。爷爷奶奶们早早来到现场,与孩子们一起开展传统项目:包粽子、制香囊、编彩绳、绑艾草。

a

b

图 5 - 2 - 17　端午节摊位

粽叶飘清香,糯米白如雪。孩子们饶有兴致地观看了老人们包粽子:一折叶、二盛料、三压实、四包好、五扎绳,动作麻利,成品完美。随后,抑制不住参与热情,孩子们成了老人们的小徒弟。现场温情满满,老人手把手教孩子包粽子,白发与童颜相呼应,关怀与亲热融心田(见图 5-2-18)。孩子们的技巧略显生疏，偶尔还有米粒淘气地跑到粽叶外，但这样一幅老少包粽图为端午平添了浓情。

端午佩香囊，安然过一夏。这边，端午香囊也在如火如荼地制作中。十味中药齐展开，香气随风扑鼻来。孩子们认真地用小勺子将草药装进空袋里，鼓鼓囊囊一整袋，扎好绳子，香囊制成（见图 5-2-19）。

图 5-2-18　孩子们看包粽子

图 5-2-19　幼儿制作端午香囊

图 5-2-20　幼儿与老人合影

五色绳，编花样，美好祝福系腕上；艾叶昌蒲绑绑牢，悬在门上避瘟邪。另外两组的老人和孩子都专心致志地做着自己的端午礼。丝线缠绕，情意绵长，老者的开怀之乐与孩童的纯真笑声让夏日里的幼儿园充满温馨（见图 5-2-20）。

赠老者一簇新粽，祝福寿康健，笑颜常驻。赠孩童一个香囊，愿平安顺意，快乐成长。

通过这样的社区联谊活动，让社区里

的老人们感受到节日中的陪伴与温情,也让孩子们对传统节日有了更丰富的认识,让节日变得更有深意,更有情怀。

<h1 style="text-align:center">第 三 节 秋收味道</h1>

炎炎夏日在秋风中远走,金秋时节悄然而至。秋季的南瓜乐园硕果累累,各式各样的瓜果蔬菜已然成熟,丰收的喜悦洋溢在农场的每一个角落。拔萝卜、挖番薯、摘橘子……秋天的南瓜乐园里面一派丰收景象,孩子们体验农事劳动,欢享秋收味道。田间野趣、自然课堂、农耕文化、农事体验……让孩子们尽情去撒欢,去观察,去聆听,去感受农耕的不易,去寻找最真的童年。孩子们感受丰收的喜悦,体验丰收的快乐! 金秋送爽迎盛事,丹桂飘香庆佳节,中秋、重阳都是秋天里的传统节日,孩子们可以通过参加传统节日系列活动,感受中国传统节日的无限魅力。

一、节庆活动:秋收冬藏享丰收

(一)活动背景

陈鹤琴先生说过:"大自然、大社会都是活教材。"生活即教育,多彩而丰收的季节,处处都蕴含着教育的契机。为了让孩子们感受"春种夏长,秋收冬藏"蕴含的道理,体验丰收的快乐,加强对劳动和收获的认识,同时给予幼儿更多亲近自然、体验自然的机会,幼儿园策划了本次丰收节活动。通过采摘农作物、制作与分享美食、义卖等活动,让孩子对丰收有更深刻的体验。

(二)活动目标

(1)在采摘、制作、分享的过程中,感受丰收带来的喜悦和快乐。

(2)尝试制作多种美食,培养对土地的感情,感受秋收冬藏的自然规律。

(三)活动时间

十月中旬。

(四)活动准备

(1)采摘工具:手套、箩筐、剪刀等。

(2)砖头、火柴。

(3)剪刀、蛋粉液、白糖等。

(4)已消毒的干净玻璃罐。

(五)活动思考路径

基于孩子的兴趣和活动需要,我们在活动前进行了关于丰收节的经验收集,并思考孩子在活动中获得经验的各种方式,以及活动后孩子获得的新经验,并形成了活动思考路径(见表5-3-1)。

表 5-3-1　活动思考路径

收集旧经验	探索及体验新经验	整理新经验及感受
丰收节可以收获很多蔬果	① 亲自采摘并制作成各种美食 ② 通过分工合作体验集体活动的乐趣	① 了解一种食物可以加工成多种美食 ② 感受丰收给人们带来的喜悦

（六）活动思维导图

活动前我们根据年级进行了分组,大班幼儿挖番薯并制作番薯美食,中班幼儿拔萝卜并把萝卜制成各种美食,小班幼儿摘橘子并加工成美食。为了避免拥挤,孩子们进行了错时采摘,采摘前教师与幼儿进行了前期谈话,制订了采摘计划,美食制作时又做了详细的安排,以下就是整个丰收节的思维导图(见图 5-3-1)。

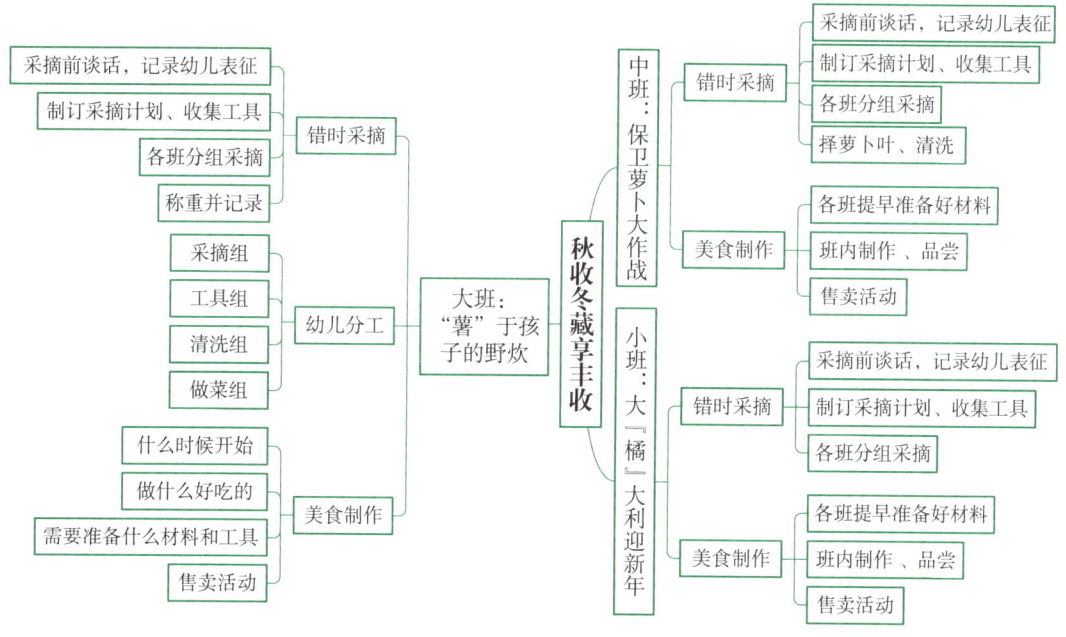

图 5-3-1　丰收节思维导图

（七）活动内容

小朋友们对南瓜乐园里的农作物充满了好奇,他们发现秋天一过,番薯、萝卜、橘子等农作物相继成熟,十分兴奋。于是我们顺势而为,展开了一系列丰收节活动。

1.　"薯"于孩子的野炊

老师:去野炊我们需要做什么(见图 5-3-2)?

图 5-3-2　丰收节活动计划表

幼1:我们需要把番薯从地里拔出来才行。

幼2:我想可以用工具把它挖出来。

幼3:也可以用我们的小手。

幼4:从地里拔出来的番薯有很多土,还要把它洗洗干净。

幼5:我来洗我来洗,我洗东西可干净了。

孩子们通过讨论,根据个人意愿分成了采摘组、工具组、清洗组、做菜组,兴致勃勃地来到南瓜乐园进行了他们的"野炊"活动(见图5-3-3)。

a   b   c

图5-3-3 小朋友们满载而归

孩子们分工合作,自主选择,有的孩子挖番薯,有的孩子运送番薯,有的孩子清洗番薯,大家忙得不亦乐乎!

番薯已经洗得干干净净了,该怎么煮番薯呢?需要哪些工具呢?孩子们对此进行了激烈的讨论……

幼1:野炊要有锅可以煮,我家就有。

幼2:还需要柴火,烧起来才能煮东西。

幼3:那肯定还要有火柴,打火机也行,要把火点燃。

幼4:用刀切小点更容易熟。

幼5:还要有调味料,没味道就不好吃了。

幼6:我们还可以把桌子搬下去,在南瓜乐园里吃!

幼7:耶!去南瓜乐园野炊喽!

孩子们运砖头、搭灶台、扛火柴,做好了前期准备工作(见图5-3-4)。接下来孩子们用锡纸包着番薯烤一烤,把番薯和面粉糅合做成酥脆的番薯饼,美味在孩子们的手中诞生啦!

美味顷刻出炉,孩子们迫不及待地品尝。从地里挖出的番薯还有一筐,这可怎么办呢?孩子们把番薯带回了教室,有了自己的想法。

有的将番薯洗干净削皮,切成条裹上蛋液,进烤箱烤一烤,吃一口,味道好极啦!(图5-3-5)

有的将番薯蒸一蒸、捏一捏、晒一晒、剪一剪,炒一炒变成番薯角(见图5-3-6)。

有的将番薯切成条,通过晾晒,制作成番薯干一起装进盒子里打包回家(见图5-3-7)。

图5-3-4　南瓜乐园里野炊

图5-3-5　开始制作番薯

图5-3-6　小朋友们在认真制作番薯角

图5-3-7　小朋友们制作番薯干

2. 保卫萝卜大作战

萝卜成熟,可以拔萝卜了。

幼1:哇! 这么多萝卜都成熟了,我们可以煮萝卜汤喝。

幼2:奶奶会把萝卜切成条在太阳下晒,可以吃很久很久。

幼3:家里会腌萝卜,让萝卜放更长的时间。

老师:你们说得都对,通过太阳晒、风吹、腌制的方式,可以让萝卜放更长的时间,让我们一直吃到美味的萝卜。

拔萝卜小队可等不及了,纷纷到南瓜乐园的田地里拔萝卜,你看他们多使劲(见图5-3-8)……"拔萝卜,拔萝卜,嘿呦嘿呦,拔萝卜。"收获满满! 孩子们将萝卜和萝卜叶子分开,运了一大筐给小兔子送去,这样小兔子也储存了冬天的食物啦!

a   b   c

图5-3-8 开始拔萝卜

孩子们想把萝卜做成各种各样的美味,腌萝卜、萝卜干、萝卜丝饼……孩子们把萝卜切一切、晒一晒,经过几天的晾晒,萝卜干的水分变少了,孩子们将它们一簇一簇收起来,可以在冬天吃到美味(见图5-3-9)。

a   b   c

图5-3-9 晾晒切好的萝卜

酸酸甜甜的腌萝卜,听起来就很美味(见图5-3-10)! 孩子们迫不及待了,有的削、有的切……

　　　　a　　　　　　　　　　　　b　　　　　　　　　　　　c

图 5-3-10　制作腌萝卜

　　孩子们说他们最喜欢吃的就是萝卜丝饼，于是他们开始制作喜爱的萝卜丝饼。先把萝卜刨丝，放上鸡蛋，拌好面糊，一勺一勺放到锅里煎，制作好后孩子们终于可以品尝美味的萝卜丝饼啦(见图 5-3-11)！大家都开心极了！

　　　　a　　　　　　　　　　　　b　　　　　　　　　　　　c

图 5-3-11　小朋友们在享受美味的萝卜丝饼

3. 大"橘"大利迎新年

　　橘子成熟啦！孩子们在采摘前考虑到橘子摘下来放哪里的问题，于是在幼儿园里寻找，搜索合适的盛装工具，他们发现了这些(见图 5-3-12)……

　　　　　　a　　　　　　　　　　　　　　　　b

图 5-3-12　小朋友们拿着竹筐

橘黄的橘子高高挂在枝头,小朋友们拿着竹筐到南瓜乐园里摘橘子去咯(见图5-3-13)!

a   b   c

图5-3-13 采摘美味的橘子

孩子们利用剪刀、梯子等工具,将南瓜乐园里的橘子带回了教室。在他们的手中橘子又会变成什么美味呢?

孩子们慢慢搅拌,熬制糖衣,把剥开的橘子瓣儿去锅里滚上一圈,出现透明的糖壳,我们的橘子糖葫芦就完成啦(见图5-3-14)!

a   b   c

图5-3-14 制作橘子糖葫芦

橘子还能做成软糖? 还挺好吃! 一起来看看这是如何制作的吧! 橘子榨成汁,加入淀粉和白糖搅一搅,凝固后切一切,裹上椰蓉即可(见图5-3-15)。

a   b   c

图5-3-15 制作橘子软糖

剥开橘子,烧锅煮水,加入白糖,美味的橘子糖水完成(见图5-3-16)!

a　　　　　　　　　　　b　　　　　　　　　　　c

图5-3-16　制作橘子糖水

生活即教育,大自然就是最好的老师。孩子们在此次丰收节活动中,通过讨论、采摘、清洗、制作、品尝等一系列的实践,沉浸式地体验采摘的乐趣、感受丰收的喜悦。

二、节庆活动:花香月圆梦缠绵,饼香灯明庆中秋

(一)活动背景

满月是民族、家庭幸福的象征。中秋节不仅是小家团圆的日子,更是举国欢庆的时刻。自古以来,中秋的习俗有烧斗香、放天灯、走月亮、舞火龙等。现如今,古老的传统依旧保存,而越来越多新颖的活动也丰富了起来。作为教育工作者,我们的责任是让传统文化深入孩子的内心,同时通过认识中秋节的来历和了解各地不同的庆祝习俗给幼儿以新的感受。

(二)活动目标

(1)通过各种形式的中秋节活动,知道中秋的来历、中秋的意义及中秋的习俗。
(2)通过活动,培养动手能力,享受节日的乐趣,体验中华民族传统文化的魅力。

(三)活动时间

农历八月十五前后。

(四)活动准备

(1)中秋习俗板报、宣传海报。
(2)白色花灯60个、月饼食材若干、汤果食材若干、每班月亮作品3幅。
(3)前期邀请家长参与月饼的制作。
(4)标签制作、月饼食材、水果采买。
(5)汤果食材米筛准备、场地布置。
(6)舞龙舞狮表演。
(7)摄影团队。

(五)活动思考路径

基于孩子的兴趣和活动需要,我们在活动前进行了关于中秋节的经验收集,考虑到幼

213

儿的年龄段特点以及通过活动可以获得的新经验，我们形成了活动思考路径（见表5-3-2）。

表5-3-2　活动思考路径

收集旧经验	探索及体验新经验	整理新经验及感受
① 中秋节全家一起吃团圆饭 ② 中秋节吃月饼 ③ 中秋节月亮最圆	① 通过谈话、看视频了解中秋节的来历及意义 ② 通过参与、体验，了解中秋节的习俗	① 感受中秋节带来的乐趣 ② 体验中华民族传统文化的魅力

（六）活动思维导图

活动前我们通过谈话收集幼儿关于中秋节的经验，在谈话中我们发现幼儿对中秋节的习俗特别感兴趣。基于幼儿的兴趣和年龄特点，我们以习俗为重点展开各年龄段活动，以下是整个活动的思维导图（见图5-3-17）。

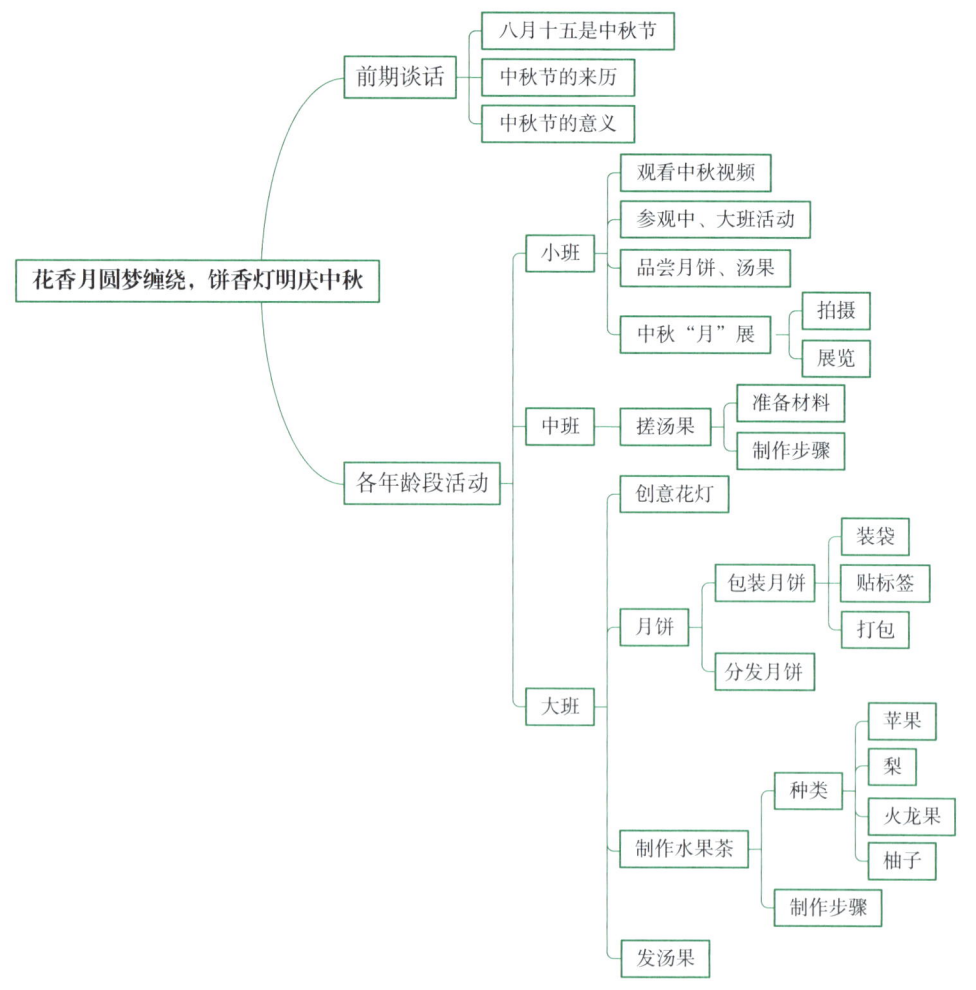

图5-3-17　中秋节活动思维导图

（七）活动内容

金桂花开香满园，八月十五月儿圆。缤纷活动接踵至，梅山幼儿喜开颜。梅山幼儿园非常重视传统文化在幼儿一日活动中的渗透，挖掘了不少可实施又能结合传统文化的课程，如做月饼、搓汤果、包粽子、舞龙舞狮等。今年的中秋活动，幼儿园也力求让传统文化深入人心、深入幼儿的灵魂，于是挖掘传统文化精髓并结合当地人文特色，组织了丰富多彩的庆祝活动，"搓汤果""做月饼""中秋亲子作品秀""创意花灯"，让幼儿真真切切地感受中秋的传统味道。

镜头一：白色面团变变变，变出颗颗小汤果

北仑地区向来有中秋吃汤果的习俗，借此来象征团团圆圆。瞧，一楼大厅里来了好多小厨师，白色的面团在他们的眼里就是那平日里早已熟悉的橡皮泥，他们个个显得技艺精湛，取一小块面团在老师的指引下，揉搓成一长条，小心地将这一长条一点点掰下，轻轻一捏，一颗颗白色的小汤果落满了"米筛"（见图5-3-18）。加之昨日里采来的桂花，在厨师伯伯的烹调过后，小朋友下午起床就有香喷喷甜蜜蜜的汤果吃喽，哇，好香啊！

a   b

图5-3-18 幼儿包汤圆、掸桂花

镜头二：巧手制饼迎中秋，饼香四溢齐分享

圆圆的月饼象征着团团圆圆，为了加深幼儿对此的印象，幼儿园组织了做月饼活动。小厨房里可热闹了，在家长的引导中，孩子们称取饼皮和馅，将饼皮轻轻地在手掌中化成一个圆，搓圆的馅随即放到圆心，小心地用饼皮包裹住馅儿，用小手将之搓圆后，放入模具之中，轻轻一压，造型各异的月饼就成型了。待摆满一盘后，将饼送入烤箱，慢慢地，饼香在小厨房四溢开来。做完的月饼在放凉后，大班的幼儿将它们包装成型，并贴上"梅幼制作"的标签，送到了每个班级。

镜头三：家家户户月不同，亲子创作乐趣多

每逢中秋，家家户户都会赏月，都有一份属于自己家的完美记忆。家长和孩子一起发挥想象，利用各种材料制作了风格迥异的关于"月亮"的作品，有嫦娥奔月、阖家赏月、花好月圆等。将它们陈列在幼儿园的大厅里，为这个中秋增添了节日的气息（见图5-3-19）。

a   b

图 5-3-19 亲子"月亮"作品展

镜头四：灯上作画欢乐多，满园喜庆挡不住

早在北宋《武林旧事》中，记载中秋夜节俗，就有将"一点红"灯放入江中漂流玩耍的活动。梅山地区也有中秋玩花灯的习俗，为了让孩子们感受花灯的乐趣，加深对这个习俗的印象，幼儿园准备了许多色彩各异可供绘制的花灯。在三楼多功能厅里，孩子们发挥自己的想象用颜料、记号笔等在花灯上画下了形形色色的图案（见图 5-3-20），并将它们挂在过道上，为中秋增添一份喜气。

a   b

图 5-3-20 幼儿制作花灯

三、节庆活动：重阳秋色暖，敬老情更浓

（一）活动背景

农历九月初九是我国的重阳节，又叫"老人节"。尊老爱老是中华民族的传统美德，老人更需要得到社会的关爱。为了培养全体师幼"尊老敬老"的优良品质，并把爱传播出去，让爱传承，同时也让幼儿了解重阳节的来历、习俗，幼儿园结合重阳节开展了关于"尊老、敬老"的主题活动。老年人需要爱，需要健康、快乐，更需要一声深情的问候……创建一个爱老、敬老、养老、助老的氛围，需要全社会的参与，为了更好地培养孩子们从小就懂得尊老爱老，幼儿园策划让孩子们用自己的方式表达对爷爷奶奶、外公外婆的关心和爱护。

（二）活动目标

（1）知道重阳节是爷爷奶奶等老人的节日，体验他们对自己的爱，激发尊敬老人的情感。

（2）在送给爷爷奶奶礼物的过程中，感受相互关爱的温暖和快乐。

（三）活动时间

农历九月初九左右。

（四）活动准备

（1）重阳节 PPT。

（2）各种纸、蜡笔、剪刀、颜料、水彩笔、彩纸、竹签、双面胶等。

（3）大米、纯牛奶、白糖、干桂花或糖桂花等。

（4）包装盒、自制标签。

（五）活动思考路径

重阳节是中国传统节日之一，通过收集孩子们的前期经验，探索获得新经验的方式以及活动后的感受，形成了活动思考路径（见表 5 - 3 - 3）。

表 5 - 3 - 3　活动思考路径

收集旧经验	探索及体验新经验	整理新经验及感受
重阳节是爷爷奶奶的节日	通过各种活动了解表达爱爷爷奶奶的多种方式	① 激发尊敬老人的情感 ② 感受相互关爱的温暖和快乐

（六）活动思维导图

重阳节活动分年龄段开展，基于幼儿的兴趣和年龄段特点，三个年龄段三个主题，小班"一份心"，中班"一份情"，大班"一份爱"。活动开始前我们和孩子们进行了关于重阳节的谈话，接着小班幼儿向老人们送上温暖的拥抱和微笑，中、大班幼儿每班开展不一样的活动向老人们表示节日的祝贺，以下是整个重阳节活动的思维导图（见图 5 - 3 - 21）。

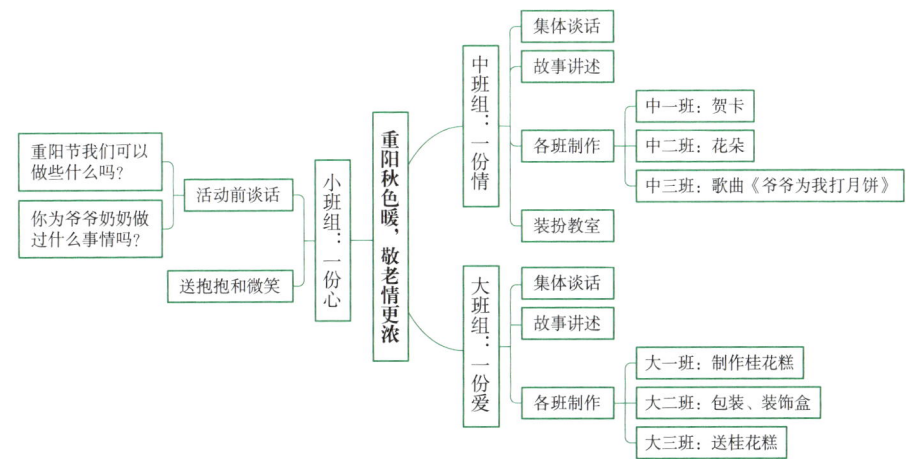

图 5 - 3 - 21　重阳节思维导图

(七) 活动内容

老师:小朋友们,重阳节快到了,你们知道这是谁的节日吗?

幼1:我知道! 这是给爷爷奶奶、外公外婆过的节日!

老师:那我们可以怎么为他们过节呢?

幼2:我想给我的爷爷奶奶唱首歌,祝他们节日快乐!

幼3:我想帮他们做一些家务,让他们可以休息一下!

幼4:我要好好地抱一抱、亲一亲他们!

重阳节快到了,梅山幼儿园的孩子们会有哪些表现呢? 让我们一起来看看吧!

1. 认识重阳,温暖老人

一个温暖的拥抱、一个甜蜜的亲吻,给爷爷奶奶捶捶背、捏捏肩,给爷爷奶奶做些力所能及的事情……孩子们用自己的方式表达对老人们满满的爱和尊敬(见图5-3-22),使老人们感受到幼儿带来的温暖。

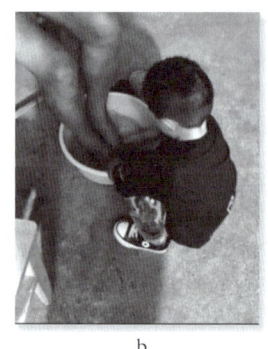
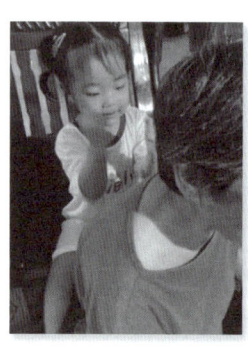

a   b   c

图5-3-22 幼儿敬老的各种方式

平时老人们为了照顾孩子们付出了很多,在这温馨的日子里,孩子们也用自己的行动践行着对他们的爱和感谢。

2. 准备礼物、孝敬老人

"特别的爱,给特别的你!"中班的孩子们尝试亲自动手,为爷爷奶奶、外公外婆制作暖心礼物(见图5-3-23)。一张贺卡代表着诚挚的祝福,一朵花儿希望他们天天开心。孩子们还认真学唱了歌曲,浓浓的感情充盈在这一句句稚嫩的话语里。

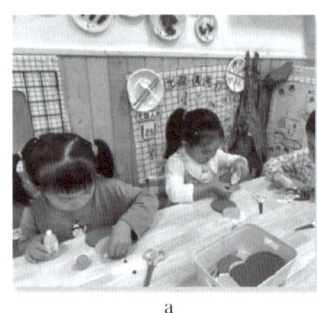

a   b   c

图5-3-23 幼儿准备礼物

3. 制作糕点、感恩老人

大班的小朋友们为了这个节日，早早地忙活开。瞧，他们正和同伴一起制作美味的桂花糕呢（见图 5-3-24）！

a   b   c

图 5-3-24　幼儿制作桂花糕

小朋友们把桂花糕连同自己的心意一起装进了盒内送给弟弟妹妹们（见图 5-3-25），并让他们为爷爷奶奶、外公外婆送上重阳节深深的祝福。

大班的小朋友还为身边的老人们送去了温暖与关怀，一份份甜甜的桂花糕送到了老人们手中（见图 5-3-26），他们乐开了花，相信老人们一定接收到了孩子们满满的情意。

图 5-3-25　幼儿给小班弟弟妹妹送桂花糕

a   b   c

图 5-3-26　幼儿给爷爷奶奶送桂花糕

菊暖秋意浓，敬老情更浓。本次活动中，孩子们学习了如何感恩，也让长辈们感受到了爱和感动。虽然本次活动已接近尾声，但孩子们尊老、敬老、爱老的情感已植于心中，这也将永远陪伴着孩子们成长。

第四节 冬藏迎新

阳光融融的冬日午后，邂逅一场满溢乡音乡情的"儿时盛宴"，嘴里和心尖都被裹上甜蜜的温情，是多么幸福的事啊！那一抹熟悉的味道，也许是你蹒跚学步时，邻家奶奶递过来的软糕；也许是你放学回家，弄堂口袅袅升腾的米香……儿时味道不仅仅是一捧美食，它也是文化和习俗的发展，是一代又一代人的传承，是家长童年深处的快乐回忆，是孩子在幼儿园里的深刻印记。梅山幼儿园在这一届又一届的儿时味道中，陪伴孩子寻找快乐，珍藏回忆。腊八节、春节也是孩子们期盼已久的节日，孩子们体味传统节日的各种习俗，感受浓浓的过节氛围，幼儿在活动中喜笑颜开，原来传统节日可以这么好玩！

一、节庆活动：穿越时空，回味儿时

（一）活动背景

"儿时味道"俨然已经成为幼儿园的年度传统大戏。祖辈儿时有趣的玩物，父辈儿时贪恋的吃食，当年一家老小翘首以盼的新年……相比那时，现在的年味儿好像少了点味道。为了给孩子一个别样的体验，迎接充满希望的新年，同时丰富幼儿园幼儿的生活，使他们感受过年的热闹、团圆、温暖的气氛，体验传统"年味儿"的相关习俗，梅山幼儿园特举办"儿时味道"活动，让全体师生共度一个欢乐而有意义的"年"。

（二）活动目标

（1）充分体验传统"年味儿"，了解过年的相关习俗。

（2）积极参与活动，愿意为班级大家庭付出努力。

（三）活动时间

十二月下旬。

（四）活动准备

（1）环境组：整体环境统筹、游戏币设计、职业体验海报制作、材料统计、采购。

（2）后勤组：后勤相关材料、食材统计采购、烟花、年夜饭当天接送要求。

（3）财务组：负责兑换游戏币。

（4）园长：活动审核、节目当天讲话、进班赠送新年礼物。

（5）宣传组：统筹本次活动所需素材，事先告知老师，活动结束及时发文宣传。

（6）家长工作：知情同意书（年夜饭）。

（7）音控组：各个环节所需音响设备。

（五）活动思考路径

基于孩子的兴趣和活动需要，我们在活动前进行了关于儿时味道的经验收集，考虑到幼儿的年龄段特点以及通过活动可以获得的新经验，我们形成了活动思考路径（见表5－4－1）：

表 5-4-1 活动思考路径

收集旧经验	探索及体验新经验	整理新经验及感受
儿时味道就是玩爸爸妈妈小时候的游戏	① 通过谈话、视频感受往年热闹的氛围 ② 多感官通道感知体验过年	① 充分体验传统"年味儿" ② 了解过年的相关习俗

（六）活动思维导图

活动分为四个部分——忙年、扫尘、年夜饭、拜年。活动前我们通过谈话,收集幼儿关于过年的经验,通过多感官通道让幼儿充分感受过年的热闹氛围,体验过年的相关习俗,以下是整个活动的思维导图(见图 5-4-1)。

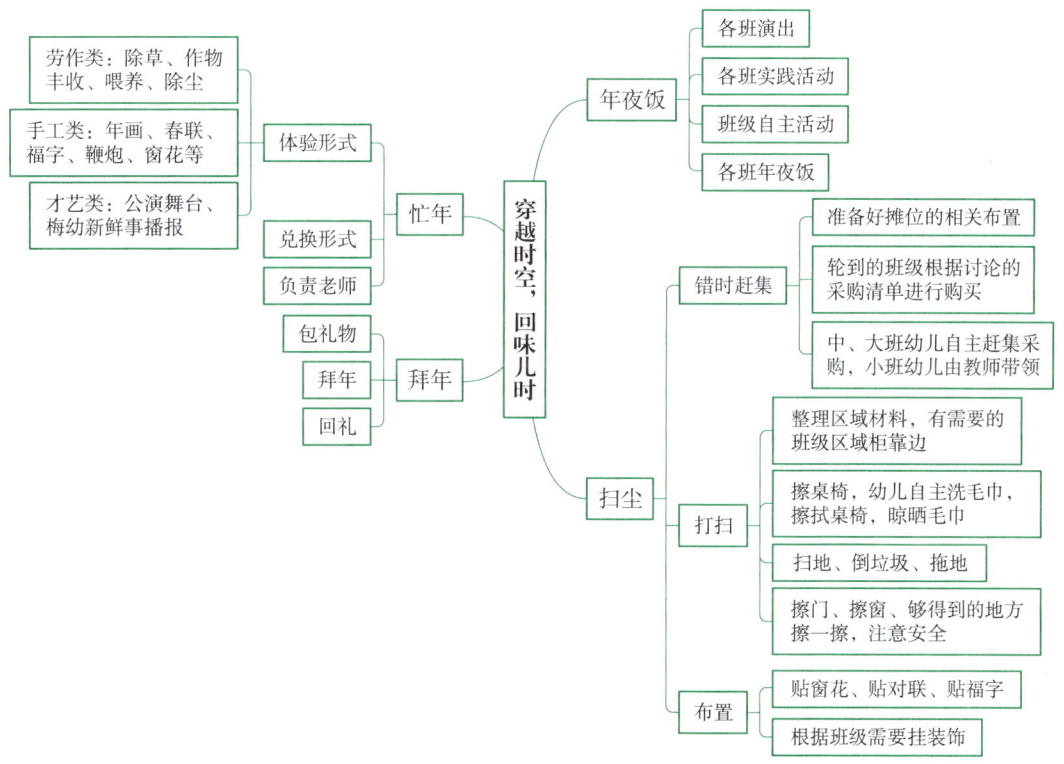

图 5-4-1 "儿时味道"思维导图

（七）活动内容

一年一度的春节将至,为了让孩子们体味传统新年的各种习俗,感受浓浓的过年氛围,梅山幼儿园开展了"穿越时空,回味儿时"系列活动。活动前老师和孩子进行了关于新年的谈话,了解孩子们关于新年的前期经验(见图 5-4-2)。

老师:什么是新年?

幼 1:新年是我又长大一岁啦!

幼2:能有新衣服穿。

幼3:好多好多人在一起,有爸爸、妈妈、爷爷和奶奶。

幼4:爸爸妈妈还会给我发红包。

孩子们你一言我一语说着自己眼中的新年。

老师:过年要准备什么呢(见图5-4-3)?

幼1:我们家每年过年都要把家里打扫得干干净净。

幼2:过年还要买年货。

幼3:还要放鞭炮,挂灯笼。

幼4:过年还要吃年夜饭。

幼5:听说今年我们幼儿园里也可以自己体验买年货呢(见图5-4-4)。

幼6:买东西要钱的,那我们钱从哪里来呢?

幼5:老师准备了游戏币,我们可以通过劳动赚钱去买。

……

图5-4-2　幼儿眼中的新年　　图5-4-3　新年要干什么　　图5-4-4　梅幼忙年

1. 忙忙闲闲过大年

擦玻璃,抹桌子,拖地板,整柜子……孩子们忙忙碌碌,干劲十足,个个都是"扫尘小能手"(见图5-4-5)!活动室里焕然一新,把一切不好的都扫出门,干干净净迎新年!

a　　　　　　　　　　b　　　　　　　　　　c

图5-4-5　开开心心过大年

2. 高高兴兴置年货

通过一系列关于新年的讨论，孩子们愈发期待新年的到来，为了能够买年货，梅山幼儿园掀起了一阵劳动潮，孩子们通过劳动、手工、才艺等方式获取游戏币，为筹备年货做准备。

（1）我劳动我快乐

冬日寒冷凄清，南瓜乐园里却热闹非凡，原来是孩子们为年货做准备呢，他们一个个化身勤劳的"小农夫"，在田里卖力采摘（见图5-4-6）。

a

b

c

图5-4-6 为年货做准备

（2）巧手迎"牛"年

孩子们还通过剪一剪、折一折、粘一粘等多种艺术方式制作了漂亮精致的窗花、喜气洋洋的鞭炮、充满祝福的对联等手工作品（见图5-4-7）。

a

b

图5-4-7 制作剪纸

（3）萌娃才艺秀

多才多艺的小萌娃们纷纷向大家展示自己才艺，诗歌、街舞、童谣（见图5-4-8）……他们的精彩表演赢得了老师和小朋友们的阵阵掌声。

（4）开心赶集办年货

孩子们通过自己的各种劳动，换取了置办年货的游戏币，约上自己的同伴，带上自己

a   b

图 5-4-8　萌娃秀才艺

　　赚来的游戏币，赶集去啦！来到了年货大街，有的孩子买了糖葫芦、糖果等好吃的，有的孩子买了装饰教室的新年材料，有的孩子买了自己喜欢的新年礼物盲盒，每个孩子都买到了自己心仪的年货，开开心心回到了教室（见图 5-4-9）。

a   b   c

图 5-4-9　小朋友们采办年货

3. 欢欢喜喜闹新年

　　新年到了喜欢庆，年饭春晚更庆兴，这是属于幼儿园宝贝的独特"庆典"。孩子们一起做麻花、"老鼠头"，包汤圆……一道道梅山传统美食在各班呈现，吃着自己亲手制作的美食，孩子们露出了幸福的笑容（见图 5-4-10 和图 5-4-11）。除了自己动手制作美食，孩子们还观看了表演，舞台上的孩子们歌声悦耳、舞姿灵动，赢得了观众们的阵阵掌声。

a   b   图 5-4-11　来给生活比个耶

图 5-4-10　梅幼宝贝过大年

4. 开开心心拜大年

"拜年拜嘴巴,坐落瓜子茶"。孩子们穿上新买的红衣服,戴上红帽子,手里提上旧时的"拜岁包裹",开始"走亲访友去拜年"(见图5-4-12)。每个班的孩子们,也都用"回礼包裹",送上一样的祝福。打开包裹看一看——油枣、米胖、豆酥糖、红枣、桂圆、年糕片……新年的愿望都实现!

a b c

图5-4-12 走亲访友去拜年

二、节庆活动:欢欢喜喜过腊八

(一)活动背景

每年腊月初八,是我国汉族传统的腊八节。腊八节有着很悠久的传统和历史。在这一天做腊八粥、喝腊八粥、泡腊八蒜是全国各地非常传统也是非常讲究的习俗。为了更好地让孩子们了解我国传统节日及风俗,幼儿园开展了关于腊八节的活动,以此增长幼儿对传统民俗的了解。

(二)活动目标

(1)知道农历十二月初八是我国的传统节日——腊八节,了解腊八节的来历和习俗。
(2)知道制作腊八粥、腊八蒜的主要材料,初步尝试用语言表达自己的认识和感受。
(3)知道腊八节是哪一天,星期几,在自己探索、与同伴交流中主动求知。
(4)体验过腊八的快乐。

(三)活动时间

农历十二月初八。

(四)活动准备

(1)各种米、红枣、红豆、桂圆等食材及电饭煲。
(2)大蒜若干、醋、干净的玻璃器皿

(五)活动思考路径

基于幼儿对腊八节的兴趣,我们通过谈话、视频等方式收集幼儿的前期经验,整理了幼儿探索经验可能需要的途径,以及活动后获得的新经验,形成了思考路径(见表5-

4-2)。

表5-4-2 活动思考路径图

收集旧经验	探索及体验新经验	整理新经验及感受
腊八节可以喝好吃的腊八粥	通过看视频以及熬腊八粥、腌制腊八蒜等体验活动了解腊八节的来历及习俗	① 体验过腊八的快乐 ② 增长幼儿对传统民俗的了解

(六)活动思维导图

腊八节是我国传统节日之一,基于幼儿兴趣和年龄特点,我们开展了分年龄段活动,形成以下的活动思维导图(见图5-4-13)。

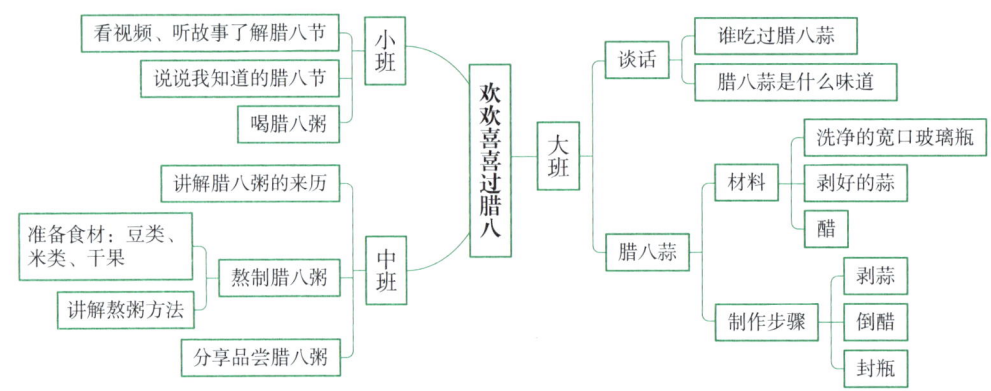

图5-4-13 腊八节活动思维导图

(七)活动内容

图5-4-14 幼儿喝腊八粥

"小小子儿,你别馋,过了腊八就是年;腊八粥,喝几天,哩哩啦啦二十三……"随着腊八节的到来,年味渐浓,整个年俗随之拉开帷幕。瞧!老师们收集了许多关于"腊八节"风俗的图片,借助图片等资料生动地讲述了关于"腊八节"的来历及民间传说,让孩子们知道了"腊八节"喝腊八粥(见图5-4-14)、腌腊八蒜,以及"过了腊八就是年"的传统习俗。

小班的小朋友在老师们的带领下知道了腊八节的来历,了解了相关的风俗习惯。中班的老师请来了一位熬制腊八粥经验丰富的奶奶,通过奶奶的讲解与现场操作,孩子们认识了腊八粥的食材以及制作方法,知道腊八粥营养丰富,并爱上了喝腊八粥。大班的孩子们在老师的带领下,和同伴一起泡制腊八蒜,活动开始,老师先给孩子们分好组,有的孩子剥蒜,有的孩子清洗玻璃瓶,孩子们分工合作,人人参与,乐在其中,泡制好后大家都开始期待品尝自己亲手做的腊八蒜。

下午一桶桶腊八粥被送到各个班级里,孩子们手捧热气腾腾的腊八粥:"真好吃,老师我还要!""好香呀!""甜,您也尝一口!"(见图5－4－15)孩子们香喷喷地吃着,银铃般的笑声充满了整间教室。

图5－4－15　幼儿排队喝粥

腊八节活动让孩子们在感受节日欢乐的同时,也唤醒了他们对中国传统习俗的重视,让他们从小就感受到中国传统文化的博大精深。为了传承这一传统民俗文化,每年的腊八节到来之际,梅山幼儿园会让孩子们了解腊八节的由来,汲取民俗文化精髓。在营造传统文化氛围中,加强传统节日文化教育,让孩子从小树立传统节日观念,弘扬传统节日中的"团圆、尽孝、吉祥、顺利"等美好寓意,激发孩子对美好生活的向往,培育民族情怀,让传统文化根深叶茂。

三、节庆活动:融融暖意,喜气洋洋

(一)活动背景

过新年喜洋洋,鞭炮声声锣鼓响,唱歌跳舞多欢畅,幸福的生活甜又香! 新年的脚步越来越近,幼儿对新年会有许多新的憧憬,而春节又是中华民族的传统节日,周围到处都是喜气洋洋的氛围,都在为迎接春节做准备。为了让孩子们体验新年的各种习俗和节日的愉快气氛,欢欢喜喜享受节日的欢乐,感受浓浓的过年氛围,梅山幼儿园开展了"迎新年"系列活动。

(二)活动目标

(1)知道春节是我国的传统节日,春节到了,自己又大一岁了,了解过春节相关习俗。

(2)自助品尝美食,有一定的用餐礼仪,体验集体用餐的快乐。

(3)感受辞旧迎新的快乐,乐意体验过新年的相关习俗,感受传承的社会文化。

(三)活动时间

一月中旬。

(四)活动准备

(1)教室、园所新年环境布置。

(2)后勤提前准备好自助餐所需食材及容器等。

(3)各年级组提前布置好自助餐取食场地。

(4)拍摄及微信报道。

(五)活动思考路径

基于幼儿的兴趣点,了解了幼儿对于新年的认知程度,我们进行了活动前的准备,收

集了幼儿的原有经验,整理了幼儿获得新经验的途径以及活动后整理获得的新经验,形成了活动思考路径(见表5-4-3)。

表5-4-3 活动思考路径图

收集旧经验	探索及体验新经验	整理新经验及感受
新年可以穿新衣服,还可以收红包	通过敬老活动、扫尘、自助餐等形式体验过新年的快乐	① 了解新年习俗 ② 感受中国传统文化的节日氛围

(六)活动思维导图

通过谈话收集幼儿原有经验,按照幼儿兴趣和传统习俗,从"敬老爱老、传承美德""新年扫尘,辞旧迎新""美食分享,开心过节"三方面开展各年龄段活动,形成以下的活动思维导图(见图5-4-16)。

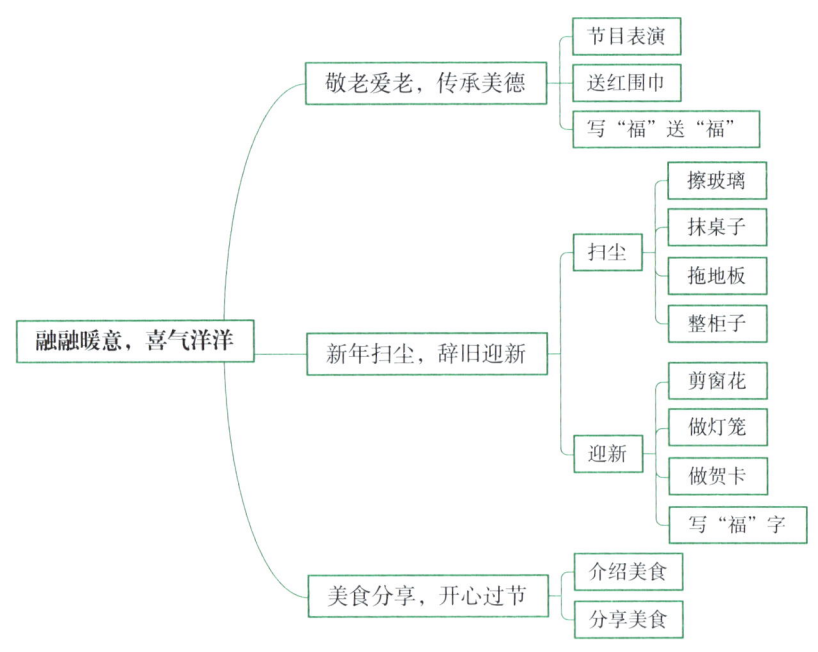

图5-4-16 新年活动思维导图

(七)活动内容

1. 敬老爱老,传承美德

为了在幼儿的心中种下敬老、爱老的种子,梅山幼儿园联合梅山街道给敬老院的老人们送去节日的祝福。慰问团的孩子们在老师的带领下,神采奕奕地来到梅山敬老院为老人们表演(见图5-4-17)。老师为了照顾老人,特意准备了方言版主持稿,小演员们在音乐的伴奏下表演了自己最拿手的节目,轻盈的舞步像一只只飞翔的小鸟,让敬老院的气氛活跃和轻松起来。

a   b

图 5 - 4 - 17 　幼儿表演节目

随后孩子们一一为爷爷奶奶们围上一条条象征着节日喜庆的红围巾,并送上了新鲜的水果、可口的点心,还有孩子们自己写的"福"字。最后孩子们用稚嫩的话语给爷爷奶奶们送上了真挚的祝福(见图 5 - 4 - 18)。"祝爷爷奶奶健康长寿,幸福快乐!""祝爷爷奶奶节日快乐,长命百岁!"……

a   b   c

图 5 - 4 - 18 　幼儿写"福"送"福"

这一份份祝福温暖着老人们的内心,孩子们用自己的行动表达着对爷爷奶奶的情感,同时也深深地感动着每一位老人。

2. 新年扫尘,辞旧迎新

擦玻璃,抹桌子,拖地板,整柜子……孩子们忙忙碌碌,不光打扫着自己的教室,还把走廊上的门窗、柜子也清洁了一番(见图 5 - 4 - 19),一个个干劲十足,俨然都是"扫尘小能手"!

a   b

图 5 - 4 - 19 　幼儿扫尘

红红的新年需要"红红的年味",老师们带领着小朋友们一起忙着布置环境了,各种漂亮又通透的窗花、灯笼,内容丰富的贺卡、尽显稚嫩的"福"字(见图5-4-20)……从孩子们脸上的欣喜和灿烂的笑容中,教师们看到了他们对于新年的盼望和期待。

a

b

图5-4-20 幼儿布置新年环境

幼儿园里焕然一新,到处是红色,到处是张张笑脸,大家期盼着来年是个快乐的吉祥年!

3. 美食分享,开心过节

今天是梅山幼儿园的新年美食节。瞧!幼儿园里的教职工们把每层过道变成了温馨整齐的自助餐厅。桌上摆放着丰富美味的食物,这里正在为"美味自助餐,快乐过新年"的自助餐活动紧张地准备着,这是梅山幼儿园送给孩子们的新年礼物(见图5-4-21)。

a

b

c

图5-4-21 幼儿吃新年自助餐

新年的钟声即将敲响,时光的车轮又留下了一道深深的印痕。伴随着冬日里绵绵细雨,满怀着节日喜悦的心情,迎新活动不仅让孩子们体验了多姿多彩的节日氛围,同时也向敬爱的老人、家长传递了浓浓的年味。

结　　语

梅山幼儿园通过架构与创生面向幼儿本真发展的田园课程,有效突破了制约农村幼儿园发展的三大瓶颈问题。在田园课程模式下,促进了幼儿的本真发展、教师的幸福成长,推进了园所本真教育品牌建设。

一、促进田园课程模式下幼儿的本真发展

1. 养成劳动习惯,发展身体体能

在田园劳作中,幼儿动作协调性得到发展,掌握了初步的劳动技能,自理能力增强,逐渐养成不怕苦不怕累的品格,更热爱劳动,具有责任意识。例如,在针对中班幼儿前期和后期的观察研究发现,幼儿劳动习惯不断提升,能吃苦,会坚持,研究前后对比如图6-1-1所示。

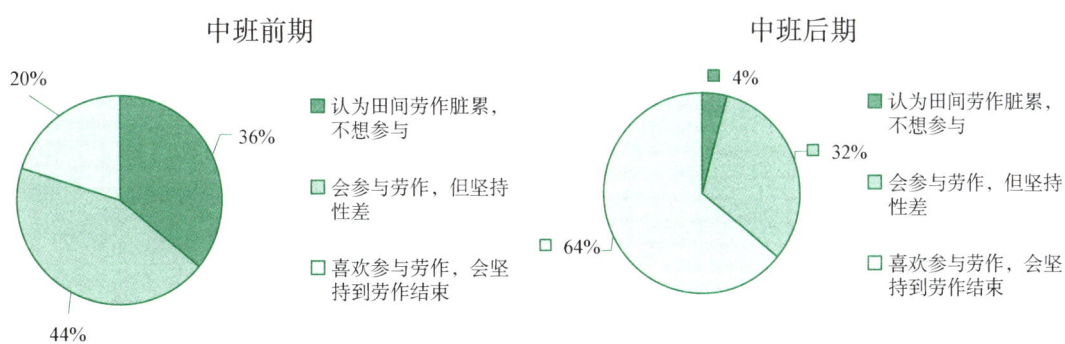

图6-1-1　中班幼儿在劳作方面的前后对比

2. 乐意与人交流,喜欢表达想法

田园故事活动对于幼儿的语言与艺术两大领域的发展起到了较大的帮助,如幼儿的讲述能力、对于故事的创编能力以及理解故事后对于故事的表演能力。在田园故事活动开展前后,对小班幼儿"讲述""创编"和"表演"能力进行调查研究,发现前测与后测成绩存在显著相关,同时发现幼儿相对于活动启动前更喜欢听故事,更爱看图书,具备了初步阅读理解能力,并愿意大胆表达表现,由此证明故事活动能够对幼儿在该领域起到积极影响,研究结果见表6-1-1。

表 6-1-1　小班幼儿在田园故事前后发展对比表

班段	人数	田园故事								
		讲述			创编			表演		
		弱	中	强	弱	中	强	弱	中	强
小班段	$N_前$	70	9	5	68	10	6	34	38	12
	$N_后$	43	17	24	50	14	20	17	40	27
	X^2	89.725			7.051			27.355		
	.Sig	0.034			0.029			0.041		

注:.Sig 值小于 0.05 则表明存在显著性差异。

3. 喜欢田园活动，乐与同伴交往

在田园节日活动中,幼儿对传统节日充满兴趣,参与积极性高,愿意尝试各种形式的活动,交往能力不断提升。我们通过对幼儿"参与兴趣"、"了解程度"和"交往能力"的调查结果发现,幼儿这三方面能力均有较大提升,研究结果见表 6-1-2。通过对比前测与后测幼儿在节日活动方面各维度不同程度的表现,可以发现在三个维度的发展上通过活动的完成,幼儿对于节日的参与兴趣、对于节日的了解以及其交往能力的前测与后测数值存在显著相关,证明传统节日活动能够有效发展与幼儿的交往能力等。

表 6-1-2　中班幼儿在田园节日活动的前后发展对比表

班段	人数	田园节日								
		参与兴趣			了解程度			交往能力		
		弱	中	强	弱	中	强	弱	中	强
中班段	$N_前$	44	13	6	41	17	5	18	35	10
	$N_后$	21	15	27	31	20	12	11	30	23
	X^2	85.830			12.768			20.003		
	.Sig	0.000			0.002			0.000		

注:.Sig 值小于 0.05 则表明存在显著性差异。

同时,在自主游戏中,幼儿自主选择、互动交往能力获得提升。针对大班幼儿的研究发现,自主游戏对于幼儿园幼儿互动交往与合作能力有着显著正向影响。

4. 主动探究自然，发现自然现象

在田园探究中,幼儿通过观察、比较、操作、实验、记录等方法深入了解动植物等特点及相关知识,幼儿自主探究、解决问题的能力明显提升,对大自然更有兴趣。如以红蜻虫为核心的主题活动,根据教师记录前后对比,探究前幼儿思考探究能力有限,发现的问题数量也相对有限,而在活动进行过后,幼儿的思维更加发散,也提出了更多问题,丰富了该主题活动,对比图详见图 6-1-2。

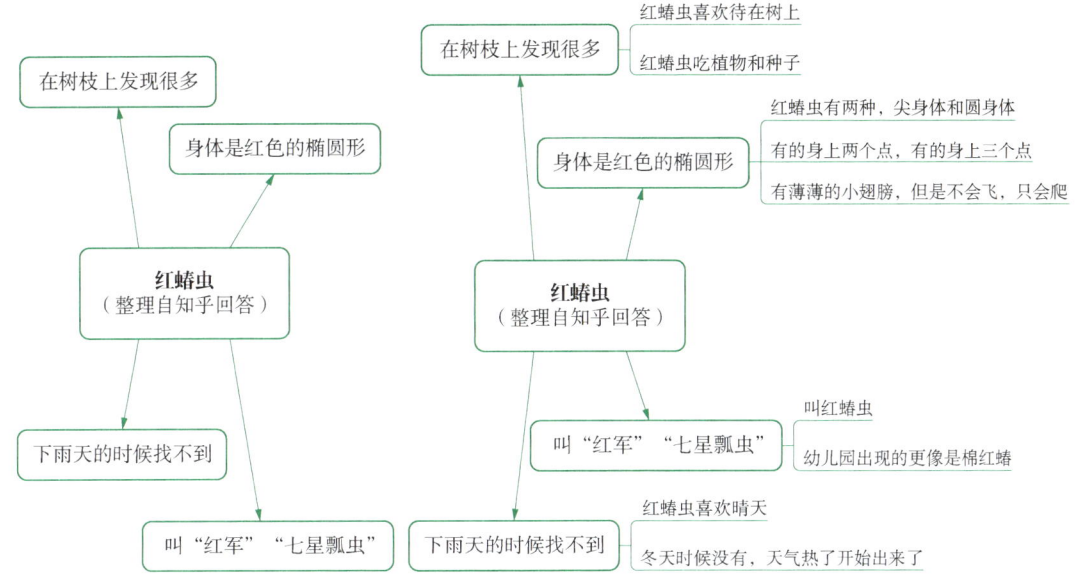

图 6-1-2　"红蜻虫探秘"游戏前后思维导图

　　同时,在田园项目活动中,幼儿亲身感受到环境的变化,了解人与自然和谐相处的方法,发现与探究问题能力获得提升,更乐于观察发现自然现象(见表 6-1-3)。

表 6-1-3　田园项目活动记录表

轶事描述	照片记录
在田园活动中,孩子们了解了树木的作用,还知道了小树生长不易,需要多年才能长大成材,所以他们就萌发了爱护树木的想法,纷纷用画笔和彩纸制作护树标牌,塑封后悬挂在幼儿园的每棵树上,呼吁大家一起照顾并爱护树木。天气冷了,孩子们还给小树穿上衣服,帮助它们安然度过寒冷的冬季	
小朋友们在南瓜乐园玩的时候发现了一只从篱笆钻进来的流浪狗,小朋友们用旧衣服和竹篮子给它做了个窝,用午饭吃剩的肉骨头和饭喂它。一开始,小狗对周围的人很警觉,慢慢地,它习惯了孩子们在一旁的陪伴,甚至还成为了孩子们的玩伴	
三楼窗台玻璃外面有一只鸟窝,鸟妈妈孵了一窝小鸟。有一次被小朋友看见了鸟妈妈的喂食,孩子们都来观望,惊扰了鸟妈妈,导致小鸟饿得直叫,小朋友就做了免打扰牌,挡住了那扇窗户,贴在窗户上	

5. 乐于创造想象，表现自然之美

幼儿喜欢自然与生活中美的事物，喜欢欣赏多种艺术作品并能大胆表现，具备初步艺术表现与创造能力。我们对大班幼儿"构思""想象"和"创作"三种能力进行调查研究，发现前测与后测的成绩存在显著相关关系，能够证明艺创活动对于幼儿"构思""想象"和"创作"三种能力能够起到积极影响。研究结果见表 6－1－4。

表 6－1－4　大班幼儿在田园艺创方面的前后发展对比表

班段	人数	田园艺创								
		构思			操作			想象		
		弱	中	强	弱	中	强	弱	中	强
大班段	$N_前$	8	10	23	9	19	13	4	16	21
	$N_后$	4	6	31	2	16	23	1	10	30
	X^2	32.529			13.610			16.573		
	.Sig	0.017			0.001			0.012		

注：.Sig 值小于 0.05 则表明存在显著性差异。

二、提升田园课程模式下教师的专业能力

1. 提升农村教师的基本能力

随着田园课程活动的深入，教师们主动进行小组分享、班级团讨等活动，吸取创新的教育理念，习得了本土资源开发课程的能力。课程开展的过程为农村幼儿园教师提供了可选择的优质课程资源、优质教学活动等。

2. 创设平台提高教师的专业素养

幼儿园教师充分挖掘了田园课程的教育价值，教育活动选择和教育资源创生能力明显提升。与本课程相关的论文获奖和杂志发表共计 20 余篇，通过教师调查问卷显示，73%的教师认为田园课程能够帮助自身专业的成长，86%的教师将田园课程相关的论文发表在校刊、杂志和各项评比。获奖频率和层次较课题研究前大为提高，专业素养得到明显提高。

3. 利用评价提高教师的职业理想

近几年，中青年教师敢于挑战自我，敢于创新，积极承担各类公开课，多元化的价值取向和多渠道的教师评价，帮助实现了教师的职业理想，支持教师的幸福成长。

三、诠释田园课程模式的内涵与推广价值

1. 建构农村幼儿园田园课程发展模式

依据地方资源条件，架构农村幼儿园田园课程开发及实施模式，形成园本特色课程，诠释农村幼儿园如何依据自然、人文、科技建设高质量有特色的园本课程，贡献农村幼儿园园本课程发展新思路。

2. 促进幼儿园本真教育品牌不断发展

随着幼儿园田园课程的深入,知名度不断提升,幼儿园"本真教育"品牌的建设更丰满充实,更扎实稳固。幼儿园整体构建幼儿园的教育实践,确立了以田园课程为主渠道,努力培养向真、向善、向美的本真儿童,着力塑造质朴进取的勤耕团队,致力于创建师幼共长的生态式幼儿园。

3. 提炼田园课程的推广价值

田园课程建设近十年来,教师发表相关论文 10 篇,在学科论文、课改论文等市、区各项论文评比中获奖 39 篇。田园课程相关课题获省教研成果三等奖、省精品课程、市基教成果一等奖,另有多项子课题在市、区级立项。出版课程教材 1 部,以及操作手册 9 套、园刊 4 套,并获得宁波市优秀教育校刊称号。教师专业能力提升成效显著。迎接湖南省、重庆市、沈阳市、杭州市、温州市等多省市同行来园观摩数千人,与重庆市万州区电报路幼儿园进行结对指导,受到北仑新区时刊、北仑广播电视台等多家当地新闻媒体报道,田园课程建设成果在幼教同行中具有较高的显示度。随着课改的推进,未来田园课程必须不断提炼课程文化内涵,关注农村幼儿的学习过程,以期更好契合幼儿的身心发展和社会发展需要。

在田园活动中,孩子们亲身感悟生命的成长过程,亲近自然,尊重自然,心存感激之心,关爱自己,关心生命。南瓜乐园已成为孩子们释放童心的乐园,不但让孩子们呼吸到泥土的清新,而且沐浴着阳光的温暖;不但体验到春华秋实的喜悦,还感受到人与自然的和谐相处。田园不仅是物质的,更是精神的。田园课程,是我们宝贵的课程资源,是孩子们成长的快乐之源。童年是一次旅行,田园课程是旅行中的一艘轮船,载着梅山的我们驶向梦的远方⋯⋯当梅山的孩子们带着田园课程的烙印走向他们的未来,这其实,就是一种文化的印迹!

主要参考文献

［1］梁漱溟.乡村建设理论[M].上海：上海人民出版社，2006.

［2］陶行知，胡晓风.生活教育文选[M].成都：四川教育出版社，1988.

［3］中共中央文献研究室.十八大以来重要文献选编[M].北京：中央文献出版社，2016.

［4］谢翌，邱霞燕.童年的味道：寻找田园中的课程资源[J].课程·教材·教法，2015，35（07）：37－45.

［5］费孝通.乡土中国[M].上海：上海人民出版社，2006.

［6］罗建河.试论乡村教育的错位与乡村建设主体的虚空[J].教育学术月刊，2009（11）：69.

［7］曹东云，谢利民.新课改以来课程与教学研究知识增长方式的探究[J].江西师范大学学报（哲学社会科学版），2014（06）：104－109.

［8］[美]威廉 F.派纳，威廉 M.雷诺兹，帕特里克·斯莱特里，等.理解课程——历史与当代课程话语研究导论[M].张华，等译.北京：教育科学出版社，2003.

［9］黄政杰.课程设计[M].台北：东华书局股份有限公司，2015.

［10］蔡瑾静.幼儿园课程与教学设计[M].台北：五南图书出版股份有限公司，2017.

［11］钟启泉."知识教学"辨[J].上海教育科研，2007（04）：4－8.

［12］李兴洲，耿悦.从生存到可持续发展：终身学习理念嬗变研究——基于联合国教科文组织的报告[J].清华大学教育研究，2017，38（01）：94－100.

［13］联合国教科文组织.教育——财富蕴藏其中[M].北京：教育科学出版社，1996.

［14］[日]佐藤学.课程与教师[M].钟启泉，译.北京：教育科学出版社，2003.

［15］联合国教科文组织.联合国教育促进可持续发展十年国际实施计划（2005—2014）[R].北京：北京教育科学研究院可持续发展教育研究中心，2005.

［16］石中英.人作为人的存在及其教育[J].北京大学教育评论，2003（02）：19－23.

［17］段俊霞，刘玉.文化生态学视域下乡村文化建设的路向反思——基于文化与教育互为促动的视角[J].教育理论与实践，2016（8）：6－8.

［18］秦月苹.教育实践中游戏与幼儿园课程的关系研究[J].教育观察，2019（03）：53－54.

［19］罗洋洋.幼儿园游戏与课程的融合及其实现[D].镇江：江苏大学，2017.

［20］张国平.幼儿的自主游戏[M].北京：中央编译出版社，2017.

［21］彭兵.对建构幼儿园游戏课程的思考和探索[J].学前教育研究，2006（03）：55－56.

［22］刘焱.幼儿园游戏教学论［M］.北京：中国社会出版社，1999.

［23］王建英，吴文丽.如何开展有效幼儿游戏活动［J］.华夏教师，2014（08）：65.

［24］杨恩慧，邱学青.游戏内涵在我国学前教育法规中的历史演变及其启示［J］.学前教育研究，2019（02）：41－47.

［25］丁文.幼儿园游戏故事的价值［J］.学前教育研究，2020（11）：93－96.

［26］黄贵，苏永骏，张宗麟.幼儿游戏观研究［J］.体育学刊，2012（04）：66－71.

［27］王宏伟.如何在游戏中发展幼儿的创新能力［J］.山西财经大学学报，2011（02）：114.

［28］董广新，王凤贞，梁锦芬.在体育游戏中培养幼儿社会性情感的研究［J］.广州体育学院学报，2003（01）：45－46.

［29］袁军.国际教育百科全书［M］.贵阳：贵州教育出版社，1990.

［30］钟启泉.现代教学论发展［M］.北京：教育科学出版社，1988.

［31］辞海编辑委员会.辞海［M］.上海：上海辞书出版社，1979.

［32］［苏］霍姆林斯基.把整个心灵献给孩子［M］.唐其慈，等译.天津：天津人民出版社，1981.

［33］［美］杜威.杜威教育论著选［M］.赵祥麟，王承绪，编译.上海：华东师范大学出版社，1981.

［34］［美］丽莲·凯兹，西尔维亚·查德.开启孩子的心灵世界——项目教学法［M］.胡美华，译.南京：南京师范大学出版社，2007.

图书在版编目（CIP）数据

幼儿园田园课程:游戏与学习/黄小燕主编. —上海：复旦大学出版社，2023.3
ISBN 978-7-309-16572-2

Ⅰ.①幼…　Ⅱ.①黄…　Ⅲ.①幼儿园-课程-教学研究　Ⅳ.①G612

中国版本图书馆 CIP 数据核字（2022）第 201009 号

幼儿园田园课程:游戏与学习
黄小燕　主编
责任编辑/夏梦雪

复旦大学出版社有限公司出版发行
上海市国权路 579 号　邮编：200433
网址：fupnet@ fudanpress. com　http://www.fudanpress.com
门市零售：86-21-65102580　　团体订购：86-21-65104505
出版部电话：86-21-65642845
上海丽佳制版印刷有限公司

开本 787×1092　1/16　印张 15.25　字数 352 千
2023 年 3 月第 1 版
2023 年 3 月第 1 版第 1 次印刷

ISBN 978-7-309-16572-2/G・2439
定价：58.00 元

如有印装质量问题,请向复旦大学出版社有限公司出版部调换。
版权所有　　侵权必究

幼儿教师专业成长书系